प्रसार भारती और प्रसारण नीति

सुधीश पचौरी

वाणी प्रकाशन

वाणी प्रकाशन

4695, 21-ए, दरियागंज, नयी दिल्ली 110 002

फ़ोन : +911123273167 फ़ैक्स : +911123275710

शाखाएँ

अशोक राजपथ, पटना 800 004, बिहार

कॉफ़ी हाउस कैम्पस, महात्मा गांधी मार्ग, इलाहाबाद 211 001, उत्तर प्रदेश

महात्मा गांधी अन्तरराष्ट्रीय हिन्दी विश्वविद्यालय, वर्धा 442 001, महाराष्ट्र

सुल्तानिया रोड, मोतिया पार्क, भोपाल 462 001, मध्य प्रदेश

www.vaniprakashan.com

marketing@vaniprakashan.in

sales@vaniprakashan.in

PRASAR BHARTI AUR PRASARAN NEETI
by Sudhish Pachauri

ISBN : 978-81-7055-681-7
Criticism

प्रथम संस्करण 1999
आवृत्ति 2020

मूल्य : ₹ 495

जयंत प्रिंटरी, एलएलपी, मुम्बई-02 में मुद्रित

वाणी प्रकाशन का लोगो मक़बूल फ़िदा हुसेन की कूची से

भूमिका

प्रसार भारती का असल नाम अध्यादेश भारती है। एक अध्यादेश से दूसरे अध्यादेश तक लुढ़कते हुए वह अगले अध्यादेश का इंतजार कर सकता है। अध्यादेशबाजी से यह स्पष्ट है कि प्रसार भारती को अपने-अपने अनुकूल 'स्वायत्त' बनाने के लिए कई मोर्चे सक्रिय हैं और उनका व्यवहार स्पष्ट करता है कि प्रसार भारती की स्वायत्तता, लागू होने पर भी, सुरक्षित नहीं है। यह स्थिति बताती है कि जनसंचार माध्यमों की स्वायत्तता एक 'दी गई' स्थिति नहीं है, और एकदम ध्रुवीय सत्तावादी राजनीति में तो यह और भी कठिन है। जाहिर है कि जनसंचार माध्यमों की स्वायत्तता किसी पब्लिक सेक्टर उद्योग की स्वायत्तता से भिन्न स्थिति है और घोषणा के बाद उसे दैनिक रूप से अर्जित करना पड़ता है। कहने की जरूरत नहीं कि प्रसार भारती के पूर्व सचिव सदस्य ने तथा उसके प्रसार भारती बोर्ड ने एक भी काम ऐसा नहीं किया जिससे दिखता कि स्वायत्तता का 'भाव' मजबूत हुआ है।

सत्तानबे के अध्यादेश ने उत्सुकता पैदा की थी। लोगों को उम्मीद थी कि प्रसार भारती बोर्ड धीरे-धीरे एक सचमुच स्वायत्त संस्थान बनेगा और जनता को सूचना एवं मनोरंजन का नया स्वाद मिलेगा और यह प्रमाण भी मिलेगा कि सूचना संस्कृति के स्वायत्त संस्थान जब सत्ता के दबदबे से अलग होते हैं तो उनमें जनता के प्रति जवाबदेही घटती नहीं है बल्कि बढ़ जाती है। लेकिन इस सिलसिले में लोगों को मायूसी ही हाथ लगी। व्यावसायिक और जनसेवा प्रसारण के बीच ऐसा तालमेल बना कि दूरदर्शन की आमदनी में इज़ाफा होने की जगह एक सौ सोलह करोड़ का घाटा ही हुआ। जनता के प्रति जिम्मेदारी और जन-सूचना के स्तर पर भी कोई नए कमाल नहीं हुए। रेडियो में एफ.एम. चैनल जैसे थे उससे भी गए-बीते हो गए, नए खुलने थे वे नहीं खुले। कमेटियाँ बननी थीं नहीं बनीं। कुल मिलाकर स्वायत्तता के प्रथम अवसर का कोई सार्थक लाभ इन माध्यमों को नहीं मिला, जनतंत्रीकरण इनसे दूर ही रहा।

इसका कारण सत्तानबे वाले अध्यादेश की 'राजनीति' भी थी। स्वायत्तता की

भी राजनीति होती है। स्वायत्तता बिना राजनीति के संभव भी कहाँ थी। संयुक्त मोर्चे की सरकार ने 1990 से ठंडे बस्ते में पड़े प्रसार भारती कानून को नोटीफाई किया तो शायद उसके मन में इन माध्यमों की स्वायत्तता के जरिए नए सूचना समाज की जरूरत भी रही होगी। लेकिन नोटीफिकेशन के फौरन बाद सत्ता को लगा कि स्वायत्तता में अपने आदमी बैठाकर स्वायत्तता को अपना एजेंडा दिया जा सकता है। इसीलिए मूल प्रसार भारती कानून में यत्र-तत्र संशोधन सोचे जाने लगे। और फिर अंततः कम से कम तीन संशोधन ऐसे किए गए जिनसे स्वायत्तता को अपने अनुकूल बताने का मौका बन जाता था और जवाबदेही का तत्त्व पीछे हट जाता था। संसदीय समिति, जिसका काम 'निगरानी' रखना और संसद को 'रिपोर्ट देना' था को हटा दिया गया, साथ ही 'प्रसारण परिषद' को भी हटा दिया गया जिसका काम माध्यमों को लेकर जनता की शिकायतों का निपटान करना था। 'परिषद' को भी ब्रोडकास्टिंग बिल में डाल दिया गया। फिर असल राजनीति प्रकट हुई। सचिव सदस्य की बासठ वर्ष की अधिकतम उम्र का प्रावधान हटा दिया गया और वित्त एवं कार्मिक सदस्यों को अंशकालीन कर दिया गया इस तरह बोर्ड का ढाँचा ऐसा बना दिया गया जिसमें सचिव सदस्य को सर्वोच्चता मिल जाए, तत्कालीन मंत्री महोदय अपने अध्यादेश में इन संशोधनों से एक 'राजनीति' ही कर रहे थे और तब भी लोगों ने कहा था कि सचिव सदस्य के रूप में 'अपना आदमी' लाना था इसलिए यह संशोधन किया गया।

इस 'अपने आदमी' ने पिछले आठ-नौ महीने में ऐसा क्या किया जिससे स्वायत्तता मजबूत होती और उससे नए सत्ताधीशों को छेड़छाड़ का मौका न मिलता और यदि कोई छेड़ता तो वह जनता में हमदर्दी खोता ? 'अपने आदमी' ने सारे अधिकार 'अपने' पास रखे। प्रसार भारती बोर्ड को सक्रिय करने की कोशिश नहीं की। सदस्यों में मनमुटाव बढ़े। नितांत मनमाने ढंग से नए कार्यक्रमों के लिए धन बाँटा गया, कार्यक्रम बनवाने की आजमूदा प्रक्रिया को त्याग दिया गया। दूरदर्शन की दर्शकता और मार्केटिंग क्षमता पर स्वयं ही शंकाएँ उठाई गईं और इस तरह उसकी साख को धक्का लगाया गया। नतीजा यह हुआ कि उसकी आय घट गई और यह तब हुआ जब कि स्पर्धी चैनल खासकर जी टीवी और स्टार टीवी, पहले से ही बीस फीसदी तक टूट गए विज्ञापन-बाजार में अपने कार्यक्रमों के बल पर अपनी पैठ बनाने में कामयाब हो रहे थे।

नौ महीने के लगभग काम करनेवाला प्रसार भारती यदि अपने काम का लेखा-जोखा करे तो वह स्वयं कहेगा कि सुलझने से ज्यादा समस्याएँ उलझीं। न्यूनतम उम्मीदों पर भी वह खरा नहीं उतरा। पचपन हजार करोड़ रुपए की न्यूनतम ब्याज तक वह नहीं कमा सका। चालीस हजार से अधिक कर्मियों को वह स्वायत्तता का स्वाद न दे सका। सॉफ्टवेयर में वह कोई मौलिक हस्तक्षेप नहीं कर सका। हार्डवेयर

में भी वह आगे न जा सका। व्यवसाय और सूचना, खुला विश्व बाजार, स्पर्धी चैनल और उसमें अपनी यू.एस.पी. को बनाए रखना और साथ ही अपनी स्वायत्तता को वनाए रखना, इनमें से कोई भी लक्ष्य वह प्राप्त न कर सका। कार्यक्रमों का उद्योग एकदम ठंडा रहा।

नौ महीने में कोई बड़े परिवर्तन नहीं हो सकते थे, यह सच है। लेकिन दिशाएँ एवं न्यूनतम बुनियादी काम स्पष्ट हो सकते थे और जिनसे स्वायत्तता की प्रक्रिया और तेज की जा सकती थी जो नौ महीने में जड़ पकड़ लेती। मसलन स्वायत्तता का विकेन्द्रीकरण तो किया ही जा सकता था। विभिन्न केंद्रों को स्थानीय स्वायत्तता दी जा सकती थी और ऐसी तमाम जरूरी समितियाँ बनाई जा सकती थीं जो स्थानीय चैनलों को दिशा दे सकें और हर केन्द्र दिल्ली पर अधिकाधिक निर्भर न रहे। सिफ एफ.एम. को लेकर अपनाए गए दृष्टिकोण से पता चलता है कि सचिव सदस्य और बोर्ड एफ.एम. चैनलों की पूर्ण सार्थकता तक नहीं समझ सके। वे उनका जाल न फैला सके जबकि क्षमताएँ थीं, स्पर्धाएँ थीं और बाजार भी था। एफ.एम. चैनल सैकड़ों किए जा सकते थे। एक ही शहर से वे दर्जनों हो सकते थे (हो सकते हैं।) वे स्थानीय जरूरतों को, अभिव्यक्तियों और संचार को पूरा कर सकते थे। अपेक्षाकृत सस्ती तकनीक होने के नाते उन्हें नए उद्यमी संचारकर्त्ता अपना सकते थे। एफ. एम. क्रांति संभव थी जो अंततः सूचना समाज को बनाने में मदद करती। लेकिन एफ.एम. चैनल कुछ घरानों और सचिव सदस्य के टकराव के बीच फँस गए और बोर्ड पराङ्मुख बना रहा। स्वायत्तता एक अवधारणा, एक प्रक्रिया और मीडिया के ज्ञान की अर्जित क्षमता है। कानून उसके ढाँचे को संभव कर सकता है लेकिन कमाना तो उसे रोज पड़ता है और फिर अधिकाधिक जवाबदेह होना ही होता है। सच्ची स्वायत्तता में ही सच्ची जवाबदेही हो सकती है और स्वायत्तता एक व्यक्ति या कुछ व्यक्तियों की 'स्वतंत्रता', 'स्वच्छंदता' नहीं हो सकती। आप स्वायत्त हैं और आपके नीचेवाला व्यक्ति नहीं है तो आप निरंकुश ही होंगे और इस तरह आपकी स्वायत्तता पराधीन बनाएगी। यही हुआ। कर्मियों की शिरकत के बराबर रही। कर्मियों के बिना स्वायत्तता कैसी ?

इसलिए, सच तो यह है कि जो ढाँचा प्रसार भारती को मिला था उसमें ही उसकी असफलताएँ निहित थीं। सचिव सदस्य अधिकार बाँटकर चलने के आदी नहीं थे और संशोधनों ने उन्हें 'परम स्वतंत्र न सिर पै कोई' की स्थिति देखी थी। बोर्ड के लगभग सभी सदस्य 'टायर्ड' और 'रिटायर्ड' लोग थे जो जीवन के अंतिम दिनों में बोर्ड से होने से ही खुश हो जानेवाले थे और विचारों में ज्यादातर इलेक्ट्रॉनिक माध्यम के प्रति ही संवेदनाहीन होने को गर्व की बात समझते थे, (समझते हैं) मीडिया शास्त्र ने, इलेक्ट्रॉनिक मीडिया 'अध्ययनों' ने युगों का फासला तय कर लिया हो, लेकिन इस ज्ञान से विमुख इधर तो सारे बंदे प्रिंट मीडिया वाले थे और एकाध को

छोड़कर शायद ही किसी के पास कोई मीडिया दृष्टि थी समूचा बोर्ड ही मीडिया बोध से रहित था और है जबकि मीडिया, तकनीक और बाजार रोज़ तेजी से बदलनेवाला है। कुल मिलाकर नौ महीने की स्वायत्तता अवसरों को नष्ट करने और खोने की स्वायत्तता ही रही।

शायद इसीलिए, भारतीय जनता पार्टी को नया अध्यादेश लाने में आसानी रही। तकनीकी दृष्टि से, पिछले चारेक महीने से तो पुराना अध्यादेश अवधि खो चुका था, उसकी वैधता खो चुकी थी जिसे नए के अभाव में चलना पड़ रहा था। दूसरे, अति व्यक्तिवादी रवैए के कारण सचिव सदस्य महोदय सबकी हमदर्दी खो चुके थे और स्वायत्तता को भाजपा के आक्रमणों के लिए 'सुबेध्य' कर चुके थे। फिर अंततः उन्होंने निजी मसला बना लिया और शहीद की मुद्रा अपना ली। लेकिन शहादत का यह अवसर भी उन्हें नहीं मिल पाया।

नए अध्यादेश के जरिए अपनी पैठ बनाने के लिए, भाजपा ने 1990 के जिस मूल कानून को बहाल करने की बात कही है और अध्यादेश से बनी पद रिक्तियों को भरने का जो अवसर जुटाया है, उसमें भाजपा अपनी राजनीति करेगी ही और इस तरह वह भी संयुक्त मोर्चे वाली बात करेगी। स्पष्ट ही, अध्यादेशों के इस खेल में 'स्वायत्तता' मजाक का विषय बन जाती है। सच यही है कि न तो संयुक्त मोर्चा ही 'स्वायत्तता' चाहता था, न भाजपा चाहती है। ये दोनों ही ऐसी स्वायत्तता चाहते हैं जो दिखती 'स्वायत्त' हो लेकिन इनकी सेवादार हो। जाहिर है 'स्वायत्तता' अब एक अधिक कठिन परिकल्पना है।

मीडिया की स्वायत्तता का अर्थ मूलतः मीडिया की समझ तथा उसके अमल में निहित है। बहुचैनलीय, उपग्रह क्रांति, इंटरनैट और डिमिटल तकनीक के वक्त यह एक हास्यास्पद सोच ही है कि मीडिया को येन केन अपने आदमी लाकर नियंत्रित किया जा सकता है। यदि ऐसा होता है तो मीडिया अपनी साख, अपना बाजार खोता है। नयी-नयी तकनीक, खुला बाजार, खुली स्पर्धा, दर्शकों का नित नया निर्माण और उनकी चयन-स्वतंत्रता के बढ़ते अवसर मीडिया प्रशासकों को कठमुल्ला होने, तानाशाह होने की इजाजत नहीं देते। मीडिया की इस अंतरंग समझ के बिना मीडिया स्वायत्तता का लाभ नहीं उठा सकता और न जनता को 'स्वायत्तता' का आस्वाद दे सकता है।

यदि नए अध्यादेश के बाद राजनीतिक हस्तक्षेप बढ़ता है तो अगली सदी तक राष्ट्रीय माध्यम बाजार से बाहर हो जाएँगे। जी टीवी-स्टार टीवी की मंत्रणाएँ दूरदर्शन को किनारे कर देंगी। इसलिए, दलीय दिमागों, तात्कालिक हितों से अलग होकर, नितांत पेशेवर लोगों को स्वायत्तता की जिम्मेदारी दी जाए तो शायद इन माध्यमों की उम्र बढ़े और वे अगली सदी तक जीवित रहें। बेहतर तो यही होगा कि अध्यादेशों से मुक्ति मिले और स्थायी व्यवस्था हो।

नब्बे से अठानबे की यह यात्रा स्वायत्तता की दिशा में एक ठिठके कदम की तरह है। यदि अगली सदी में इन माध्यमों को सक्रिय रहना है तो स्वायत्त तो होना ही होगा, अधिक प्रयोगशील भी होना होगा।

उधर उपग्रह चैनलों और केबल संजालों को नियमित करने के लिए ग्रेड कास्टिंग विधेयक अविलंब पास किया जाना चाहिए। नई सरकार अपलिंकिंग व्यवस्था करने जा रही है, चैनलों को रैगूलेट करने जा रही है। विधेयक को स्थायी कानून बनाकर वह एक जरूरी काम पूरा करेगी, ऐसी उम्मीद की जा सकती है।

यह पुस्तक काफी पहले पाठकों तक पहुँच गई होती लेकिन प्रसार भारती को लेकर अनिश्चय की स्थिति बनने के बाद तै पाया कि प्रसार भारती का नया रूप स्थिर हो जाए तभी पुस्तक अंतिम रूप ले। पाँच सितंबर को जारी नए प्रसार भारती अध्यादेश के बाद 1990 का मूल कानून फिर अस्तित्व में आ गया है। 1997 का अध्यादेश निरस्त हो गया है। सचिव सदस्य को जाना पड़ा है। नए को आना है। एक बार फिर प्रसार भारती बोर्ड का गठन होना है। संसदीय समिति बननी है, प्रसारण परिषद बननी है। फिलहाल ओमप्रकाश केजरीवाल अंतरिम सचिव हैं। प्रसार भारती का भविष्य आगे के दिनों में ही स्पष्ट होगा।

प्रसारण नीति भी ब्रॉडकास्टिंग बिल पर निर्भर करती है। लेकिन इतना तै है कि एक मुकम्मल प्रसारण नीति तुरंत चाहिए।

प्रस्तुत पुस्तक में इन मुद्दों पर समय-समय पर लिखी टिप्पणियाँ तो हैं ही साथ में आकाश भारती, प्रसार भारती और ब्रॉडकास्टिंग विधेयक की मूल प्रतियों को भी संकलित किया गया है ताकि पाठक प्रसार भारती से लेकर प्रसारण नीति के बारे में जान सके। टिप्पणियों से प्रसार भारती के बारे में तथा प्रसारण नीति के घटना विकासों तथा विमर्शों का परिचय मिलता है। दस्तावेजों में मूल सूचनाएँ हैं। इस तरह यह पुस्तक जनसंचार में दिलचस्पी रखनेवाले पाठकों के लिए उपयोगी है।

पत्रकार मित्र उर्मिलेश ने 1997 के अध्यादेश की प्रति मुहैया कराई इसके लिए यह लेखक उनका आभारी है।

प्रिय भाई अरुण माहेश्वरी के प्रबल आग्रह पर यह पुस्तक इस रूप में तैयार हो पाई है।

–सुधीश पचौरी

अनुक्रम

चैनल युद्ध

एक राष्ट्रीय पार्टी के प्रवक्ता प्रेस कांफ्रेंस करनेवाले हैं। नियत समय से पहले उनके कांफ्रेंस-कक्ष में दो तरह के लोग जमा हैं। एक ओर प्रिंट मीडिया के लोग हैं जो उपलब्ध कुर्सियों पर विराजमान हो गए हैं या यत्र-तत्र खड़े हैं दूसरी ओर चार-चार, पाँच-पाँच के दलों में कोई चार या पाँच टीवी कैमरा टीमें हैं। चूँकि यह प्रेस कांफ्रेंस का कमरा है जो थोड़ा बड़ा है इसलिए कांफ्रेंस को संबोधित करनेवाले प्रवक्ता और सामने या आजू-बाजू बैठनेवाले प्रिंट मीडिया के संवाददाताओं के बीच ऐसी और इतनी जगह नहीं बचती है कि ये कैमरा टीमें कायदे से खड़ी हो सकें। फिर भी मंच और सामने पड़ी कुर्सियों के बीच तीन-चार फुट की जगह में ये कैमरा टीमें किसी तरह अपने-अपने 'ट्राइपौड' साध कर कैमरा उन पर रख कर खड़ी हो जाती हैं। चूँकि प्रेस कांफ्रेंस के कमरे छोटे-छोटे होते हैं इसलिए कैमरों की वजह से कई विचित्र दृश्य पैदा होने लगते हैं। इधर प्रवक्ता नीति वाक्य बोल रहा होता है उधर कैमरामैन कैमरे की बैटरी चार्ज कर रहा होता है और इशारे से प्रवक्ता को रुकने के लिए कहता है। प्रिंट मीडिया से जुड़े संवाददाता और प्रवक्ता के बीच में कैमरा टीमें लगातार व्यवधान बनती हैं और उनके समाचार संकलन में विघ्न-सा पड़ता है। उन्हें लगता है कि प्रवक्ता कैमरे की खातिर थोड़ा सजा-सँवरा है और कैमरे के लिए बोल रहा है। फिर जब कैमरों को अपनी कहानी मिल जाती है तो फिर खटपट होती है, स्विच निकाले जाते हैं, तार खींचे जाते हैं, तेज लाइटें बंद की जाती हैं और फिर एक के बाद एक कैमरा टीमें निकल जाती हैं। यदि देश में किसी पार्टी या नेता ने कोई नई खबर बनाई है तो फिर कैमरा टीमों का कहना ही क्या ?

यह तथा ऐसे दृश्य इन दिनों दिल्ली में ही नहीं देश की तमाम राज्य-राजधानियों में देखने को मिल सकते हैं। कारण स्पष्ट है। इन दिनों टीवी की खबर सबसे बड़ी 'जिंस' है जो खूब बिकती है। धीरे-धीरे राजनीतिक दलों एवं नेताओं ने जान लिया है कि राजनीति में जिंदा रहना है तो कैमरे की भाषा समझो और उसी के लिए बोलो। यों टीवी की खबर सर्वाधिक क्षणभंगुर खबर होती है। पलक

झपकते खो जाती है जबकि प्रिंट मीडिया की खबर लगातार देर तक आँखों के सामने रखी जा सकती है। उसे दोबारा भी पढ़ा-समझा जा सकता है लेकिन टीवी की खबर को इतनी सहजता से दोबारा नहीं देखा जा सकता। फिर भी, कैमरा इन दिनों राजनीति का निर्धारण करने लगा है। कैमरा राजनीति के रूप का किस तरह निर्धारण करने लगा है, इसका एक बहुत बड़ा उदाहरण तमिलनाडु में राज्य विधानसभा के लिए हुआ गत चुनाव है जिसमें सत्ता परिवर्तन के लिए निर्णायक भूमिका एक प्राइवेट टीवी चैनल के कैमरों एवं कैमरामैनों, संपादकों ने ही निभाई। निस्संदेह, इन कैमरों के पीछे, उस प्राइवेट चैनल के पीछे भी एक राजनीतिक दल की नीतियों का हाथ था लेकिन कैमरे के अनुकूल प्रयोग के बिना यह भूमिका नहीं निभ सकती थी। यानी तमिलनाडु की राजनीति में कैमरे ने महत्त्वपूर्ण हस्तक्षेप किया और बताया कि अब से आगे राजनीति के क्षेत्र में चैनलों की भूमिका बढ़नेवाली है।

तमिलनाडु में सक्रिय सन टीवी चैनल ने गत चुनावों में समाचार बुलेटिनों की मात्रा अचानक बढ़ाई। ज्यों-ज्यों चुनाव नजदीक आते गए, उस चैनल में पूर्व मुख्यमंत्री सुश्री जयललिता द्वारा अपने दत्तक पुत्र के विवाह में की गई महँगी सजावट और खर्चे की फुटेज को बार-बार दिखाया। बार-बार दिखाकर उसने राज्य की गरीब जनता के आगे यह नैतिक प्रश्न पैदा कर दिया कि क्या किसी मुख्यमंत्री द्वारा अपने निजी मामले में राज्य सत्ता एवं धन का ऐसा अश्लील दुरुपयोग उचित है ? उसके क्लाइमैक्स के रूप में सन टीवी ने तमिल हीरो रजनीकांत की प्रेस कांफ्रेंस का सीधा प्रसारण किया। दिल्ली स्थित मीडिया एडवोकेसी ग्रुप के एक अध्ययन में यह बात सिद्ध हुई है कि किस तरह सन टीवी ने तमिलनाडु की राजनीति में परिवर्तन लाने में एक बड़ी भूमिका अदा की। ग्रुप के अध्ययन ने बताया है कि किस तरह उस शादी की अश्लील संपन्नता देख-देख के वे लोग भी जयललिता के प्रति आलोचनात्मक होने लगे जो जयललिता के प्रशंसक थे या अन्नाद्रमुक के कार्यकर्ता थे। समकालीन भारतीय राजनीति में यह पहला प्रामाणिक उदाहरण है जो इलेक्ट्रॉनिक मीडिया की राजनीतिक भूमिका को रेखांकित करता है।

जाहिर है कि इलेक्ट्रॉनिक मीडिया सिर्फ मनोरंजन का मीडिया नहीं है और इन दिनों अपने यहाँ वह खबर का मीडिया भी बन रहा है। तमिलनाडु के उक्त उदाहरण के अलावा भी ऐसे उदाहरण अब ढूँढ़े जा सकते हैं जो बताते हैं कि आने वाले दिनों में खबरों के युद्ध बढ़ेंगे और चैनलों के युद्ध बढ़ेंगे। ऐन इन्हीं दिनों कम से कम दो बड़े उदाहरण ऐसे पेश हो रहे हैं जो चैनल युद्ध के आरंभिक उदाहरण कहे जा सकते हैं और जो कालांतर में बड़े युद्ध में बदलेंगे। भले ही जयललिता अपने लिए अलग चैनल न खोलें, लेकिन चैनलों के ऐसे युद्ध प्रकटतः गैरं-राजनीतिक स्तर पर भी इन दिनों घटित होते देखे जा सकते हैं जो पुनः बताते हैं कि भारतीय राजनीति में अब एक नया तत्त्व सक्रिय है, यह तत्त्व है कैमरे की भाषा और चैनल

की प्रसारण-राजनीति। ज्यों-ज्यों राजनीति में अस्थिरता बढ़ेगी, स्पर्धा बढ़ेगी, त्यों-त्यों चैनलों का राजनीतिकरण होगा, निगमीकरण (कार्पोरेटाइजेशन) होगा और चिह्नों की नई राजनीति बनेगी। ज्यों-ज्यों चिह्नों का युद्ध बढ़ेगा, चैनलों का युद्ध भी बढ़ेगा और उन पर होनेवाला शोध एवं खर्चा भी बढ़ेगा। हम कह सकते हैं कि भविष्य की राजनीति मीडिया की राजनीति से गहरे प्रभावित होगी। राजनीति मीडिया के स्वरूप को प्रभावित करेगी। मीडिया राजनीति की संरचना को प्रभावित करेगा।

इन दिनों स्टार प्लस-जी टीवी के बीच चलनेवाला तनाव ऐसा ही एक बड़ा उदाहरण है जो एक ही साथ चैनल युद्ध एवं खबर युद्ध का उदाहरण है। सब जानते हैं कि जी टीवी में रूपर्ट मर्डोक के शेयर भी थे लेकिन पिछले दिनों रूपर्ट मर्डोक ने स्टार प्लस को हिंदी में लाकर जी टीवी को आधे रास्ते छोड़ दिया। यही नहीं उसने जी टीवी को इंच-इंच पर स्पर्धा देनी शुरू कर दी। यह चैनल युद्ध की शुरुआत थी जो पहले मनोरंजन के क्षेत्र में हुई और इन दिनों खबर तथा सम-सामयिक कार्यक्रमों के क्षेत्र में चल रही है। स्टार प्लस का पहला हल्ला दूरदर्शन पर हुआ और रतिकांत बसु प्रणय राय स्टार प्लस की ओर चले गए। फिर उसकी नजर जी टीवी की ओर गई और पाया गया कि पहले जी टीवी जैसे छोटे-छोटे उस्तादों से दो-दो हाथ हो जाएँ। असल मुद्दा सात बजे की हिंदी खबरें थीं। जी टीवी की खबरों में कोई दम नहीं था और वे जी टीवी पर आर्थिक बोझ ही थीं लेकिन स्टार प्लस ने इस क्षेत्र में अपना वर्चस्व स्थापित किया। इसमें कुछ भी अनैतिक नहीं है। स्पर्धा में सब चलता है लेकिन दूरदर्शन को वह नहीं गिरा सका। कारण कि दूरदर्शन के पीछे कोई छोटी पूँजी सक्रिय नहीं है।

जी टीवी का भविष्य अब चाहे जो हो, इतना तो स्पष्ट है कि खबरें अब स्पर्धा का एक बड़ा क्षेत्र बन रही हैं और राजनीति से उनके रिश्ते को आसानी से पढ़ा जा सकता है। टीवी का समाचार निर्माण चूँकि बड़ी पूँजी पर निर्भर रहता है इसलिए हल्की-फुल्की संस्थाएँ खबरों के क्षेत्र में कदम नहीं रख सकतीं और यदि आप खबरों को कायदे से 'पैक' कर सकते हैं, बेच सकने की कला में माहिर हैं तो आपको प्रायोजकों की कमी नहीं है। प्रणय राय का 'अद्वितीय विक्रय प्रस्ताव' या 'यू.एस. पी.' उनकी भरोसेमंद खबरनवीसी ही है जिससे उन्हें हमेशा अच्छे दर्शक मिले हैं। हम कह सकते हैं कि प्रणय राय ने दूरदर्शन के बंधुआ दर्शकों को खबरों का 'स्वतंत्र दर्शक' बनाया या ऐसा भ्रम पैदा किया। यही स्थिति एस.पी. सिंह के 'आज तक' की रही है जिन्होंने भाषा में दूरदर्शनी 'समाचारों' की हिंदी को हिंदी के समाचार बनाए। 'आज तक' की खबरें भी बिकती हैं। उसके पास भी प्रायोजकों की कमी नहीं है। यहाँ तक कि 'आँखों देखी' तक प्रायोजित है। इनके मुकाबले जी टीवी की खबरों को बहुत प्रायोजक नहीं मिले।

इलेक्ट्रॉनिक मीडिया की खबरनवीसी, इस तरह प्रायोजित खबरनवीसी तो है

लेकिन वह चैनल के हितों से स्वतंत्र है इसमें शक है। प्रणय राय या एस.पी. सिंह या नलिनी सिंह सबको दूरदर्शन पर खबरें देने के बदले में अपनी खबरों के संपादन का अंतिम अधिकार दूरदर्शन को देना पड़ता है। यदि स्टार प्लस को दूरदर्शन के नौकरशाही ढाँचे से स्वतंत्र मान लें तो भी संपादन का अंतिम अधिकार चैनल के मालिकों का है। चैनलों के मालिक अंततः वे प्रायोजक ठहरते हैं जो बड़े पैसे वाले संस्थान हैं। आमतौर पर ये संस्थान खबरों की लोकप्रियता को भी महत्त्व देते हैं क्योंकि जितने दर्शक खबरें खींचेंगी उतना ही उनके 'ब्रांड' की दृश्यमानता बढ़ेगी। लेकिन यह भी सच है कि यदि खबरों की लोकप्रियता, विश्वसनीयता और दर्शकता गिर जाती है तो वे हाथ खींच लेंगे और इतिहास बताता है कि किसी निर्णायक राजनीतिक घड़ी में वे 'कठोर सेंसर' का काम भी करेंगे। यों प्रायोजकों का पैसा कभी शुद्ध गैर-राजनीतिक नहीं होता, उसमें बहुत संकेतात्मक राजनीति सक्रिय रहती है। आर्थिक उदारीकरण, भूमंडलीकरण, किसी राजनीतिक दल की प्राथमिकता इत्यादि के मुद्दे ऐसे मुद्दे होते हैं जिनमें सांकेतिक ढंग से दिन-रात सेंसर काम करते देखे जा सकते हैं।

इसलिए ज्यों-ज्यों राजनीतिक संवेदनशीलता बढ़ेगी, त्यों-त्यों चैनल युद्ध बढ़ेंगे, खबर युद्ध बढ़ेंगे और बहुत से शीष लुढ़केंगे। ध्यान रहे इलेक्ट्रॉनिक मीडिया में मनोरंजन के क्षेत्र के युद्ध उतने निर्णायक नहीं होते जितने खबरों के युद्ध होते हैं। एक अमरीकी टीवी चैनल के ख़बर एवं सामयिक विषयी कवरेज के बादशाह पत्रकार वाल्टर क्रोंकाइट को सिर्फ इसलिए जाना पड़ा था कि उसने वियतनाम मसले पर ऐसी कथा कह दी थी जो प्रायोजकों को पसंद नहीं थी। चैनल युद्धों में यही होता है। खबर के आनेवाले युद्ध बेहद नाजुक इलाके में लड़े जाने हैं। यह चिह्नों और दिमागों पर कब्जा करने की लड़ाई है।

जब से भारत में सूचना समाज की स्थितियाँ बढ़ी हैं जब से जनता में समाचार के लिए 'भूख' पैदा हुई है तब से 'एक तरह की सूचना' नाकाफी हो गई है और सूचना बहुलता की माँग होने लगी है। इसका परिणाम है अनेक सूचना चैनलों की माँग। एक प्रेस कांफ्रेंस में पाँच-सात कैमरों की सक्रियता इसी सूचना बहुलता का परिणाम है। लेकिन सूचना की इस बहुलता में ही 'सूचना' का नया युद्ध छिपा है। एक-एक 'बाइट' के लिए, सूचना चिह्न के लिए युद्ध। अभी एक जयललिता का उदाहरण सामने है। भविष्य के गर्त में पता नहीं क्या-क्या छिपा है।

[हिंदुस्तान, 4 फरवरी, 1996]

प्रसारण नीति की जरूरत

जो काम बरसों पहले सरकार कर सकती थी और हमेशा की तरह नहीं कर सकी उसे सर्वोच्च न्यायालय के एक फैसले ने संभव कर दिया है। आठ फरवरी के फैसले में सर्वोच्च न्यायालय ने साफ कहा है कि सरकारी इजारे और नौकरशाही से बचाने के लिए केंद्र सरकार को चाहिए कि वह आकाशवाणी व दूरदर्शन को लेकर एक स्वतंत्र स्वायत्त लोक प्राधिकरण बनाए। तीन न्यायमूर्तियों की खंडपीठ ने अपने विस्तृत फैसले में कहा है कि प्रसारण मार्ग और फ्रीक्वेंसियाँ सार्वजनिक संपत्ति है। लोकहित व जनता के अधिकारों पर हमलों से रक्षा के लिए एक सार्वजनिक प्राधिकरण को इन्हें नियंत्रित व नियमित करना चाहिए। कहने की जरूरत नहीं यह फैसला भारतीय जनसंचार जगत् का चेहरा निर्णायक ढंग से बदल सकता है।

पिछले वर्ष सीधे प्रसारण अधिकारों को लेकर ऐसे एकाधिक अवसर पैदा हुए जहाँ भारत के क्रिकेट क्लबों ने मैच प्रसारण के अधिकार कुछ विदेशी प्रसारण संस्थाओं को दिए। इस पर सूचना व प्रसारण मंत्रालय ने अदालतों का दरवाजा खटखटाया और खेल क्लबों की आजादी को कई तरह से कम करने की कोशिश की। एक मामले में एक उच्चाधिकारी ने तो यहाँ तक कहा कि विदेशी संस्थाओं को प्रसारण का अधिकार बेचना देशभक्ति की भावना के विपरीत है। दूरदर्शन चूंकि स्वयं को प्रसारण का एकाधिकारी मानता, समझता आया है इसलिए उसने यह भी चाहा कि बंगाल क्रिकेट एसोसिएशन द्वारा छह देशों की क्रिकेट स्पर्धा के लिए नियुक्त ट्रांसवर्ल्ड इंटरनेशनल को प्रसारण अपलिंकिंग के लिए विदेश संचार निगम से ही सिग्नल लेने होंगे। मामला आगे बढ़ा तो सर्वोच्च न्यायालय ने हस्तक्षेप करते हुए कहा कि चाहे तो ट्रांसवर्ल्ड अपने पूर्व निश्चित सिग्नलों का इस्तेमाल कर सकती है लेकिन कैमरा उन्हीं मैदानों तक सीमित रहेगा जिनमें मैच होंगे यानी कि कैमरे उस घटना को ही दिखाएँगे जिसके लिए वे आए हैं। पाठक याद कर सकते हैं कि दूरदर्शनवालों और कस्टमवालों ने बाहरी प्रसारण कंपनी के कर्मचारियों को काफी तंग किया था। ऐसी तमाम स्थितियों का जायजा लेने के बाद सर्वोच्च न्यायालय

ने अपना सुस्पष्ट मत बनाया कि प्रसारण पर किसी का भी एकाधिकार नहीं होना चाहिए।

यह फैसला प्रसार भारती को लेकर उठी बहसों की याद दिलाता है जिसे सरकार ने अरसे से ठंडे बस्ते में डाला हुआ है। फैसला यह भी सिद्ध करता है कि जो काम सरकार के भारी-भरकम मंत्रालय, भारी-भरकंम अधिकारियों और मंत्रियों को बहुत पहले कर लेना चाहिए था वह उनसे न केवल नहीं हुआ, यह भी बताता है कि सूचना प्रसारण मंत्रालय के अक्षम लोगों को नए सूचना ज़गत् और नए भूमंडलीय परिवर्तनों की कोई समझ नहीं है। वे हर बार नई स्थिति का सामना करने के लिए तदर्थ फैसले लेते आए हैं और समझते हैं इसी तरह दूरदर्शन का खेल हमेशा चल सकता है। सर्वोच्च न्यायालय के फैसले ने सरकार को समय रहते चेताया है और दिशा भी दे दी है।

इस फैसले को नई आर्थिक नीतियों के संदर्भ में भी पढ़ा जा सकता है और इस अहसास से डरा जा सकता है कि अपनी देसी झोंपड़ी का क्या होगा ? यदि प्रसारण और वायुदेश पर किसी का इजारा न होगा तो हमारी प्यारी सार्वभौमिकता का क्या बनेगा ? क्या होगा उस राष्ट्र का जिसे इस विश्व में मौजूद मानते हुए भी कुछ इस तरह देखते हैं कि विश्व में इसका कोई खास लेना-देना नहीं है ? औद्योगिक युग के आलोक में बने विचार हैरत में हैं कि उपग्रह युग में राष्ट्र की सीमाओं का क्या होगा ? गनीमत है कि अपने सुदीर्घ फैसले से सर्वोच्च न्यायालय ने नए सूचना संजाल, उपग्रह क्रांति के वातावरण और अभिव्यक्ति के अधिकार आदि तमाम पहलुओं पर विचार किया है और बताया है कि जनसंचार के क्षेत्र की कोई भौगोलिक सीमाएँ नहीं हैं।

कहने की जरूरत नहीं कि यह फैसला पहली बार उन तमाम मुद्दों को केंद्रित करता है जिन्हें अपने तदर्थवाद के जरिए दूरदर्शन व सूचना व प्रसारण मंत्रालय नजरअंदाज करता रहा है और समय-समय पर दयनीय दिखता रहा है। दूरदर्शन का ढाँचा कितना जर्जर हो चला है इसे देखने के लिए पिछले कुछ वर्षों के इतिहास पर एक नजर डालना काफी होगा। इस वक्त पचास से ऊपर चैनल उपलब्ध हैं, स्वयं दूरदर्शन अमेरिकी उपग्रह पर दो चैनल प्रसारित करने की कोशिश कर रहा है। जी टीवी और स्टार टीवी के यहाँ अपलिंकिंग सुविधा किराए पर लेकर कई देसी घटनाएँ अंतर्राष्ट्रीय स्तर पर प्रसारित हुई हैं। यानी पिछले कुछ वर्षों में तकनीकी दृष्टि से दूरदर्शन एक अधूरा माध्यम तो सिद्ध हुआ है वह भूमंडलीकरण के इस दौर में विश्व में भारत की छवि को बनाने में कोई भूमिका निभाने में भी अक्षम सिद्ध हुआ है। जाहिर है कि दूरदर्शन अब भी पुराने ढंग की संरचना और विचारों से ग्रस्त है जहाँ संचार

स्थानीय होता है और जगत् भूमंडलीय नहीं है। पिछले कई वर्षों से दूरदर्शन को अनेक भूमंडलीय धक्के लगे हैं। लेकिन उसने यह नहीं जाना कि इन धक्कों के उसके लिए क्या मायने हैं ?

नब्बे के आसपास खाड़ी युद्ध के साथ उपग्रह चैनलों की अचानक शुरुआत ने एक झटके में दूरदर्शन को और दूरदर्शन के अभ्यस्त हम सब को बता दिया था कि उपग्रह प्रेरित जनसंचार को रोक पाना पुराने ढंग के राष्ट्रीयतावादी नारों के बस का तो नहीं ही है स्वयं दूरदर्शन के बस का नहीं है और न पुराने जमाने के पोस्ट एंड टेलीग्राफ एक्ट के बस का है। हमारे राष्ट्रीय आसमान पर देखते-देखते एक केबल क्रांति हो गई है। केबल नेटवर्क बन रहे हैं, देसी सेठ और विदेशी कंपनियाँ मिलकर केबल नेटवर्क बना रहे हैं और देश के दर्शकों को दो-तीन दर्जन चैनल देने का वायदा कर रहे हैं। उपग्रह चैनलों ने हमारे जनसंचार जगत् को बुरी तरह बदल दिया है, हमारे देखने के ढंग को बदल दिया है, जीवन शैली को रौंद डाला है, एक उपभोक्ता क्रांति जैसी पैदा कर दी है। स्थानीय आदमी को भूमंडलीय कामना करने वाला बना दिया है। इतने बड़े सांस्कृतिक आर्थिक रद्दोबदल में भी दूरदर्शन का ढाँचा ज्यों का त्यों चला आया है। नए सांस्कृतिक बदलाव में उसने यदि कुछ बदलाव किया भी तो इतना कि उस उपभोक्ता क्रांति में वह स्वयं आँख मूँदकर शामिल हो गया और अपने विकास मूलक लक्ष्यों को भी भुला बैठा। उपग्रह चैनलों के मुकाबले उसने दर्शकों को मैट्रो चैनल के सट्टा बाजार में फाँस लिया। बस यही उसकी राष्ट्रीय तैयारी रही। वह उपभोक्ता चैनल बन के रह गया।

निस्संदेह दूरदर्शन तमाम चैनलों से अधिक प्रसारण-क्षम संजाल है। वह एक क्षैतिज संजाल है, डिश और केबल पर निर्भर नहीं है। कुछ देश प्रेम, कुछ देशज तत्त्ववाद उसे दर्शकों का अपना संजाल बनाए हैं। लेकिन इस स्थिति से दूरदर्शन के मालिकों को हमेशा एक गलतफहमी रही है कि दर्शक उसके बंधुआ हैं। विकल्पहीन हैं। उपग्रह चैनलों ने भी उसकी यह गलतफहमी पूरी तरह दूर नहीं की है लेकिन यह बहुत जल्द दूर हो सकती है, इसमें शक नहीं है। कई बहुराष्ट्रीय कंपनियों ने केबल नेटवर्कों से फिल्म चैनल और अन्य साफ्टवेयर शुरू किए हैं। तकनीकी स्पर्धा ने कुल तीन हजार रुपए में दर्शकों को चालीस चैनल संभव कर दिए हैं, ऐसे में दूरदर्शन का अब तक अपराजित क्षैतिज प्रसारण चुनौती में है। इतने विकट परिवर्तन में बहुत जरूरी है कि दूरदर्शन का ढाँचा बदले, दूरदर्शन की संचार अवधारणा बदले और वह स्पर्धा के उस वातावरण को समझे जो अब तक उसके सामने नहीं था। फैसले ने यह अवसर दिया है कि दूरदर्शन और मंत्रालय उपग्रह युग में अपनी भूमिका की जाँच परख नए सिरे से करें।

फैसले में स्वायत्त और स्वतंत्र लोक प्राधिकरण बनाने की बात कही गई है, वह दूरदर्शन की स्वायत्तता की पुरानी अवधारणाओं में से निश्चय ही भिन्न है। आकाश भारती और प्रसार भारती की स्वायत्तता की अवधारणा न केवल पूर्व-उपग्रह युग की अवधारणाएँ हैं बल्कि वे एक सरकारी महकमे की स्वायत्तता की व्यवस्था भर सोचती हैं। प्रसार भारती को लागू न करने के कारण भी बहुत हद तक नए उपग्रह चैनलों में छुपे हैं, यद्यपि लागू न करने का सबसे बड़ा कारण शासक दल कांग्रेस की अनिच्छा ही रही। एक पार्टी के रूप में लगभग जर्जर कांग्रेस ने दूरदर्शन को हमेशा अपने राजनैतिक प्रचारक की तरह इस्तेमाल किया। प्रसार भारती इस नक्शे में पहले ही फिट नहीं बैठता था।

प्रसार भारती में जिस नियम की कल्पना की गई उसकी एक बड़ी सीमा उसके देश काल की है। यदि उसे थोड़ी रद्दोबदल से लागू किया भी जाय तो अधिक से अधिक वह रेडियो व दूरदर्शन का एक अपेक्षाकृत स्वायत्त ढाँचा संभव हो सकता है। लेकिन उपग्रह चैनलों, केबल संजालों के चैनलों का यह देश कैसे नियमन करे यह प्रश्न प्रसार भारती के बावजूद खुला रह जाएगा।

सर्वोच्च न्यायालय ने इन तमाम पहलुओं पर गौर किया है, और एक स्वायत्त लोक प्राधिकरण की बात की है तो इसीलिए कि इस वक्त देश का प्रसारण क्षेत्र स्थानीय भर नहीं रह गया है और भूमंडलीकृत विश्व एक यथार्थ है। वह हमारा चाहा न चाहा नहीं, एक तकनीक यथार्थ है, जिसमें सूचना के ऊपर किसी का एकाधिपत्य या एक चैनलत्व संभव नहीं है। जब बहुत सारे चैनल हों तो उनकी व्यवस्था होनी जरूरी है। यह व्यवस्था किसी इजारेदार संस्था (जैसे कि दूरदर्शन) के हाथों नहीं छोड़ी जा सकती। वह व्यवस्था किसी बड़े केंद्रीय निकाय के अंतर्गत ही संभव है जहाँ देशी या विदेशी चैनलों की कोई स्वायत्त और देश के यथार्थ के अनुकूल व्यवस्था हो सके।

बहुराष्ट्रीय आवारा पूँजी के तेज चक्र में संभव हो रही सूचना क्रांति और तकनीकी क्रांति देशों या राष्ट्रों से ऊपर डोलती नजर आती हैं। कोई भी देश बिना किसी उचित व्यवस्था के और बिना आवश्यक हस्तक्षेप की युद्ध स्थली बन सकता है। भूमंडलीकरण के इस दूसरे चक्र में (पहला चक्र पुराने ढंग का उपनिवेशवाद था) राष्ट्र राज्य अपनी भूमिका बदलने को मजबूर हो रहे हैं। कभी सामुद्रिक डाकुओं, कंपनियों को रोका जा सकता था आज उनकी छवियों, ब्रांडों, उपभोक्ता सामान और संदेशों को रोका नहीं जा सकता क्योंकि वे वायु तरंगों और केबल तरंगों पर आते हैं और यह भी सच है कि आज सभी देशों की अर्थव्यवस्था एक-दूसरे पर पहले से ज्यादा निर्भर है। ऐसे में लुका-छुपी या आँख मूँदने से काम नहीं चल सकता और

न व्यर्थ के राष्ट्रवाद से। सार्थक राष्ट्रीय हस्तक्षेप से यही संभव है कि विश्व की स्थिति को पहचाना जाय और जनतांत्रिक तरीके से कुछ नए राष्ट्रीय हस्तक्षेप संभव किए जाएँ। छवि का छवि से, संदेश का संदेश से और तकनीक का तकनीक से मुकाबला किया जाय।

दूरदर्शन ने अपनी ढेर सारी कमियों के बावजूद किसी तरह एक राष्ट्रीय प्रसारण संभव किया है लेकिन उपग्रह चैनलों के आगमन को लेकर देश में अभी तक कोई व्यावहारिक कानून व व्यवस्था नहीं है। बड़े रो-धो कर केवल अध्यादेश लाया गया है जो तेजी से बदलते तकनीकी यथार्थ को ध्यान में नहीं रखता। देश में अब दो-तीन तरह के प्रसारण हो रहे हैं। क्षैतिज प्रसारण में दूरदर्शन अव्वल है लेकिन इसीलिए अव्वल है क्योंकि वह एक सरकारी उद्यम रहा है। क्षैतिज प्रसारण ट्रांसमीटरों और सामान्य एंटिना के जरिए चलता है इसलिए देखने के लिए दर्शकों को अतिरिक्त फीस नहीं देनी पड़ती। दूरदर्शन इस वजह से भी देश के गरीबों का बड़ा माध्यम है लेकिन उपग्रह प्रसारण और केबल प्रसारण निजी क्षेत्र के हैं और उच्च मध्यवर्ग व बिचले मध्यवर्ग का समर्थन उसे प्राप्त है। इस तरह देश में न केवल दो-तीन तरह के प्रसारण मौजूद हैं बल्कि अनेक चैनल मौजूद हैं।

न्यायालय के नए फैसले में इसी यथार्थ को ध्यान में रखा गया है। इसके अनुसार जो भी प्राधिकरण या संस्थान बनेगा वह प्रसारण के और चैनलों के परिदृश्य पर नजर रखेगा और उनके प्रसारण कर्म के न्यूनतम नियमों की व्यवस्था करेगा। प्राधिकरण की व्यवस्था समूचे प्रसारण और 'वायुदेश' की व्यवस्था का नया नाम है।

स्पष्ट ही प्राधिकरण एक दिन में नहीं बन जानेवाला। लेकिन प्राधिकरण की व्यवस्था वर्तमान अराजकता से एक बेहतर स्थिति है। उक्त फैसले के बाद के निष्कर्षों में न्यायमूर्तियों ने सावधान भी किया है कि उक्त फैसले का अर्थ किसी को भी अबाध प्रसारण की छूट नहीं है। स्पष्ट ही न्यायालय का मकसद देश को एक अराजक प्रसारण स्थिति से निकालकर व्यवस्थित प्रसारण नीति की ओर लाना है। इस अर्थ में फैसला सर्वथा स्वागत योग्य है।

[जनसत्ता, 18 फरवरी, 1995]

उपग्रह चैनलों की चुनौती

सीएनएन-दूरदर्शन के समझौते को एक महीना हो रहा है। समझौते को लेकर प्रकट हुआ आरंभिक विरोध अब थम चला है। संसद के मानसून सत्र में हो सकता है विपक्षी सांसद कुछ बहस छेड़ें। बहरहाल सीएनएन-दूरदर्शन का समझौता जारी है, जारी रहेगा। लेकिन सौदा प्रश्नों से परे नहीं है।

सीएनएन अमेरिकाधारित उपग्रह चैनल है। एकदम प्राइवेट। बीबीसी से भी ज्यादा स्वतंत्र और स्वायत्त कहा जाता है। ऐसे चैनल से दूरदर्शन का समझौता सभी के लिए चौंकानेवाला था। तिस पर सीएनएन ने एक तो कश्मीर नक्शे का घपला किया दूसरे, बंबई की सड़कों पर गौ माता के दर्शन करा दिए। विरोध स्वाभाविक था। इस विरोध में देशाभिमान ज्यादा सक्रिय था। समकालीन भूमंडलीकरण का यथार्थ ज्ञान उतना नहीं था। ऐसा होता तो उस समझौते की समीक्षा थोड़ा ठोस होती और वह सिर्फ राजनैतिक न होती।

सत्ता पक्ष कहता है कि विपक्ष के दक्षिण या वाम मोर्चा की सरकारें केंद्र में आएँ और इस समझौते की समीक्षा करें तो उन्हें आपद्धर्म के अलावा इस समझौते में बहुत-कुछ नाजायज नजर नहीं आएगा। दूरदर्शन ने सिर्फ वही किया है जो उसे दी गई स्थितियों में करना पड़ता। यह दूरदर्शन के सीएनएन संबंधी समझौते का औचित्य देना है। उसकी विकल्पहीनता को रेखांकित करना नहीं है।

यह सच है कि एक दुर्निवार भूमंडलीकरण में जहाँ उपग्रह सबसे जयादा निर्णायक हो रहे हैं यह असंभव ही है कि विकासशील अर्थव्यवस्था बहुत दिनों तक अपना घूँघट काढ़े रहे। आनेवाले दिनों में दूरदर्शन को और भी समझौते करने हैं। वे भी आपद्धर्म की तरह होंगे। यह सच्चाई भी विचित्र है कि दुनिया में विकासशील अर्थव्यवस्था के बावजूद भारत तकनीकी दृष्टि से उपग्रह युग में काफी पहले से प्रवेश कर चुका है। इनसैट-टू बी के बाद भी काफी दिनों तक उस पर उपलब्ध एक दर्जन से अधिक ट्रांसपोंडर व्यर्थ पड़े रहे। दूरदर्शन ने उनका उपयोग पहले स्थानीय चैनलों के लिए किया जो अब क्षेत्रीय चैनलों के रूप में जाने जाते हैं। इस उपग्रह के बाद

भारत की सूचना प्रसार की क्षमता बहुत ज्यादा बढ़ गई थी। आनेवाले दिनों में इनसैट-टू-सी के बाद यह क्षमता और बढ़ जाएगी। यह हमारे उपग्रह संजाल की वस्तुस्थिति है।

अब तक अपने उपग्रह बाजार-उन्मुख नहीं थे। उनका काम मौसम की जानकारी देना और दूरदर्शन दिखाना रहा। लेकिन जब देश में, देश के आकाश में एशिया सैट, एपस्टार, गौरीजोंट, एक्सप्रेस-6, पलापा-2 आदि कई उपग्रह घूम रहे हों और दिन-रात नित-नए चैनलों को भारत समेत दुनिया भर को 'बीम' कर रहे हों, तब यह कैसे मुमकिन है कि इनसैट-टू-बी या आगामी इनसैट-टू-सी इस स्पर्धी परिदृश्य से बचे रहेंगे ?

इन दिनों भारतीय आकाश और एशियाई समाजों में सूचना और उपभोक्ता माल का बाजार बनाने और खोजनेवाले बहुराष्ट्रीय निगमों द्वारा वित्त पोषित विदेशी उपग्रहों की भरमार है। कोई देश या समाज चाहे न चाहे वे अपनी तरंगें भेजने में संलग्न हैं। उपग्रहों के इस हमले ने संसार को एक गाँव बना डाला है। इस भूमंडलीकरण से देशों की अर्थ प्रक्रिया, राजनैतिक प्रक्रिया और सैन्य स्थितियों पर निर्णायक प्रभाव पड़ रहे हैं, नए स्पर्धा क्षेत्र, नए दाँवपेंच, नई कूटनीति सामने आ रही है। और सूचना की त्वरता और निर्णय की त्वरता का महत्त्व बढ़ा है।

हमारे देश का जनसंचार अब तक देशज और देश की सीमा में महदूद रहा है। विदेशों में रहनेवाले डेढ़ करोड़ अनिवासी भारतीयों के लिए इस जनसंचार के पास कोई कार्यक्रम नहीं रहे हैं। बढ़े विश्व बाजार और उससे जुड़ते अपने बाजार के लिए आवश्यक जनसंचार और सूचना-तंत्र देश के एजंडे पर कभी नहीं रहा है। विदेशों में अपने पक्ष में जनमत बनाने का काम जितनी सफलता से पाकिस्तान करता रहा है, भारत नहीं कर पाया है। अपने शासकों को यह बहुत बाद में ज्ञात हुआ है कि कूटनीति, अर्थनीति और जनसंचार, विश्व में अब एक नए संजाल (नेटवर्क) की तरह काम करते हैं अलग-अलग विभागों की तरह नहीं।

यह एक सच्चाई है कि अरसे से पाकिस्तान इस गुंताड़े में था कि अंतर्राष्ट्रीय स्तर पर अपने लिए सीएनएन पर एक चैनल का कुछ समय खरीद ले ताकि भारत के खिलाफ उसका अंधविरोध विश्व स्तर पर जारी रह सके। इसके जवाब में सीएनएन को पंद्रह लाख डालर की फीस पर एक ट्रांसपोंडर पर चैनल देने और सीएनएन के अतिशक्तिशाली समाचार चैनल पर डेढ़ से चार घंटे का समय लेने के उक्त सौदे के पीछे विदेश मंत्रालय, रक्षा मंत्रालय आदि भी संलग्न कहे जाते हैं। पाक टीवी का मुकाबला करना इस सौदे का एक चालक बिंदु रहा है। पाकिस्तान की वजह से यह थोड़ा जल्द हो गया। इसी से सौदा महँगा पड़ा है।

जल्दी का एक अन्य कारण रूपर्ट मर्डोक के एशिया सैट उपग्रह प्रसारित स्टार टीवी के कुल वक्ती पे चैनल का दाँव लगाना भी बताया जाता है। अरसा पहले स्टार टीवी के साथ मिलकर आंशिक भारतीय उपग्रह चैनल जी टीवी ने दूरदर्शन को शुरू-शुरू में लगभग पछाड़ दिया था। आनेवाले दिनों में स्टार टीवी दो हिंदी चैनल शुरू करनेवाला है। यही नहीं 'मर्डोक–जी टीवी' के जैसे कई अन्य सौदे भी सुनने में आ रहे थे। कई व्यापारिक घराने कुछ विदेशी उपग्रहों के साथ ऐसे ही सौदे करने के चक्कर में थे। बीआई टीवी एक्सप्रेस-6 से सौदा करनेवाला था। पिछले दिनों सुप्रीम कोर्ट द्वारा तरंगों पर 'किसी का एकाधिकार नहीं'–नामक ऐतिहासिक फैसले के बाद बहुत से नए चैनल आने थे। दूरदर्शन-सीएनएन का समझौता इस परिप्रेक्ष्य में भी देखा जा सकता है। निजी चैनलों से पहल करके दूरदर्शन ने बाजी मार ली। लेकिन सवाल उठता है इसके लिए ऐसी जल्दी क्या थी।

यह तो स्पष्ट हो चला है कि आनेवाले दिनों में भारत और एशिया के आकाश पर तीन बड़े उपग्रह संजालों में स्पर्धा चलेगी। इनमें एक एशिया सैट होगा जिससे स्टार टीवी प्रसारित होता है। दूसरा अमेरिकी उपग्रह चैनल एम सैट यानी पास-4 होगा और तीसरा इनसैट-टू-बी और सी होगा। पास-4 मौजूदा एपस्टार को खारिज कर देगा। और कहते हैं कि पास-4 के बाद आकाश की यह जंग और भी तेज हो जाएगी क्योंकि पास-4 उपग्रह अब तक के उपलब्ध उपग्रहों में सर्वाधिक सशक्त होगा। स्वयं दूरदर्शन ने पास-4 पर एक ट्रांसपोंडर के लिए कोशिश की है। यानी उपग्रहों का बाजार बढ़ेगा। इन उपग्रहों के युद्ध और स्पर्धा के लिए क्या दूरगामी रणनीति आवश्यक नहीं ?

प्रश्न यह उठता है कि क्या दूरदर्शन को बाहर के देशों में अपने प्रसारण के लिए कोशिश करनी चाहिए, जब कि वह स्वयं एक कमजोर चैनल है जबकि उसकी अपनी संरचनात्मक स्थिति खासी कमजोर है, ज़बकि वह लद्दड़ कार्य कुशलता के लिए कुख्यात है। यदि दूरदर्शन बेहतर संजाल हो तब उसे ऐसे समझौते करने चाहिए। ऐसे समझौतों का एक स्वतंत्र और आनेवाले दिनों में एक बड़ा कारण विश्व बाजार में भारत की बढ़ती इच्छाएँ हैं। ये यहाँ के पूँजीपति वर्ग की वे इच्छाएँ हैं जो ऐसे समझौतों के रूप में व्यक्त होती हैं। यहाँ अनिवासी भारतीयों और देश के निर्यातोन्मुख बुर्जुआ की इच्छाएँ और जरूरतें हैं जो इस तरह के समझौतों में प्रकट होती-हैं।

सच है दूरदर्शन-सीएनएन के उस सौदे में दूरदर्शन सिर्फ याचक ही नहीं था, स्वयं सीएनएन की बाध्यताएँ भी थीं। यूरोप से अमेरिका की लागडांट कोई नई नहीं है। इन दिनों एक केंद्रीय यूरोप बनने की प्रक्रिया से अमेरिकी अहंकार को थोड़ी

चुनौती भी मिल रही है। इस क्रम से बीबीसी-सीएनएन की स्पर्धा को नजरअंदाज नहीं किया जा सकता। बीबीसी की पक्षधरताएँ सीएनएन की पक्षधरता के आड़े आती हैं। सीएनएन मूलतः अमेरिकी दृष्टि से दुनिया को देखता है। जबकि बीबीसी अंग्रेज नजरिए से। चरार-ए-शरीफ में बीबीसी ने जो घपला किया वह बताने को काफी है कि बीबीसी भी कम नहीं। बीबीसी की भारत संबंधी खबरों में अभी बहुत-सा ब्रिटिश राज झलकता रहता है। सीएनएन की खबरें दुनिया को सीधे मंडी समझती हैं। दोनों के खतरे हैं।

दरअसल इन सब कारकों के पीछे भारतीय सरकार की नई अर्थनीति की कामनाएँ गहरे रूप में सक्रिय लगती हैं। नई अर्थनीति बहुत दूर तक निर्यातोन्मुख नीति है। विदेशी बाजार में भारतीय विक्रेता को चीन, कोरिया आदि देशों के साथ कई स्तरों पर स्पर्धा करनी पड़ती है। विदेशों में भारत की बनी हुई छवि अभी भी चमत्कारप्रिय बाबाओंवाले देश की है। देश के सांस्कृतिक मेलों ने कला और संस्कृति को भारत का पर्याय बनाया है। भारत में कुछ पैदा भी होता है वह तीसरी दुनिया के देशों में तकनीकी दृष्टि से कितना संपन्न है, यह सूचना बाहर के उपभोक्ता तक नहीं जाती। तो भारत की मौजूदा छवि टूटे और नई छवि बने, दूरदर्शन शायद ऐसी कामना करता है।

पहली बात है कि दूरदर्शन इस तरह विदेशी बाजार से अपने बाजार को जोड़नेवाला माध्यम बन रहा है। सीएनएन पर चार घंटे एक दिन का प्रसारण उसे ऐसे अवसर दे सकता है जहाँ वह विदेशी बाजार में भारतीय बाजार पैदा करता है। इन तमाम सदाशयताओं के बावजूद एक बुनियादी आशंका रहती है कि इस आसमानी लड़ाई में दूरदर्शन जब प्रथम क्षण में ही हारा हुआ लगता है तो आगे जीतने की गारंटी क्या ? अनेक आलोचक इस नजर से इस समझौते को गैर-जरूरी मानते हैं।

देखने की बात यह है कि भारत के पास आनेवाले दिनों में इनसैट-टू-सी होगा। उसमें अनेक ट्रांसपोंडर उपलब्ध होंगे। अब या तो उन तमाम ट्रांसपोंडरों का हम अपने लिए उपयोग करें या उन्हें व्यर्थ पड़े रहने दें। दूरदर्शन ने यह सोचा है कि वह उन्हें लीज पर उठाए और पैसा कमाए। इस नीति के पीछे यह सोच काम करता है कि जब हम बाहरी उपग्रहों को रोक सकते नहीं तो उनसे सौदा करें। उन्हें हरा नहीं सकते तो उनके साथ शामिल हो लें। किसी हद तक यह बनियागिरी उचित लगती है। लेकिन इसके पीछे अपने खतरे ही हैं। एक खतरा तो यही है कि हमारा उपग्रह कार्यक्रम यदि बाजारोन्मुख हुआ तो हमारे अंतरिक्ष शोध, मौसम शोध को क्षति पहुँचेगी। इसलिए एक दूरंदेश नीति जारी है।

यों देखा जाय तो दूरदर्शन सीएनएन समझौते में कोई बड़ा दोष नहीं लेकिन

नई अर्थनीति में जहाँ शासकों ने दरवाजा खोलने को दरवाजा हटा देना मान लिया हो वहाँ यह खतरा बराबर नजर आता है कि ऐसे समझौते विदेशी सूचना का अतिरिक्त बोझ डालें और हमारे देशज सूचना बोध को कमजोर करें। चिंता का असल क्षेत्र यहीं है। और यहीं यह सौदा आलोचना का मुद्दा होना चाहिए। हमें उपग्रह स्पर्धा को समझकर चलना होगा। हमें मानना होगा कि यह उपग्रह का युग है। कुंजड़े की दुकानदारी का नहीं।

सौदे का यह पक्ष किसी हद तक जायज माना जा सकता है कि सीएनएन के ट्रांसपोंडर पर दूरदर्शन कुछ पैसा देकर अपनी खबरें दिखाता। लेकिन दूरदर्शन ने डेढ़ घंटे के एवज में अपने चैनल के चौबीस घंटे दिए। पचास फीसदी विज्ञापन की आय के लालच में सीएनएन को चौबीस घंटे देने का मतलब चौबीस घंटे अमेरिका को बोलने देना है। यह ज्यादती है और खतरनाक है। भारत को इतना अमेरिका नहीं चाहिए। न इतनी खबरें चाहिए। यों सीएनएन अपने डिश से अपनी खबरें चौबीस घंटे देता ही था। वह देता रहता लेकिन दूरदर्शन के क्षैतिज प्रसारण का लाभ उसे क्यों दिया जाय ? दूरदर्शन के आपद्धर्म को किसी हद तक समझा जा सकता है। लेकिन यह समझ से बाहर है कि आप अपना चैनल चौबीसों घंटे उनके हवाले कर दें। उपग्रह को बेचना ही था तो कायदे से बेचा जाना चाहिए था। पंद्रह लाख डालर में अपना एक पूरा चैनल नहीं बेचना था। यह सौदा महँगा है इसीलिए, इस पर पुनर्विचार जरूरी है। यही नहीं आनेवाले दिनों में उपग्रह का वणिज करने के लिए कोई दूरगामी नीति भी बनाई जानी चाहिए।

हमें यह समझ लेना चाहिए कि विश्व बाजार से जनित तमाम स्पर्धाएँ और युद्ध उपग्रह के जरिए लड़े जा रहे हैं इसलिए इस क्षेत्र में तदर्थवाद या आपद्धर्म बहुत दिनों तक नहीं चल सकता। हमें अब उपग्रहों की भूमिका और उनके लिए नीति के बारे में सोचना होगा।

[जनसत्ता, 31 जुलाई, 1995]

वयस्क चैनल

इन दिनों एक वयस्क 'प्लस 21 चैनल' की खबर है। यदि सब कुछ ठीक-ठाक चलता रहा तो छियानबे के पंद्रह अगस्त से यह वयस्क चैनल शुरू हो चुका होगा और लोग उसे देख रहे होंगे। योजना यह भी है कि शुरू में इसे फ्री दिखाया जाय, बाद में इसे 'पे चैनल' के रूप में बदल दिया जाय। आजादी पचासवें साल में प्रवेश कर रही है तो हम इतना भी 'वयस्क' न सोचें ऐसा कैसे हो सकता है। उनका कहना है कि 'हम देखेंगे कि लोग रात दस बजे के बाद अपना टीवी सैट बंद न करें।' जाहिर है अनेक लोगों ने इस खबर में एक 'नई चुनौती' देखी है।

ग्लोबल इंटरनेट नामक एक बहुराष्ट्रीय किस्म की वित्तीय कंपनी वयस्क चैनल के पीछे थैलियाँ लिए खड़ी है। इसके दफ्तर तमाम दुनिया में हैं और वह इस वयस्क चैनल के लिए फिलहाल बीस करोड़ रुपया लगाने का इरादा किए बैठी है। सूचनाएँ बताती हैं कि यह लगभग चौबीस घंटेवाला चैनल होगा जो प्लस 21 चैनल के नाम से जाना जाएगा। निस्संदेह यह विचार एक पैसाकमाऊ और आकर्षक विचार है इसलिए बहुत जल्द हम अनेक वयस्क चैनलों की घोषणाएँ सुन सकते हैं। ऐसे चैनल और उसके विचार का विरोध करना न तो आसान है न सीधा-सादा है। वयस्क चैनलवालों ने सारी कानूनी चुनौतियाँ पहले समझ ली हैं और यदि केबल आपरेटरों पर ऐसे चैनल के लिए प्रतिबंध लग भी गया तो वे ऐलान कर चुके हैं कि 1997 तक 'पे चैनल' शुरू कर देंगे। लोग सीधे अपने घर में एक छोटी डिश तथा एक चिप के जरिए देख सकेंगे। स्पष्ट है चीत्कार-फूत्कार से वयस्क चैनल का कुछ नहीं बिगाड़ा जा सकता। इसका प्रतिपक्ष बनाने के लिए इसका पक्ष देखना पड़ेगा और फिर एक सांस्कृतिक प्रतिपक्ष खड़ा करना होगा।

कोई चार-पाँच साल से हमारा समाज एक बनाई गई 'वयस्कता' से टकराता रहा है। साल-छह महीने में कोई ऐसी फिल्म, कोई ऐसा सीरियल, कोई विज्ञापन, धरना अक्सर हमारा ध्यान नग्नता और श्लीलता-अश्लीलता एवं सेक्स के खुले खुलेपन की ओर आकर्षित करते रहे हैं। 'चोली के पीछे' से लेकर टफ शूज के

विज्ञापन, कामसूत्र के विज्ञापन से लेकर कॉफी के विज्ञापन तक एक नंगई ने बाजार बनाने की कोशिश की है। स्टार प्लस के 'बे वाच' की देह भाषा ने, सांता बारबरा, बोल्ट एंड ब्यूटीफुल की देह भाषा ने हमारे सांस्कृतिक क्षेत्र में देह, खासकर स्त्री देह को बाजारू ढंग से खोला है। स्त्री देह बाजार निर्मित करने का सर्वाधिक अनुकूल और मुफीद माध्यम बनाई गई है। वयस्क फिल्में यही करती रही हैं। वे भूमिका बाँधती रही हैं। यह चैनल यहीं से अपना तर्क जुटाता है और अपने नंगावतार या 'न्यूडावतार' की सार्थकता सिद्ध करना चाहता है।

यही नहीं, तर्क यहाँ तक जाता है कि हमारी हिंदी फिल्में क्या वयस्क हैं, क्या वे स्त्री की देह को नई भाषा में नहीं ढाल चुकी हैं ? क्या वहाँ सेक्स की कमी है ? और एक हद तक यही सच भी है। पिछले कई वर्षों से ऐसी फिल्मों का निर्माण बढ़ा है। हमारी फिल्मों का ढाँचा धीरे-धीरे स्त्री की देह भाषा पर ही केंद्रित होता चला गया है। हिंदी फिल्मों का एक बड़ा हिस्सा इन दिनों मुलायम नंगई की ओर अग्रसर दिखता है। जब ऐसा है तो इस पर हायतोबा ठीक नहीं लगती। गुड़ खाएँ गुलगुलों से परहेज करें, यह शोभा नहीं देता। वयस्क तर्क देनेवाले तर्क देते हैं।

निश्चित ही ऐसे तथा अन्य बहुत-से तर्क उन नैतिकतावादियों को निरुत्तर कर सकते हैं जो जरा-सी नंगई को नैतिक स्खलन का कारक मानकर किन्हीं तत्त्ववादियों की तरह फतवा जारी कर दिया करते हैं। फतवों से वस्तुतः कुछ नहीं होता। मीडिया युग में तानाशाही आदेशों से शासन नहीं चलते। इसलिए देखना होगा कि वयस्क चैनल के प्रति तर्क के रूप में क्या मीडिया के क्षेत्र में कोई ठोस तर्क हो सकता है ?

यह तर्क कुछ-कुछ इस प्रकार हो सकता है : सिनेमा हॉल पर दिखाई जाती वयस्क फिल्म और टीवी पर दिखाई जानेवाली वयस्क फिल्म में इसलिए अंतर हो जाता है क्योंकि सिनेमा के माध्यम (मीडिया) से टीवी का माध्यम काफी अलग है। दोनों के प्रसारण और प्रभाव में काफी भेद है और यह भेद एक निर्णायक भेद है। 'स्माल स्क्रीन' मानकर हम टीवी को सिनेमा से छोटा माध्यम मानने की भूल कर सकते हैं। वस्तुतः यह 'स्माल स्क्रीन' वह कर सकता है जो 'बिग से बिग स्क्रीन' कभी न कर सका है, न कर सकता है। कारण वही है कि दोनों दो तरह के माध्यम हैं। दोनों अपने दिखाए जानेवाले कार्यक्रम को अपने चरित्र के अनुसार बदलते हैं। टीवी सेट सतसैया के दोहों की तरह है जो देखन में छोटे लगें घाव करें गंभीर।

सिनेमा एक मंचपरक माध्यम है जिसे देखने के लिए घर से बाहर निकलना पड़ता है। एक हाल में एक क्रम व्यवस्था में रहकर देखना होता है और देखने के बाद आप फिर अपने जगत् में लौट आ सकते हैं। सिनेमा का दर्शक काफी हद तक स्वतंत्र होता है। इसीलिए सिनेमा इतना पुराना होते हुए भी हमारा सकल सांस्कृतिक वातावरण कभी नहीं बन पाया। कम-से-कम टीवी के आने से पहले तक

वह एक सांस्कृतिक वातावरण भर था लेकिन एकमात्र नहीं। उसका चुनाव किया जा सकता था। वह अनिवार्य माध्यम नहीं था। इसलिए उसमें दिखाई जाने वाली वयस्क फिल्में वयस्कों के लिए व्यवास्थित थीं। उन्हें देखने वयस्क दर्शक ही आएँ ऐसी व्यवस्था संभव थी। हम चाहें तो देखें चाहें न देखें, चुनाव की यह स्वतंत्रता भी सिनेमा देता है।

लेकिन टीवी न ऐसी स्वतंत्रता देता है न सिर्फ 'वयस्कों के लिए ही' कोई व्यवस्था करता है। वह एक साथ सबका पूरे परिवार का माध्यम है। कम-से-कम भारत में अभी यह घर भर का माध्यम और एक ही समय में दो साल के बच्चे से लेकर अस्सी साल के वृद्ध तक एक साथ प्रायः भोजन करते हुए, उसका उपभोग करते हैं। टीवी ऐसा माध्यम है जिसके समय के स्लौटों का वर्गीकरण भले किया जा सके, उसके दर्शकों का वर्गीकरण और तदनुसार आरक्षण संभव नहीं है। यही नहीं, क्योंकि टीवी घर भर का एकमात्र माध्यम बन गया है, इसलिए अनिवार्य माध्यम है। हम टीवी देखने जाएँ या न जाएँ ऐसा चुनाव हम नहीं करते क्योंकि कर नहीं सकते। वह एक वातावरण की तरह है जिससे बचने के लिए कोई पर्दा नहीं बना है। जो लोग टीवी नहीं देखते, न ही खरीदते वे भी उसके वातावरण में ही रहते हैं। टीवी हमारे सूचना एवं सांस्कृतिक वातावरण का लगभग सकल क्षेत्र समेट लेता है। इसके एकमात्र वातावरण बन उठने की क्षमता ही उसे एक युगांतरकारी माध्यम बनाती है। ऐसी क्षमता सिनेमा की कभी नहीं रही।

दूसरा बड़ा भेद देखने के ढंग में पैदा होता है। सिनेमा का दर्शक स्वायत्त होता है। सिनेमा हाल का अँधेरा, उसकी सीटें, दूर कहीं पीछे चलता प्रोजेक्टर और कोई पंद्रह-बीस फीट दूर, बहुत बड़ा पर्दा तस्वीर को वस्तुतः एक स्वायत्तता देता है जिस पर दर्शक का कोई नियंत्रण नहीं होता। बड़ा पर्दा उसे जिंदगी से बड़ा बनाता है। लेकिन टीवी सेट घर में अनिवार्य वातावरण की तरह मौजूद रहता है। उसका छोटा पर्दा और उसमें दिखते दृश्य हमें जिंदगी के काफी पास के, हमारे जैसे दिखते हैं। हम सिनेमा हॉल में बैठकर देवानंद या दिलीपकुमार या राजकपूर को अपने से परे, बड़ा हीरो देखते हैं, उसकी नकल करते हैं लेकिन छोटे परदे पर आनेवाले सीरियलों के हीरो हमारे अपने जैसे अधिक दिखते हैं। स्पष्ट ही, सिनेमा को देखना टीवी देखना नहीं है। टीवी घरेलू सिनेमा है, यह मुहावरे से ज्यादा सच है और वह इस सिनेमापन से भी आगे है, यह भी सच है।

सिनेमा और टीवी के बीच तीसरा निर्णायक भेद 'दर्शक निर्माण' की क्षमता का है। टीवी एक ही समय सबका एक जैसा माध्यम है जबकि सिनेमा एक जैसा नहीं है। आज कोई पाँच-साढ़े पाँच करोड़ टीवी सेट एक ही समय में पच्चीस करोड़ के लगभग दर्शकों को सूचना एवं मनोरंजन देते हैं। सारे सिनेमा हॉल मिलकर ऐसा नहीं कर सकते।

इसलिए टीवी पर वयस्क चैनल एक सामाजिक-सांस्कृतिक अत्याचार बन सकता है। वह समूचे घर को सिर्फ वयस्कों के लिए घर बना सकता है जहाँ पाँच साल का बच्चा और पचास साल का वयस्क सब एक जैसे दृश्य के एक जैसे दर्शक बन सकते हैं। वह बच्चों के बचपन को छीन सकता है, किशोरों के कैशोर्य को नष्ट कर सकता है और वृद्धों के संन्यास को डिस्टर्ब कर सकता है।

इससे भला किसको इंकार है कि सेक्स जीवन का एक अनिवार्य तत्त्व है लेकिन कोई भी समाज हर वक्त न तो सेक्स में लिप्त रहता है न रह सकता है। ऐसा तब भी न रहा होगा जब खजुराहो के मंदिर खड़े किए गए होंगे। सेक्स पाप नहीं है लेकिन सेक्स सब कामों का पर्याय भी तो नहीं है। टीवी पर वयस्क चैनल उसे वैसा बना सकता है। वह सेक्स को और उससे जुड़ी हिंसा को एकमात्र पुरुषार्थ घोषित कर सकता है।

बहुराष्ट्रीय कंपनियों ने अपने घरेलू समाजों में अपनी पूँजी के बल पर लोगों के व्यक्तिगत जीवन की भीतरी परतों में बहुत से हस्तक्षेप किए हैं। इनमें सबसे बड़ा हस्तक्षेप है मनुष्य की इच्छाओं का अनुकूलन एवं अनुशासन। खुला बाजार अपने खुलेपन में यही अनुशासन करता है। विदेशी बहुराष्ट्रीय निगमों ने बहुत पहले उपभोक्ता क्रांति के लिए मनुष्य की 'काम ग्रंथि' को आजाद करने का बीड़ा उठाया था। तर्क यह था (और है) कि मनुष्य अच्छा उपभोक्ता तभी संभव है जब उसकी 'कामना' का क्षेत्र निर्बंध और निर्बाध कर दिया जाय। इसके लिए उसकी कामग्रंथि को दबानेवाली प्रोटैस्टैंट या आर्यसमाजी किस्म की प्रतिरोध परकता को खत्म किया जाय। उसे पाप ग्रंथि से मुक्त कर दिया जाय। यह तभी संभव था जब सात पर्दों के भीतर छिपा दी गई देह को आजाद कर नई देह भाषा पैदा की जाय। वयस्कता पर जोर इसी का सांस्कृतिक विस्तार है। विराट पोर्न उद्योग, लिजलिजा-साहित्य और तमाम ऐसी चीजें इस एक पापग्रंथि को नष्ट करने के लिए नियोजित हैं ताकि मनुष्य पाप विहीन होकर उपभोग करने लायक बने। पश्चिम के कुछ बहुराष्ट्रीय निगमों ने तो बाजाप्ता अंतर्राष्ट्रीय चकलाघर खोल दिए हैं जिनमें बाजाप्ता 'सेक्स वर्कर' नौकरी पर रखे या रखी जाती हैं और उन्हें उसकी बाकायदे तनख्वाह दी जाती है।

सूचना एवं युद्ध की सामग्री के बाद सेक्स वह नया उद्योग है जो बहुराष्ट्रीय निगमों ने पिछले दिनों बड़ी तेजी से सँभाला है क्योंकि यह एक समग्र उद्योग है, यह मनुष्य की मूल जैविक जरूरतों से जुड़ा है और जिसे मुक्त करके मनुष्य के भीतर कब्जा किया जा सकता है, उसकी रुचियों को जैसा चाहे अनुशासित किया जा सकता है। वे दिन गए जब औद्योगिक क्रांति के जमाने में यूरोप में संयम नियम का जिक्र होता था, श्रम को ऊपर रखा जाता था। अब तो सेक्स भी वर्क का एक क्षेत्र है। जिसमें अकूत मुनाफा है। इस खेल में मनुष्य एक सेक्स वर्कर है। उसे बचाने के लिए कंडोम हैं, उसे बनानेवाले बहुराष्ट्रीय निगम हैं। कामना को खोलकर,

चली आती पारिवारिक संस्थाओं को तोड़कर जो निर्जन-और निःसंग मनुष्य बनता है, उसकी हर जरूरत को बहुराष्ट्रीय निगम पूरा करने को तैयार हैं। कामना को खोलने का नक्शा यही है। वयस्क चैनल इसी नक्शे का और इसी सेक्स उद्योग का चालक और विस्तारक हो सकता है। पचास किस्म की वर्जनाओं में कैद हमारा समाज किसी विचार या समझौबल-बुझौबल से नहीं खोला जा रहा, सीधे वयस्क-बिस्तरों पर खोला जा रहा है।

उनके इरादों से अधिक बड़ी सच्चाई यह भी है कि अपना दूरदर्शन जगत् पिछले चार-पाँच वर्षों में वयस्कता का एक संस्करण निकाल चुका है। कुछ वर्ष पहले जब रतिकांत बसु महानिदेशक थे तो दूरदर्शन का राष्ट्रीय चैनल वयस्क फिल्में दिखा चुका है। इन दिनों इस हरकत को लेकर एक मुकदमा भी दूरदर्शन पर दायर है। जाहिर है कि वे दिन उदार अर्थव्यवस्था और खुले बाजार के जादू भरे दिन थे और रतिकांत बसु-भास्कर घोष की जोड़ी उसमें कुछ अभिनव वयस्क प्रयोग कर रही थी। वयस्क चैनल उस प्रयोग की अगली कड़ी लगता है।

विकसित देशों में वयस्क चैनल हैं, ब्लू चैनल भी हैं। लेकिन वहाँ एक टीवी सेटवाले घर ज्यादा नहीं हैं। प्रायः दो या अधिक टीवी सेट घरों में होते हैं। परिवार वाले अपने-अपने चैनल देख सकते हैं। तिस पर भी पिछले वर्षों में जब बच्चे नंगे चैनलों को ही देखने लगे तो उन समाजों में त्राहि-त्राहि मच गई। बच्चे सेक्स अपराध करने लगे तो चिंता हुई। इसका भी कंपनियों ने तकनीकी हल ही निकाला। एक नियंत्रक यंत्र लाक बनाया, जो अवांछनीय चैनलों को लाक कर देता था। हम जानते हैं कि जिन्होंने लाक बनाया है, एक दिन वे ही बच्चों को बता देंगे कि लाक कैसे खुलेगा। अपने समाज में एक टीवी सेटवाले घर हैं जिसे सब अपना माध्यम मानते हैं। एक ही टीवी सेट एक वक्त में एक चैनल ही दे सकता है। इसलिए बच्चे वयस्क चैनल की ओर जाएँ तो उन्हें रोकेंगे कैसे ?

सचाई यही है कि ऐसे उपग्रह चैनलों को चलानेवाले लोगों को सिर्फ पैसा बनाना है। इसके लिए जहर बेचना है तो बेचेंगे। वयस्क पैसा देता है तो वे उसे दिखाएँगे। संभव है हमारा कानून उन्हें पूरी तरह न रोक सके लेकिन उन्हें तो लाजवाब किया जा सकता है जो तरह-तरह के तर्क देकर वयस्क चैनल को जरूरी बताने की कोशिश में हैं और जो उनके लिए वातावरण बनाते हैं। हमें समझना होगा कि टीवी सूचना का माध्यम तो बने लेकिन सेक्स को ही सूचना न बनाता रहे। वह मनोरंजन का माध्यम भी बने लेकिन सेक्स को ही मनोरंजन में न बदले। बाहर के चैनलों पर नियंत्रण न हो, न सही, उनके बारे में एक आवश्यक आलोचनात्मक समझ विकसित करना तो जरूरी है।

[जनसत्ता, 17 अगस्त, 1996]

मीडिया नीति

सांसद रामविलास पासवान की अध्यक्षता में सूचना प्रसारण मंत्रालय की गठित मीडिया नीति की सलाहकार-उपसमिति की एक बैठक में जब मीडियाकर्मियों को बुलाकर सुझाव माँगे गए और वहाँ उपस्थित लोगों ने सुझाव दिए तो स्पष्ट हुआ कि नई मीडिया नीति अपने अंतिम रूप में चाहे जैसी बनाई जाय मीडिया को बरतने का मामला उलझा ही रहेगा। हालाँकि पासवान जैसे सांसद जरूर चाह सकते हैं कि नई मीडिया नीति पुरानी नीति से भिन्न हो, कुछ नई हो। लेकिन उनके चाहने से कितना क्या हो सकता है यह इसी से स्पष्ट है कि उक्त उपसमिति में शामिल सांसद मीडिया में अपना मुखड़ा दिखाने के लिए भले तत्पर रहते हों, वे मीडिया के अच्छे पाठक या श्रोता या दर्शक तो नहीं ही हैं। उनके अनुभव क्षेत्र में मीडिया और जनता के बीच बन रहे संबंधों की कोई प्रत्यक्ष अनुभव आधारित जानकारी या तो नहीं है या कम है। ऐसी कमेटियों में आजू-बाजू सजे अफसर लोग ऐसे मौकों पर चिंतन करने की जगह खामोश बैठे रहते हैं। यों भी अफसरान का काम चिंतन करना नहीं होता। जैसा कि आगे जाहिर होगा, मीडिया नीति के मौजूदा संदर्भ में भी यही सत्य है।

मौजूदा मीडिया नीति कमेटी इन दिनों बैठकें कर रही है। उसने एक प्रश्नावली परिपत्र भी भेजा है जिसमें मीडिया संबंधी उपसमिति की उसकी अपनी प्राथमिक समझ का थोड़ा-बहुत परिचय मिलता है। यह प्राथमिक समझ बताने के लिए काफी है कि मीडिया नीति की परिकल्पना पिछड़ी और बेहद सीमित परिप्रेक्ष्यवाली है और वह उस प्रसार भारती के निर्माण की प्रक्रिया की याद दिलाती है जब सूचना प्रसारण मंत्री पी उपेंद्र ने देश भर में कुछ सेमिनार करके दूरदर्शन की स्वायत्तता और स्वतंत्रता जैसे विषयों पर चर्चाएँ कराई थीं। लेकिन प्रसार भारती जब बना तो उसमें उन चर्चाओं का कहीं पता नहीं पड़ता था। पासवान कमेटी अभी तक संसद सौध में दस-बीस लोगों की राय नोट करना ही परम कर्तव्य मानती है, वह सेमिनारों तक में भी नहीं गई है।

ऐसे तमाम कामों में सबसे बड़ी समस्या विशेषज्ञों की राय हुआ करती है। ये विशेषज्ञ ज्यादातर मीडिया में काम करनेवाले लोग होते हैं जो इसलिए विशेषज्ञ हो गए होते हैं क्योंकि वे कुछ बड़ी टीवी कंपनियों के निर्माता हैं, निदेशक हैं। ऐसी ही एक बैठक में जब इन पंक्तियों के लेखक को जाने का मौका मिला तो पाया कि वहाँ मौजूदा कई मित्र दूरदर्शन या अन्य कंपनियों के निर्माता हैं। इसलिए वे भी वहाँ थे, केबल आपरेटरों के प्रतिनिधि के अलावा आलोचक भी थे। इन लोगों को प्रश्नावली से संबंधित प्रश्नों पर अपनी राय देनी थी और स्वतंत्र सुझाव भी देने थे।

कमेटियाँ ऐसे ही काम करती हैं। वे अलग-अलग राय लेती हैं। यह कमेटी भी प्रिंट मीडिया, इलेक्ट्रॉनिक मीडिया से जुड़े विभिन्न पहलुओं पर विशेषज्ञों की राय इकट्ठी कर रही है। फिंर सबकी राय से किसी एक राय पर पहुँचना चाहती है। यह भरोसा तो किया जा सकता है कि यह दस्तावेज कुछ बेहतर होगा बशर्ते वह अपना होमवर्क कर ले।

प्रसारित प्रश्नावली इस दृष्टि से विचारणीय है कि क्या वह प्रश्नोत्तर देने वालों को किसी निश्चित परिप्रेक्ष्य में सोचने की प्रेरणा देती है या क्या ऐसे खुले प्रश्न वहाँ हैं जिनका खुला उत्तर दिया जा सके। जैसा कमजोर हिंदी अनुवाद अंग्रेजी के प्रश्नों के साथ जुड़ा है उससे इतना प्रथम क्षण में ही स्पष्ट हो जाता है कि एक बार फिंर यहाँ अंग्रेजी दिमाग ही नीति निर्माण में हावी है, भले ही चेयरमैन रामविलास पासवान ही क्यों न हों।

सुप्रीम कोर्ट के अभी-अभी आए एक फैसले के संदर्भ में पूछा गया है कि मीडिया को नियंत्रित किया जाय या नियमित किया जाय। दूसरे कुछ प्रश्न मीडिया नियंत्रित अथवा नियमित करने की प्रक्रिया के बारे में हैं। कुछ प्रश्न विदेशी मीडिया के प्रवेश और सैटलाइट प्रवेश से संबंधित हैं। आम मीडिया (जिसमें पत्रकारिता, इलेक्ट्रॉनिक माध्यम शामिल हैं) के संबंध में प्रस्तुत चौदह प्रश्नों में से दो प्रश्न कुछ नए हैं। एक है मीडिया में औरत के चित्रण संबंधी सक्रिय 'लिंग पूर्वग्रह' के बारे में और दूसरा सैटलाइट टीवी से आते सांस्कृतिक साम्राज्यवाद के बारे में। ये कुछ नए दिलचस्प प्रश्न हैं जो इस सलाहकार समिति की नई संवेदनशीलता को बताते हैं। लेकिन ऐसा भी बहुत कुछ है जो छोड़ दिया गया है।

निस्संदेह मीडिया नीति की यह चिंता सुप्रीम कोर्ट के उस फैसले के बाद ही तेजी से शुरू हुई है जिसमें सुप्रीम कोर्ट ने कई बुनियादी बातें कहीं। प्रिंट मीडिया में उक्त फैसले के बारे में जो तात्कालिक टिप्पणियाँ छपीं वे उसे अपने ढंग से पेश करती रहीं। यही स्थिति मीडिया नीति संबंधी प्रश्नावली की है। उक्त फैसले को

अनेक टिप्पणीकारों नें 'आकाशीय तरंगें सार्वजनिक संपत्ति हैं' मात्र के रूप में देखा। लेकिन मीडिया नीति संबंधी प्रश्नावली परिपत्र उक्त फैसले से भी न सीख कर फिर से पूछता है कि क्या राष्ट्रीय मीडिया नीति की जरूरत है ? सच, उपसमिति की प्रश्नावली को उक्त फैसले की आँच भी नहीं लगी।

सुप्रीम कोर्ट ने अपने 5 फरवरी, 1995 के फैसले में बताया है कि विकसित देशों में भी एक मीडिया नीति काम करती है। अमेरिका और यूरोपीय देशों में भी तमाम मीडिया एक नीति के तहत ही नियंत्रित और नियमित, शासित होता है। अब यह मिथ तो सचमुच टूट जाना चाहिए कि अमेरिका आदि देशों में भी मीडिया परम स्वतंत्र स्थिति में आजाद है। समय-समय पर वहाँ सरकारें और अदालतें नियम बनाती रहती हैं। इसलिए प्रश्नावली का पहला प्रश्न ही (कि राष्ट्रीय नीति होनी चाहिए कि नहीं) अनावश्यक प्रश्न है। स्पष्ट है, एक मीडिया नीति तो होनी ही चाहिए। न केवल नीति होनी चाहिए बल्कि उसके अमल के लिए एक पक्की व्यवस्था भी होनी चाहिए। फैसले ने सिर्फ नियमन पर जोर दिया है नियंत्रण पर नहीं। यह महत्त्वपूर्ण है। उपसमिति की प्रश्नावली तैयार करने से उक्त फैसले का ही पारायण कर लेते तो ऐसी बात नहीं आती।

सुप्रीम कोर्ट के सुदीर्घ फैसले में इस बात पर बार-बार जोर दिया गया है कि ब्रॉडकास्टिंग मीडिया प्रेस मीडिया से प्रकृत्या अलग है। आकाशीय तरंगें सार्वजनिक संपत्ति हैं, इसीलिए अनेक चैनल हैं और इसीलिए वे 'नियंत्रणयोग्य' नहीं हो जातीं। सुप्रीम कोर्ट ने विस्तार से कहा है कि तकनीकी क्रांति के इस युग में चीजें बड़ी तेजी से बदल रही हैं। खास कर टीवी हमारी जीवन शैली पर गहरा असर डाल रहा है। फैसला कहता है कि चैनल बढ़ गए हैं। राष्ट्रीय भौगोलिक सीमाएँ व्यर्थ हो गई हैं। किसी भी सरकार के लिए यह संभव नहीं है कि वह जनता की सूचना पर नियंत्रण कर सके या उसे मैनुपुलेट कर सके। कोई भी राष्ट्र अपने में बंद किला या द्वीप नहीं रह सकता। इस महत्त्वपूर्ण सलाह के साथ यह भी कहा गया है कि असल सवाल ब्रोडकास्टर की स्वतंत्रता का उतना नहीं है जितना कि जनता की सूचना की स्वतंत्रता के अधिकार का है। सुप्रीम कोर्ट ने मीडिया चिंतन में जनता का प्रवेश करा दिया है। मीडिया नीति की प्रश्नावली में यह जनता नहीं है।

लेकिन उक्त फैसला यहीं नहीं रुकता बल्कि अभिव्यक्ति की स्वतंत्रता की एक नई व्याख्या भी देता है। प्रसारक या ब्रोडकास्टर (जिसमें टीवी संस्थान, निर्माता आते हैं) की स्वतंत्रता के संदर्भ में टिप्पणी करते हुए वह कहता है कि ब्रोडकास्टर की स्वतंत्रता का मतलब राज्य सत्ता से उसकी स्वतंत्रता है। इसका अर्थ उसके द्वारा जनहित की उपेक्षा नहीं है। ब्रोडकास्टर जब अपनी स्वतंत्रता की दुहाई दे तो वह

जनहित की कीमत पर ऐसा नहीं कर सकता। ऐसे कार्यक्रम दिखाना जो जनहित के विरुद्ध हों, वस्तुतः ब्रोडकास्टर की अपनी स्वतंत्रता को निजी संपत्ति समझ लेने जैसा है। इसलिए ब्रोडकास्टर की स्वतंत्रता में दर्शकों या श्रोतओं के अधिकार भी बराबर शामिल हैं। इसी आधार पर यूरोपीय अदालतों ने ब्रोडकास्टर की स्वतंत्रता पर लगाए जानेवाले अंकुश जनता की स्वतंत्र अभिव्यक्ति के संदर्भ में उचित माने हैं।

फैसला आगे कहता है कि अभिव्यक्ति की स्वतंत्रता का अर्थ एकतरफा नहीं है। वह कहनेवाले और सुननेवाले दोनों से संबंधित है और दोनों की स्वतंत्रता इसीलिए नियमित यानी नियम-अधीन होनी चाहिए। यह तभी संभव है जब दूरदर्शन के कार्यक्रमों की स्वतंत्रता को एक स्तर, एक नियम से बाँधा जाय। इस तरह स्वतंत्र अभिव्यक्ति के लिए धनात्मक कानून चाहिए ताकि सरकार या निजी संस्थाएँ या विज्ञापनदाता अपना वर्चस्व न स्थापित कर लें।

स्पष्ट है कि नई मीडिया नीति की प्रश्नावली को इस फैसले की खबर ही नहीं है। कुछ अखबारों ने भी फैसले को सिर्फ इतना भर बताया कि वह तो आकाशीय तरंगों को सार्वजनिक संपत्ति कह कर सर्वतंत्र स्वतंत्र होने की वकालत कर रहा है। सबसे बड़ी बात फैसले में यही है कि वह जिस स्वतंत्रता की रक्षा की बात करता है, वह श्रोता या दर्शक या पाठक के रूप में जनता के सूचना के अधिकार को केन्द्रीय मानकर के चलता है और सूचना बनाने या देनेवाले की स्वतंत्रता को राज्यसत्ता के अंकुश के बरक्स भी रखता है। ऐसा नहीं है कि ब्रोडकास्टर स्वतंत्रता के नाम पर जो चाहे करे और जनता के प्रति जिम्मेदार भी न रहे। कहने की जरूरत नहीं कि उक्त फैसले के इस तत्त्व पर न तो टिप्पणीकारों ने गौर किया और न मीडिया नीति-कमेटी के प्रस्तावित प्रश्न ही ध्यान देते हैं। कहने की जरूरत नहीं कि सुप्रीम कोर्ट का उक्त फैसला नई मीडिया नीति का आधार-पत्र हो सकता है। वह एक नया परिप्रेक्ष्य देनेवाला फैसला है जो नए तथ्यों और नई स्थितियों को ध्यान में रखकर चलता है।

नई मीडिया नीति की प्रस्तावित प्रश्नावली में मीडिया के नियंत्रण या नियमन की दुविधा इसीलिए बनी हुई है कि अभी भी मंत्रालय नियंत्रण के बारे में अपने विकल्प खुले रखना चाहता है। सलाहकार उपसमिति को भी, उसके सम्मान्य सदस्यों को सुप्रीम कोर्ट के उक्त फैसले को एक बार फिर देखना चाहिए। जिसमें नियंत्रण की जगह नियमन को ही संभव मानने की बात कही गई है। सच यही है। नियंत्रण नहीं, नियमन ही होना चाहिए।

प्रिंट मीडिया और इलेक्ट्रॉनिक मीडिया आदि संबंधी प्रश्न भी सीमित दायरे में टहलते हैं। वे अब तक के प्रसारणों के जनता पर हुए असर को नजरअंदाज तो करते ही हैं यह भी नहीं पूछते कि दूरदर्शन का साफ्टवेयर पक्ष कैसा और किसके

लिए होना चाहिए। वे सूचना के नए स्वरूप पर भी कोई सवाल नहीं पूछते।

जनता के सूचना के अधिकार को बुनियादी मान कर जनता की अभिव्यक्ति की स्वतंत्रता के अधिकार को बुनियादी मान कर चलने पर ही नई मीडिया नीति कोई नया परिप्रेक्ष्य दे सकेगी। अब तक का मीडिया चिंतन मूलतः मीडियाई निर्माताओं का बनाया गया चिंतन है जिसमें उनके हित शामिल रहते हैं। क़थित विकासमूलक मीडिया चिंतन भी जैसा कि बाद में ज्ञात हुआ, विकसित पूँजीवादी देशों के विकास के कार्यक्रमों के प्रचार का और फिर उनकी नीतियों के प्रसार का माध्यम बना। आज विल्बर श्रैम और डेनियल लर्नर जैसे मीडिया चिंतक बहुराष्ट्रीय निगमों के उपभोक्तावाद के आगे खामोश हो चुके हैं। विकासमूलक मीडिया के नाम पर आनेवाले राज्य संरक्षित मीडिया ने अपने यहाँ जिस दूरदर्शन को जन्म दिया है वह कार्यक्रम बनानेवाले ब्रोडकास्टर की स्वतंत्रता का गुलाम है, प्रायोजकों का गुलाम है या सरकार का गुलाम है। जनता का सूचना का परम अधिकार या स्वतंत्रता का अधिकार यहाँ सुरक्षित नहीं है। जब तक मीडिया नीति जनता के पक्ष से नहीं सोचेगी, वह पुराने दुहराव से नहीं बच सकेगी।

[जनसत्ता, 5 सितंबर, 1995]

महाजनों का रास्ता

पिछले चार-पाँच साल में दूरदर्शन इतना बाजार दोस्त बना कि अब उसके बाजार में उसी की भाषा में कई बहुराष्ट्रीय निगम खरीदारी करने को आने लगे हैं। इनमें सर्वोपरि नाम रूपर्ट मर्डोक का है जो पिछले कई महीनों से भारत में किसी न किसी रूप में अपने पाँव जमाने की तैयारी में है।

कोई ढाई महीने पहले मीडिया के हल्कों में यह खबर बिजली की तरह चमकी कि रूपर्ट मर्डोक भारत में अपनी टीवी कंपनी 'स्टार टीवी' को स्थापित करने की इजाजत माँगने आए हैं। नए प्रधानमंत्री श्री देवेगौड़ा से उनकी मुलाकात को जिस तरह से प्रेस ने उछाला उससे एकबारगी तो सचमुच लगा कि कहीं मर्डोक ने अपनी मनचीती न कर ली हो लेकिन फिर धीरे-धीरे वास्तविकता प्रकट होने लगी। अब यह स्पष्ट हो चला है कि मर्डोक ने केबल कानून 1995 के संदर्भ में भारत सरकार को एक विस्तृत अर्जी अवश्य दी थी जिसमें भारत में अपनी टीवी की शाखा की स्थापना की प्रार्थना की गई थी। लेकिन मर्डोक ने उन्हीं दिनों एक अन्य काम भी किया था। यह था दूरदर्शन के पूर्व महानिदेशक को अपनी आगामी कंपनी 'न्यूज टेलीविजन ऑफ इंडिया' के प्रबंध निदेशक के रूप में नियुक्त करना।

पूर्व महानिदेशक श्री रतिकांत बसु को मर्डोक ने कोई पाँच लाख डालर सालाना तनख्वाह पर जब रखा तो मीडिया से जुड़े लोगों के बीच यह खासी चर्चा का विषय बना। इसके दो कारण थे। पहला कारण तो यही था कि इस 'देह क्रय' (बॉडी शॉपिंग) से मर्डोक ने अपने भविष्य की योजना को लगभग दो टूक शब्दों में स्पष्ट कर दिया कि यदि भविष्य में कभी अपलिंकिंग सुविधा के लिए भारत का कानून खुलता है तो मर्डोक को सरासर लाभ रहे, दूसरा कारण यह रहा कि श्री रतिकांत बसु का कार्यकौशल न केवल उनके स्टार टीवी के चेहरे को 'भारतीय' संस्करण दे सकता है बल्कि उन्हें उस 'बाजार' को भी दे सकता है जो मैट्रो चैनल ने पिछले चार-पाँच वर्षों में, यानी श्री बसु के कार्यकाल में बनाया है। आनेवाले दिन दूरदर्शन के बाजार में उपग्रहों की घुसपैठ के दिन हो सकते हैं।

यह सर्वविदित ही है कि जिन दिनों दूरदर्शन के सीएनएन और स्टार टीवी-जीटीवी ने चुनौती देनी शुरू की, उन दिनों दूरदर्शन उपग्रह चैनलों के मुकाबले एक धीमा, गैर-बाजारू और किंचित् विकास मूलक प्रतिज्ञाओं में बँधा माध्यम था।

उपग्रह चैनलों से मुकाबला करने के लिए मैट्रो चैनल शुरू किया गया लेकिन उसकी अपनी कोई सुस्पष्ट नीति नहीं थी। शुरू में वह असफल ही रहा लेकिन ज्यों ही श्री रतिकांत बसु ने दूरदर्शन की कमान सँभाली, देखते-देखते मैट्रो चैनल चल निकला। बहुत जल्द ही मैट्रो ने जता दिया कि स्टार टीवी-जीटीवी को एक-एक पैसे के लिए लड़ना पड़ेगा और यह आज तक जारी है। मैट्रो ने जीटीवी को लगभग हर विभाग में हराया। स्टार को भी सीमित किया।

इस मुकाबले के लिए कोई महान् सांस्कृतिक नीति या टीवी नीति नहीं अपनाई गई थी। यह एक चिर-परिचित और लोकप्रिय नीति थी कि यदि दुश्मन को हरा नहीं सकते तो उसी जैसे हो जाओ, उसी के साथ मिल जाओ, जब दूरदर्शन का राष्ट्रीय चैनल स्टार और जीटीवी की बढ़त को रोकने में नाकामयाब रहा तो रतिकांत बसु के नेतृत्व में पाया गया कि मैट्रो चैनल शुरू किया जाय और जीटीवी जैसा ही मसाला बनाया जाय।

पाठक याद कर सकते हैं मैट्रो चैनल के आरंभिक दो महीने खासे निराशाजनक थे। उसके पास अपनी सामग्री नहीं थी। वह फिल्मों पर आधारित कच्चे-पक्के टुकड़े दिखाता था और समझता था कि ऐसा करके वह जीटीवी की ओर गए दर्शकों को वापस मोड़ लाएगा। लड़ाई दर्शकों को वापस ले आने की थी। ये दर्शक नहीं थे। उपभोक्ता थे। ये बाहर की ओर देखने लगे तो प्रायोजक किसके लिए दूरदर्शन को पैसे देंगे। सो उन्हें वापस लाना था। मैट्रो चैनल का चोला यहीं से बदला और निस्संदेह इसमें बसु-घोष जोड़ी का बड़ा हाथ रहा। लेकिन इन बंधुओं ने कुछ नया करिश्मा नहीं किया, सिर्फ यह किया कि निर्माण छोड़कर, मैट्रो को सचमुच का 'मैट्रो' बना दिया। विदेशी मनोरंजक चैनलों की नकल पर उसे मनोरंजक बना दिया।

पिछले चार-पाँच साल में मैट्रो ने दो-तीन नए सांस्कृतिक रूप विकसित किए। उसने फिल्मी गीतों की बड़े पैमाने पर मार्केटिंग करनी शुरू कर दी। सुपरहिट मुकाबला होता। एक सुंदरी लड़की आती। नैन नचाती मुस्काती। फर्राटे से अंग्रेजी बोलती और रूबी भाटिया की शैली में 'ठाँय' से गानों की एक के बाद एक बौछार करती।

एक नए पैक में नए ढंग की प्रस्तुति ने शहरी मध्यवर्ग को अचानक जता दिया कि मैट्रो उन्हें वह सब कुछ दे सकता है जो 'एमटीवी' देता है, जीटीवी देता है, स्टार टीवी देता है। दर्शकों को अचानक मालूम हुआ कि अपने यहाँ भी सोफिया,

अलैक्सेंद्राएँ हैं जो कच्छा-बनियान गिरोह बनकर हमें हमारे ही गीतों को सुना और दिखा सकती हैं। यह सुपर हिट का जमाना था। बयानबे के आगे-आगे मैट्रो ने दूरदर्शन का सुस्त चेहरा ग्लैमरवाला बना दिया। यदि कहना चाहें तो हम कह सकते हैं कि बसु साहब की परिकल्पना या साहस-दुस्साहस था जिसने जीटीवी-एमटीवी की नकल को असल बनाकर पेश किया और विदेशी चैनल से मुकाबले के गहरे सवाल सुपरहिट में गायब हो गए।

दूसरी शुरुआत नए किस्म के सीरियलों से की गई। हल्के-फुल्के चुटकुले, अंग्रेजी बोलनेवाले शहरी उच्चमध्यवर्ग की दैनिक जिंदगी के आनंद के क्षणों को और उस वर्ग की उन्नति के रूपों को इनमें खासकर दिखाया गया। नए ढंग के परिवार, नए ढंग के रिश्ते यहाँ दिखाए गए। एक आदर्श उपभोक्तावादी परिवार यहाँ विकसित किया गया। यह शहरी, उच्च मध्यवर्ग का परिवार था जिसमें लोगों के पास बड़ी कारें, मोबाइल फोन, घर में शराब घर होते थे। वे माफिया होते, प्रोपर्टी डीलर होते, नवधनाढ्य होते। वे जो चाहते, उसे हासिल करके रहते। यहाँ रिश्ते टूटते। पति-पत्नी में झगड़ा रहता, दूसरी-तीसरी पत्नी होती, बच्चे न होते। परिवार के बंधन न होते। अपराध होते मगर रोना-धोना न होता।

तीसरी शुरुआत उन कार्यक्रमों के रूप में रही, जो प्रायः क्विज कार्यक्रम होते। नौजवान या नवयुवती आती। क्विज बताती। दर्शक हिस्सेदार होते। प्रश्नोत्तरी होती। इनाम होते। नए सेल्समैन, नई सेल्सविमन, यहाँ रोज बदलते।

आखिरी शुरुआत विज्ञापनों के थोड़ा सैक्सी हो उठने के साथ हुई। मामूली 'पैन' को बेचने के लिए, स्त्रियाँ आँख मारतीं। उन्हें लिखते-लिखते लव होने लगा। खुशबू बेचने के लिए मर्दों की छातियों पर हाथ फेरती, आफ्टर शेव लोशन वाले मर्द के साथ खुलेआम बंद हो जातीं। स्त्रियाँ कपड़े धोतीं और दर्शक दाग ढूँढ़ते रह जाते।

ये तीन-चार शुरुआतें अभूतपूर्व थीं। अब दूरदर्शन सीधे बाजार में था और मार्केटिंग का सबसे बड़ा माध्यम बन गया था। यदि कोई शोधकर्ता इन चार-पाँच वर्षों में बहुराष्ट्रीय तथा राष्ट्रीय निगमों द्वारा लौंच किए गए ब्रांडों की लोकप्रियता और लाभ का अध्ययन करे तो ज्ञात हो सकता है कि किस तरह नए राजनीतिक अर्थशास्त्र ने एक अनुकूल संस्कृति को जन्म दिया और किस तरह संस्कृति ने अर्थव्यवस्था को कुछ निगमों के पक्ष में पुष्ट किया और किस तरह दूरदर्शन की नकद आय बढ़ी, किस तरह विज्ञापनों के ग्लोबल संस्करण यहाँ यथावत् दिखाए गए और किस तरह बोल्ड एंड ब्यूटीफुल, सांता बारबरा के देसी संस्करण सप्रसंस्कृत किए गए। किस तरह सांस्कृतिक अवधारणाएँ उपद्रवग्रस्त एवं समस्याग्रस्त हुईं। जाहिर है कि नई अर्थनीति के राजनीतिक अर्थशास्त्र की सीधी सेवा में दूरदर्शन ने इन वर्षों में अनेक प्रयोग किए। कोई पच्चीस फीसदी बाजार को दैनिक रूप से सक्रिय किया

गया और सिद्ध किया कि विदेशी चैनलों के पास चले गए दर्शकों को वापस लाना है तो दूरदर्शन को बाजार का दोस्त बनना होगा और लगभग वैसा ही बन जाना होगा जैसे कि स्टार टीवी या जीटीवी है। उतने ही बोल्ड एवं ब्यूटीफुल, साहसी और सुंदर। दूरदर्शन पहली बार एक 'ब्रांड' बना।

इस तरह बसु-घोष की जोड़ी ने गए तीन-चार साल में दूरदर्शन को एक भूमंडलीय रूप दिया और यह कोई मामूली उपलब्धि नहीं थी। इसमें एक सांस्कृतिक शिफ्ट पैदा की गई थी जो भारत को एक 'उदार बाजार' बनाती थी। जहाँ दिखने वाले सांस्कृतिक परिदृश्य में लोग आनंद और सुख का उपभोग करने को उतावले रहते थे। जहाँ कहानी देखने के साथ हर पाँच मिनट पर, बीच में ब्रेक होता था और लोग अपने नायकों की खातिर ब्रेक के बाद भी जमे रहते थे।

एक अमेरिका का धीरे-धीरे बनना था। या कहें भारत के भीतर अमेरिकी जीवनशैली की स्वीकृति के लिए 'आधार' तैयार करना था। उसके लिए एक ऐसी सांस्कृतिक अवस्था जरूरी थी जिसमें कष्ट न हो, कोई नाराज न हो, सब खुश हों और उपभोक्ता हों।

इस तरह दूरदर्शन 'न्यूनतम समापवर्त्य' के सिद्धांत पर चला जिसमें किसी को कोई परेशानी नहीं होनी थी। यह लगभग उसी तरह था जिस तरह उपभोक्तावाद की पहली लहर में कोई तीस साल पहले अमेरिका में होता था। यहाँ के एक टीवी अभिनेता जैक लैमन ने इसे इस प्रकार कहा था : वे (अमेरिकी चैनलों के कार्यक्रम) 'न्यूनतम समापवर्त्य' से काम करते हैं। वहाँ कुछ भी कलात्मक संभव नहीं क्योंकि कला परेशान कर सकती है। ऐसा कुछ भी नहीं हो सकता जो किसी को दिक्कत पेश करे। मेरा यही अनुभव रहा क्योंकि यदि कोई कलात्मक अनुभव है तो उसका कोई विचार बिंदु अवश्य होगा और यदि होगा तो उसे हर कोई सहज स्वीकार नहीं करेगा और इस तरह हम एक नाराज उपभोक्ता पैदा करेंगे।

इस तरह और इसी तरह वह मार्ग प्रशस्त हुआ जिसमें से होकर रूपर्ट मर्डोक ने प्रतिभा खरीदने के लिए पिछले दिनों अपनी यात्रा की, और बसु साहब की सेवाएँ प्राप्त करने का आग्रह किया। हम कह सकते हैं कि दूरदर्शन की एक अन्यतम उपलब्धि यह भी रही कि उसने एक ऐसा महानिदेशक पैदा किया जो सबसे ज्यादा दाम पर बिका। स्पष्ट ही मर्डोक ने इस बार दूरदर्शन के बसु ब्रांड को ही खरीद डाला।

हम कह सकते हैं कि यह दूरदर्शनी न्याय भी अब एक सक्रिय तत्त्व है जहाँ अपलिंकिंग की सुविधाएँ मिलें न मिलें, हमारे कुशल कर्मियों की सेवाएँ बहुराष्ट्रीय निगमों को लगातार मिलती रहेंगी। इसे देख कहा जा सकता है कि हम अपलिंकिंग सुविधा दें न दें। इस 'डाउन लिंकिंग' का तब तक कुछ नहीं कर सकते जब तक कि हम दूरदर्शन के बना दिए गए 'बाजार के दोस्त' चेहरे को न बदल दें और उसे

जनता का दोस्त न बना दें। बाजार का दोस्त बना देने के बाद उस बाजार को मर्डोक या पी अर्सन या वार्नर बंधुओं या सोनी के पास जाने से कोई नहीं रोक सकता जो पिछले चार-पाँच साल में बनाया गया है।

वह रास्ता अभी प्रशस्त ही है, जिससे महाजन आया-जाया करते हैं।

[नभाटा, 30 सितंबर, 1996]

प्रसारण नीति के प्रश्न

जब से नए प्रसारण विधेयक का मसौदा कैबिनेट की उपसमिति के हवाले हुआ है, तब से विधेयक के प्रारूप और उसमें निहित व्यवस्थाओं को लेकर मीडिया जगत् में वहुत अफरा-तफरी नजर आती है। इस अफरा-तफरी में असल मुद्दे नजरअंदाज हो रहे हैं। आगामी बजट सत्र में प्रसारण नीति सिर्फ एक संभावना ही बन सकती है।

इस प्रसारण नीति के असल मुद्दे हैं इलेक्ट्रॉनिक और प्रिंट मीडिया में विदेशी निवेश की मात्रा और व्यवस्था। दूसरा मुद्दा है अपलिंकिंग का, तीसरा है डायरेक्ट टू होम की व्यवस्था का, माइक्रोवेव मल्टीपाइंट डिस्ट्रीब्यूशन के अधिकार की व्यवस्था और संभवतः सरकारी माध्यम के लिए बेहतर व्यवस्था का। कहने की जरूरत नहीं कि ये तमाम मुद्दे आर्थिक तो हैं ही इससे भी ज्यादा राजनैतिक प्रकृति के हैं और इनके दो टूक ढंग से निपटने के आसार भी नहीं हैं। कारण संयुक्त मोर्चा सरकार के विभिन्न घटकों की मीडिया समझ है। उनका एक मत न हो पाना सिर्फ प्रशासनिक स्तर के भ्रम के कारण नहीं है बल्कि राजनैतिक समझ के कारण है। सभी दल और उनके नेता दूरदर्शन को अपने-अपने ढंग से समझते हैं।

पिछले दिनों ऐसी खबरें खूब गर्म रही हैं कि सूचना प्रसारण मंत्री विदेशी निवेश की मात्रा बीस से तीस फीसदी तक रखना चाहते हैं जबकि उद्योग मंत्री अधिक उदार रहना चाहते हैं। विदेशी निवेश बोर्ड द्वारा पिछले साल वित्तीय पत्रकारिता के क्षेत्र में विदेशी निवेश को हरी झंडी देने का काम भी उदार उद्योग मंत्रालय का था जिसे बड़ी हायतौबा के बाद रोका गया। एक बार फिर तनाव बना है। इस बार तनाव का विषय मीडिया नीति है। खासकर विदेशी निवेश की मात्रा का मामला।

लातिन अमेरिका के देशों खासकर मैक्सिको और चिली के अनुभव बताते हैं कि इन दिनों सूचना के क्षेत्र में बहुराष्ट्रीय कंपनियाँ पर्याप्त निवेश करने में लगी हैं। इन दिनों वे एशियाई देशों पर कृपा कर रही हैं। जो लोग बहुराष्ट्रीय कंपनियों के बारे में जानते हैं उन्हें पता है कि इन कंपनियों के आर्थिक हित सिर्फ सूचना

क्षेत्र में सीमित नहीं होते बल्कि उनके अनेक क्षेत्रीय हित होते हैं। एक बहुराष्ट्रीय निगम यदि रसायन के क्षेत्र में सक्रिय है तो वही हथियार के क्षेत्र में भी हो सकता है, यातायात, बिजली, दूरसंचार के क्षेत्र में भी हो सकता है। वे एक ही साथ मनोरंजन, स्वास्थ्य, शिक्षा, प्रकाशन, सूचना, पर्यटन, वित्त, इलेक्ट्रॉनिक और अन्य क्षेत्रों में भी सक्रिय हो सकते हैं। वे अनंत उपकंपनियों द्वारा अपने नेटवर्क को जारी रखते हैं। चूंकि सूचना का क्षेत्र इन दिनों सर्वाधिक उत्तेजक क्षेत्र है जिसमें लाभ तो है ही, अगली सदी के सूचना युद्धों के बीज भी हैं, इसलिए उस पर नियंत्रण और घुसपैठ उनके लिए जरूरी है।

इसलिए इलेक्ट्रॉनिक मीडिया में या प्रिंट मीडिया में विदेशी निवेश चाहे दस फीसदी हो या उनचास फीसदी अंततः ये बहुराष्ट्रीय कंपनियां ही निर्णायक बन उठती हैं। वे अपनी सहयोगी कंपनियों को बीच मझधार में डुबोकर अपनी आर्थिक ताकत से आरंभ में घाटा सहकर भी भविष्य में लाभ के लिए सोचती हैं। वित्तीय लाभ यदि न भी होता हो तो भी वे साख बनाने का लाभ उठाती हैं। रूपर्ट मर्डोक के स्टार प्लस का जी टीवी से अचानक पल्ला झाड़ लेना ऐसी ही एक घटना है। दूसरी घटना सोनी के साथ संभव है। स्टार प्लस ने हाथ खींचे हैं तो इसलिए कि उसे खेलने को अधिक जगह मिल सके। यह भविष्य में काम आएगी। यह घटना तो बहुत आरंभिक है। जब यहाँ पर बहुराष्ट्रीय निगम जम जाएँगे तो उन्हें सूचना का समर्थन जरूरी होगा। इसके लिए सूचना के क्षेत्र में निवेश आवश्यक है और एक बार ऐसा निवेश हुआ तो फिर निवेश घटनेवाला नहीं है। वित्तीय रण में बहुराष्ट्रीय निगम आसानी से नहीं पछाड़े जा सकते। एनरान इसका एक जीता-जागता प्रमाण है जिसका बोरिया-बिस्तरा एक बार तो लद गया लगता था लेकिन अब फिर बहार में है।

मौजूदा विवाद का एक चौंकानेवाला तथ्य यह है कि कल तक सूचना के क्षेत्र में शून्य विदेशी निवेश के दावेदार मंत्री लोग इन दिनों दस से बीस-तीस फीसदी निवेश की बातें करने लगे हैं। यह उदारता कहाँ तक पहुँचेगी पता नहीं। उद्योग मंत्रालय अधिक निवेश चाहता है। सूचना मंत्री कम। चाहते मगर दोनों हैं।

विवाद का दूसरा मुद्दा अपलिंकिंग का है। यानी भारत की भूमि से उपग्रह सूचना संचार। इस मुद्दे पर भी सरकार अभी तक दिशाविहीन है। अपलिंकिंग का मसला मूलतः देसी सूचना के भूमंडलीकरण का मसला है। यह सिर्फ तकनीकी मसला नहीं है। इस मुद्दे पर सरकार को अपने अनुभव की परीक्षा करके कोई कदम उठाना चाहिए। दूसरे यह मसला विदेशी निवेश जैसा नहीं है बल्कि विदेश व्यापार नीति जैसा कुछ है और उसे उसी ढंग से समझा जाना चाहिए। उसे विदेश संचार नीति

के संदर्भ में भी देखा जाना चाहिए।

हम जानते हैं कि उपग्रह तकनीक के सामने राष्ट्रों की भौगोलिक सीमाएँ कागजों पर ही बची रह गई हैं। बड़े-बड़े चैनल डाउन लिंकिंग शुरू से कर रहे हैं। यानी अपने कार्यक्रम दिखा रहे हैं। दर्जनों विदेशी उपग्रह चैनलों ने डाउन लिंकिंग के लिए किसी सरकार से पूछने की जरूरत नहीं समझी। डायरेक्ट टू होम डिश के बाद वे सीधे घरों में होंगे। कालांतर में अपलिंकिंग भी आसान कर लेंगे। देसी और विदेशी चैनलों को यहाँ निर्माण करके विदेश के लिए अपलिंक करना होगा। सरकार अभी किन्हीं अबूझ कारणों से इसकी इजाजत नहीं देना चाहती। यद्यपि इस संबंध में बनी एक उच्चस्तरीय विशेषज्ञ समिति अपनी हाँ कह चुकी है।

यह दोहराने की जरूरत नहीं कि देशभक्ति का तर्क अपलिंकिंग से ज्यादा विदेशी वित्तीय निवेश से संबंधित है, अपलिंकिंग से राष्ट्र प्रेम और देशभक्ति का मसला बहुत मामूली ढंग से जुड़ता है चूँकि अपलिंकिंग का अर्थ है, देसी सूचना के लिए विश्व में प्रसारण की व्यवस्था करना। इसलिए यदि कायदे से यह व्यवस्था की जाय तो देश की छवि बेहतर बनाई जा सकती है। यानी अपलिंकिंग से कुछ बेहतर देशभक्ति हो सकती है : हम भारत को धरती भर में कायदे से प्रस्तुत कर सकते हैं।

कुछ समय पहले दूरदर्शन ने स्वयं इस अपलिंकिंग की शुरुआत की थी। सीएनएन से समझौता किया था। सोचा था कि सीएनएन के सहयोग से होनेवाली अपलिंकिंग से देश की विदेशों में छवि सुधरेगी। लेकिन यह प्रयोग लगभग व्यर्थ हो गया। टीटी इंटरनेशनल को कोई देखनेवाला नहीं मिला। कारण बहुत बाद में ज्ञात हुआ कि विदेशों में टीटी इंटरनेशनल को दिखानेवाले केबल आपरेटर नहीं मिले क्योंकि वे मुफ्त में कुछ भी नहीं दिखाते और विदेशों में रहनेवाले भारतीय बीबीसी पर के उन टुकड़ों को देखकर भारत की स्थिति जान लेते हैं जो ये चैनल प्रायः दिखाते रहते हैं। वे प्रायः हादसे और हिंसा दिखाते हैं।

यानी समस्या यह नहीं है कि अपलिंकिंग हो या न हो बल्कि यह है कि किस प्रकार से बेहतर अपलिंकिंग हो। सीएनएन से समझौता करते वक्त दूरदर्शन ने यही कहा था कि इस समझौते से हम विदेशों में देश की छवि को बेहतर बनाएँगे। स्पष्ट है कि विदेश में भारत की छवि बेहतर बनाने के लिए अपलिंकिंग एक उपयोगी व्यवस्था है। असल बात यह सोची जानी है कि उसे कैसे प्रभावी बनाएँ।

अपलिंकिंग के संदर्भ में एक डर यह अवश्य सामने आता है कि अपलिंक करनेवाले विदेशी चैनल मनमर्जी से भारत की छवि बाहर पेश करेंगे और जब सीएनएन पहले दिन ही कश्मीर के मसले पर गड़बड़ें कर चुका है तो ऐसी गड़बड़

ये दैनिक करेंगे। इससे भारत के बारे में बाहर के देशों में गलत सूचना ही जाएगी। लेकिन हम भूल जाते हैं कि सीएनएन के मामले में दूरदर्शन के समझौते में ही बड़ी चूक थी। चूक यह थी कि भारत संबंधी खबरों के संपादन का अधिकार उसने सीएनएन को ही दिए रखा था। यदि यह अधिकार भारत सरकार अपने पास रखे तो अपलिंकिंग को अनुशासित किया जा सकता है। अपलिंकिंग के इच्छुक देसी चैनलों से इस मसले पर दृढ़ता से बात की जा सकती है। ऐसी व्यवस्थाएँ बनाई जा सकती हैं जहाँ वे सूचना से मनमानी न कर सकें। यह सब समझौते की प्रकृति पर निर्भर करता है। जिन चैनलों को यहाँ से सूचना निर्माण करने में लाभ दिखता है (क्योंकि वे करोड़ों अप्रवासी एशियाई लोगों को नया दर्शक बनाना चाहते हैं) वे समझौते करेंगे, नहीं तो नहीं करेंगे।

अपलिंकिंग ऐसी अनिवार्य व्यवस्था है जो दोतरफा संवाद पैदा कर सकती है। अभी तो हमारे आकाश में डाउन लिंकिंग ही आती है। हम विदेशों को कुछ भी नहीं भेज पाते। यदि भारतीय व्यापार के हित ही ध्यान में रखे जाएँ और विदेशी नीति को ध्यान में रखा जाय तो अपलिंकिंग से कायदे से काम लेकर हम पाकिस्तान के टीवी को कश्मीर के मसले पर बेहतर जवाब दे सकते हैं। यही नहीं विश्व व्यापार के क्षेत्र में अपने ब्रांडों की साख बढ़ाने के लिए बहुत कुछ किया जा सकता है।

यों डाउन लिंकिंग में भी एक प्रकार की अपलिंकिंग सक्रिय है। और उस पर हमारी सरकार का कोई वश फिलहाल नहीं है। बीबीसी, सीएनएनवाले भारत भर से अपनी खबरें फाइल करते ही रहते हैं। उनके निर्माण और प्रसारण में कोई दखल नहीं होता।

दरअसल जब तक सूचना नीति को विदेश नीति और विदेशी व्यापार नीति से सही ढंग से नहीं जोड़ा जाता तब तक हम डाउन लिंकिंग से भी हैरान होंगे, अपलिंकिंग से भी परेशान होंगे। यदि हम भूमंडलीकरण के इस युग में अपने कच्छपावतार में बहुत दिनों तक नहीं रहना चाहते और विश्व के बीच चलती सूचना और व्यापार स्पर्धाओं को अपने ढंग से अपने हित में मोड़ना चाहते हैं तो हमें नई नीति को नए ढंग से सोचना होगा।

हमारी अघोषित मीडिया और प्रसारण पालिसी अब तक दूरदर्शन को शासक दल का भोंपू बनाने का काम करती रही। उसमें यह अहसास ही नहीं है कि दूरदर्शन और रेडियो जितने देसी माध्यम हैं उतने ही भूमंडलीय भी हैं और कि यह भूमंडलीय वक्त है जहाँ आप अलग-थलग नहीं रह सकते। या तो जीतना होगा या जीत लिए जाएँगे। ये माध्यम ग्लोबल होने की वजह से अवसर देते हैं कि ग्लोबल खेल खेलना ही है तो कायदे से खेला जाय। चूंकि ऐसा नहीं होता है तो हमारे रेशमी घाघरे

अचानक दुनिया भर में ज्वलनशील बताए जाते हैं और हमारा बाजार बैठ जाता है।

सुप्रीम कोर्ट के पिछले फैसले में तरंगों के मुक्त होने पर जोर था लेकिन मीडिया नीति बनाते वक्त हमें विदेश नीति और विदेशी व्यापार नीति को भी शामिल करना होगा। बिना ऐसा किए दूरदर्शन का नया ढाँचा कल्पित नहीं किया जा सकता और न कोई मीडिया नीति बनाई जा सकती है, न प्रसारण नीति संभव है।

[जनसत्ता, 8 फरवरी, 1997]

प्रसारण परिदृश्य

जो आशंका थी, वही सच हो रही है। स्टार टीवी के स्टार प्लस ने धीरे-धीरे दूरदर्शन को ठोस चुनौती देनी शुरू कर दी है। इस चुनौती का क्रम दिलचस्प है और इससे ज्यादा दिलचस्प है दूरदर्शन तथा मंत्रालय द्वारा इस चुनौती का आकलन और जवाब। गए साल के आखिरी दिनों में स्टार टीवी ने भारत के कुछ दैनिकों में विज्ञापन दिए थे कि उसे ऐसे शोरूम चाहिए जहाँ वह अपने 'डायरेक्ट-टू-होम' यानी 'डी.टी.एच.' डिशेज, डिकोडर इत्यादि का प्रदर्शन कर सके और बेच सके। जब ये विज्ञापन अखबारों में लगातार आए तो सरकार हरकत में आई। मंत्रालय ने 19 दिसंबर, '96 को एक पब्लिक नोटिस जारी किया कि बिना लाइसेंस के कोई भी व्यक्ति या संस्था 'डी.टी.एच.' का इस्तेमाल नहीं करेगी। इस तरह डी.टी.एच. को लाइसेंस अनिवार्य कर दिया गया। लेकिन इस 'अनिवार्यता' में ऐसा कुछ भी नहीं था कि कोई चाहे तो इस नियम का उल्लंघन न कर सके। एक हद तक तो उल्लंघन संभव ही था। मौजूदा कानूनों में ऐसी वर्जनात्मक व्यवस्था सुस्पष्ट नहीं है जो डी.टी.एच. की खरीद-फरोख्त एवं उपयोग को रोक सके। इसे ही भाँप कर सरकार ने एक 'पब्लिक नोटिस' निकाला था और उम्मीद की थी कि जब तक समग्र प्रसारण नीति संबंधी विधेयक-कानून नहीं बन जाता, यह नोटिस डी.टी.एच. पर अंकुश लगाएगा।

लेकिन अंकुश नहीं लगा क्योंकि मौजूदा प्रावधानों में ऐसी सुस्पष्ट दंडात्मक व्यवस्था नहीं दिखती है जो इस नोटिस को गंभीरता से लेने के लिए लोगों को बाध्य करती। नोटिस के बाद गुजरे दिनों में स्टार टीवी ने डी.टी.एच. के प्रचार की अपनी मुहिम प्रकारांतर से जारी रखी। 27 दिसंबर, '96 को ही स्टार टीवी ने फिर विज्ञापन दिया। उसमें फिर डी.टी.एच., डिकोडर इत्यादि की बातें दुहराई गई थीं। इसे देख मंत्रालय ने इस बार सीधे दूरदर्शन पर ही अपनी चेतावनी दुहराई। जनवरी के दूसरे सप्ताह से तीसरे सप्ताह तक राष्ट्रीय प्रसारण पर यह लिखित चेतावनी बार-बार दिखाई गई जो कहती थी—'यह देखा गया है कि कुछ टीवी कंपनियाँ विज्ञापन दे

रही हैं जिनमें टेलीविजन रिसेप्शन के नए यंत्रों एवं सेवाओं के लिए प्रार्थनापत्र माँगे गए हैं। सभी संलग्न लोगों को एक बार फिर चेतावनी दी जाती है कि बिना लाइसेंस के इनका उपयोग 1885 के तथा 1933 के वायरलैस एक्ट के अंतर्गत अपराध होगा।' यह नोटिस पिछले से थोड़ा सख्त था जो थोड़ा तीखेपन के साथ कहता था, 'यदि कोई व्यक्ति बिना लाइसेंस के उक्त तरह के यंत्रों को रखता है तो उसे तीन साल तक की सजा हो सकती है।'

स्पष्ट है कि पहले नोटिस में सिर्फ लाइसेंस की अनिवार्यता की बात थी उसके अनुसार डी.टी.एच. उपयोग में नहीं लाया जा सकता था लेकिन खरीदा तो जा सकता था। नए नोटिस में उसके रखने पर भी पाबंदी-सी लगा दी गई। लेकिन जिस तरह बेताल कथाओं के विक्रमार्क ने अपना हठ नहीं छोड़ा, स्टार ने भी अपना हठ नहीं छोड़ा। और अब जब प्रसारण नीति संबंधी विधेयक के संबंध में मंत्रिमंडल में गहरे मतभेद होने की बात उजागर हुई और मंत्रिमंडल की एक उपसमिति इस नीति पर विचार करने बैठ गई और इस बात की संभावना बढ़ गई कि मतभेदों के कारण विधेयक को बजट सत्र में पेश करने में कठिनाई होगी तो फिर स्टारवालों ने डी. टी.एच. का प्रचार जारी किया। इन दिनों ऐसी खबरें गर्म हैं कि बिल चाहे आए या न आए, स्टार टीवी हजारों डी.टी.एच. डिशें आयात करनेवाला है जिन्हें वह यहाँ के लोगों को एक-तिहाई दाम पर बेचेगा।

उक्त विवरण यह बताने के लिए पर्याप्त है कि तकनीक की बढ़त और स्टार टीवी जैसे बहुराष्ट्रीय निगम के फैसलों के सामने मंत्रालय एक बार फिर अपने पाँव घसीटता नजर आता है। लाइसेंस को अनिवार्य करनेवाला विधेयक यदि कानून बन गया होता तो यह हास्यास्पद स्थिति न होती कि दूरदर्शन चेतावनी प्रसारित करता होता और हम स्टार द्वारा डी.टी.एच. डिशें आयात कर बेचने की बातें सुन रहे होते।

फिर स्थिति में एक परिवर्तन और हुआ। सरकार ने बहुत जल्द अपने नोटिसों की सीमाएँ समझीं और तब चाहा कि जो भी डी.टी.एच. का इस्तेमाल करेगा उसे दूरदर्शन की दोनों चैनलें मुफ्त में और अनिवार्यतया दिखानी होंगी। मंत्रालय और दूरदर्शन के गलियारों में धीरे-धीरे यह खबर गर्म हुई कि चूँकि डी.टी.एच. तकनीक को देर तक रोकना मुमकिन नहीं होगा अतः नीति को थोड़ा नर्म बनाया जाना चाहिए। इसके तहत सरकार स्वयं डी.टी.एच. फ्रीक्वेंसी बेचे और बेचने के साथ ही यह शर्त लगा दे कि दूरदर्शन के चैनल दिखाना अनिवार्य होगा। ऐसा ही कदम सरकार पहले भी उठा चुकी है। 1994 में केबल वालों के लिए यह अनिवार्य किया गया था।

पूर्व सरकार के मंत्रालय के लोगों ने 'मीयासेट' नामक एक मलेशियाई उपग्रह संस्थान से इस बाबत समझौता किया था तब इरादा यह था कि दूरदर्शन स्वयं डी. टी.एच. का विक्रेता बनना चाहता था। अब उसने इसका इरादा छोड़ दिया तो क्यों ?

इस 'क्यों' के मोटे तौर पर दो उत्तर हैं : पहला तो यही कि मीयासेट समझौता

जल्दबाजी में किया गया एक व्यर्थ का सौदा था जिसमें मंत्रालय के अधिकारियों ने स्वयं को तीस मार खाँ समझ कुछ ज्यादा ही दूर की सोची। वे अति एडवांस तकनीक लेकर खुश होना चाहते थे। दूसरा कारण पहले से ही जुड़ा है—यानी लौटने के बाद अधिकारियों की समझ में यह बात आई कि दूरदर्शन की अपनी दुकान इस डी.टी.एच. से संकट में आ सकती है। सबसे बड़े और राष्ट्रीय प्रसारक का पद जो दूरदर्शन को अभी प्राप्त है, उससे छिन सकता है और वह स्वयं अन्य चैनलों से एक अयाचित स्पर्धा में फँस सकता है। उसका एकाधिकार ही संकट में आ सकता है। इसलिए पूरे एक साल तक इस समझौते का आशय-प्रस्ताव ठंडे बस्ते में पड़ा रहा और अंततः उसे दफन करना ही बेहतर समझा गया।

दरअसल दूरदर्शन का विकास क्षैतिज (टैरैस्रियल) तकनीक से हुआ है। यह पुरानी तकनीक है जिसमें धरती पर छोटे-छोटे ट्रांसमीटर टावर लगाकर एक निश्चित क्षेत्र में सादा एंटीना के जरिए प्रसारण संभव किया जाता है। दूरदर्शन इसी ढंग से प्रसारण करता है। इसमें दूरदर्शन दर्शकों से कोई फीस नहीं लेता। फीस न लेने की नीति पुरानी विकासमूलक नीति का ही हिस्सा है जिसके तहत जनता को सूचना देना, शिक्षा देना एवं मनोरंजन देना दूरदर्शन का सबसे बड़ा काम माना गया। इसलिए छः सौ से अधिक लो पॉवर-ट्रांसमीटर टावर देशभर में लगाए गए और जनता को दूरदर्शन के 'फ्री' दर्शन दिए गए। इसी चीज ने दूरदर्शन को सर्वाधिक प्रसारणवाला और राष्ट्रीय प्रसारक बनाया है। दूरदर्शन के मुकाबले अन्य तमाम चैनल महँगे हैं क्योंकि वे क्षैतिज प्रसारण पर नहीं केबल-प्रसारण पर चलते हैं और बिना फीस के नहीं देखे जा सकते। ऐसी स्थिति में डी.टी.एच. की ठेकेदारी दूरदर्शन के लिए अपने पैर पर कुल्हाड़ी मारने जैसा होती। इसीलिए फिलहाल उसे त्याग दिया गया। यों यह संभव है कि दूरदर्शन फिर इस योजना की ओर मुड़ जाय। लेकिन तब इतने सारे ट्रांसमीटरों पर आए खर्च को भी भूल जाना होगा। यह भी संभव है कि प्राइवेटाइजेशन की लहर में टावरों की देखरेख पर आनेवाले खर्चे से भी दूरदर्शन या सरकार हाथ धो ले। फिर भी भविष्य में चाहे जो हो, मौजूदा स्थिति यही है कि दूरदर्शन ने डी.टी.एच. की अपनी योजना छोड़ रखी है।

दूरदर्शन भविष्य में चाहे जो करे, यदि स्टार टीवी की खबरें सच मानी जाएँ तो स्टार टीवी अपने डी.टी.एच. कार्यक्रम को लेकर आगे बढ़ रहा है। वह नोटिस के द्वारा बताए गए कानूनों के भीतर ही अपना काम करना चाहता है। वैसे भी नया नोटिस स्टार पर लागू नहीं होता क्योंकि स्टार टीवी 'एक प्रसारण कंपनी' है जबकि नोटिस में उल्लिखित कानून मूलतः डी.टी.एच. के डीलरों और वितरकों पर लागू होता है। स्टार का मानना है कि यदि लाइसेंस लेना होगा तो डीलरों, वितरकों को लेना होगा और उसे परेशान होने की जरूरत नहीं। इस तरह, प्रसारण नीति विधेयक बजट सत्र में पेश किया जाय या न किया जाय, वह इस सत्र में पास हो

या न हो, हर हाल में आनेवाले दिनों डी.टी.एच. को आना ही है।

डी.टी.एच. तकनीक से भूमंडलीकरण का चक्र पूरा हो जाता है क्योंकि उसके जरिए विश्व की तमाम चैनलें सीधे घर में प्रवेश पा सकती हैं। केबल निर्भर स्टार टीवी एवं उसके सहोदर स्टार प्लस की मुख्य समस्या यह है कि दूरदर्शन के क्षैतिज प्रसारण के मुकाबले उसकी पहुँच कुछ भी नहीं है। वह केबल आपरेटरों पर निर्भर है जबकि उसकी असल योजना हर सूरत में दूरदर्शन से मुकाबला करने की है।

दूरदर्शन से मुकाबला करने और उसे पछाड़ने की उसकी कोशिश कितनी सतत है इस बात का प्रमाण यह खबर है कि अंग्रेजी कार्यक्रमों को हिंदी में डब करने की जगह अब स्टार प्लस सीधे हिंदी कार्यक्रमों पर जोर देनेवाला है। उसने समझ लिया है कि गोरी चमड़ीवाली पामेला एंडरसन लाल बिकनी पहने समुद्र तट पर जब हिंदी बोलती है तो निश्चित ही असह्य लगती है। स्टार प्लस का लक्ष्य ही हिंदी जनता को जीतना है। इसके लिए वह जनता को फिलहाल एक डी.टी.एच. यंत्र देने की तैयारी में है जिसकी फीस पाँच सौ रुपए मासिक के आसपास होगी। इस योजना में इस मध्य वर्ग का एक बड़ा हिस्सा तुरंत मिल जाना है। इस अनिवार्यता को जानकर ही दूरदर्शन ने ऐसा मन बनाया है कि यदि डी.टी.एच. को रोक नहीं सकते तो इसमें शामिल हो जाओ। इसीलिए सरकार चाहती है कि डी. टी.एच. प्रसारणकर्ता को दूरदर्शन चैनलों को अनिवार्य रूप से दिखाना होगा।

डी.टी.एच. तकनीक भले कुछ महँगी हो, विशेषज्ञ बताते हैं कि वह बहुत जल्द लोकप्रिय होगी क्योंकि वहाँ एक साथ चालीस से ज्यादा चैनल मिल सकेंगे, केबल तारों का चक्कर नहीं होगा न केबलवालों की मनमर्जी चलेगी और चित्रों की गुणवत्ता भी बेहतर होगी। दूरदर्शन के राष्ट्रीय प्रसारण की 'पिक्चर क्वालिटी' बेहद खराब है क्योंकि वह पुरानी तकनीक पर चलता है। डी.टी.एच. यू बैंड पर चलेगा और यहाँ चित्र की गुणवत्ता बेहतर होती है।

स्पष्ट है कि दूरदर्शन के एकाधिकार को गंभीर चुनौती की शुरुआत हो चुकी है। नया प्रसारण विधेयक इस चुनौती को कितना ध्यान में रखता है यह तो आगे ज्ञात होगा। आनेवाले दिनों में प्रसारण नीति बने न बने, प्रसारण का दृश्य बुनियादी रूप से बदल जाना है।

[हिंदुस्तान, 19 फरवरी, 1997]

मीडिया और कुछ नाराज लोग

मीडिया और राजसत्ता प्रायः आमने-सामने होते ही रहते हैं लेकिन पिछले कुछ दिनों से मीडिया और राजसत्ता जिस तरह का संवाद कर रहे हैं उससे स्पष्ट है कि राजसत्ता का मौजूदा ढाँचा और उसे बनाए रखनेवाले तत्त्व मीडिया की सत्ता से बौखलाए हुए हैं।

इस क्रम में सबसे ताजा उदाहरण शिवसेना प्रमुख बाल ठाकरे के वे कथन हैं जो उन्होंने अपने आलोचक मीडिया को संबोधित करते हुए, मीडिया के ही सामने कहे कि 'अगर सत्ता में न होता तो चीर के रख दिया होता।' निस्संदेह, कादर खान अपनी अगली फिल्म में संवादों में इस वाक्य को महत्त्वपूर्ण जगह देंगे !

इससे भी कुछ पहले लालू यादव ने भरी विधानसभा में पत्रकारों को जिस भाषा में याद किया और जिस तरह से विधानसभा में बैठे सत्ता पक्ष या विपक्ष के लोग मौन स्वीकृति-सी देते रहे और यहाँ तक कि सदन के अध्यक्ष तक खामोश रहे, उससे स्पष्ट है कि धुर दक्षिणपंथी और कथित सामाजिक न्यायवादी नेताओं के बीच मीडिया को लेकर एक मूर्खतापूर्ण किस्म की सहमति की गुंजाइश बन रही है।

लालू से काफी पहले सामाजिक न्याय के ही एक तगड़े अलंबरदार श्री मुलायम सिंह यादव ने भी उत्तर प्रदेश के कुछ दैनिकों पर 'हल्ला बोला' था, उन्हें वितरित नहीं होने दिया था। इस क्रम में गत वर्ष बहुजन समाज पार्टी के प्रमुख कांशीराम ने पत्रकारों से हाथापाई तक की थी, उन्हें मारने की धमकी भी दी थी।

ऐसी कई छोटी-बड़ी घटनाएँ बताती हैं कि सत्ता के नए केंद्रों तथा मीडिया के बीच बन रहे संबंध सहज नहीं हैं और वे दिनों-दिन जटिल होते जा रहे हैं। इस जटिलता के कारण राजसत्ता के बदलते व्यवहार और मीडिया की बदलती भूमिका में खोजे जा सकते हैं। लगता है, इस प्रक्रिया में वह कहावत पुरानी होती जा रही है जो कहती थी कि प्रेस जनतंत्र का चौथा पाया है। यदि प्रेस की जगह हम 'मीडिया' को रख दें तो हम यह नहीं कह सकते कि वह जनतंत्र का सिर्फ चौथा पाया है। मीडिया की नई सिद्धांतिकी बताती है कि वह जनतंत्र का बुनियादी पाया है क्योंकि

जनतंत्र मूलतः उसी के माध्यम से जनता के बीच 'संभव' होता है। उसके बिना बाकी के तीन पाए यानी कार्यपालिका, विधायिका और न्यायपालिका तक जनता के बीच 'संभव' नहीं हो पाते, वे सूचना नहीं बन पाते।

चूँकि यह दौर सूचना-समाजों का दौर है और सूचना-समाज पुराने अर्थोंवाले 'जनतांत्रिक-समाज' से अधिक जटिल और विस्तृत समाज हैं, इसलिए मीडिया की भूमिका न केवल बढ़ जाती है बल्कि बदल जाती है। अब से पहले यह जनतंत्र प्रिंट मीडिया का जनतंत्र था जिसमें सूचना धीमी गति से प्रवाहित होती थी और राजनीतिक दलों के अपने ढाँचों में भी बहुत-सा अंतर्वैयक्तिक और जनसंपर्कवाला माध्यम सक्रिय होता था : नेता ने बोला, संगठन एवं कार्यकर्ता ने सुना। फिर कार्यकर्ता ने शेष जनता को बताया। यह प्रक्रिया राजसत्ता से जुड़े राजनीतिक दलों में थी। इन दलों में जनतंत्र की कुछ प्रक्रिया भी मौजूद थी। नेता जनता की बड़ी मीटिंगें लेते, उन्हें समझाते और इस तरह जनता को 'सूचित-समाज' बनाते। प्रिंट मीडिया राजसत्ता के खिलाड़ी दलों, नेताओं का अनुचर होता। राजनीति आगे रहती, प्रिंट मीडिया पीछे रहता। वह राजनेता का सेवक होता, किसी दल का सेवक होता, राष्ट्र का सेवक होता। यानी वह 'तीन पायों' की सेवा में विनम्र 'चौथा पाया' होता। इस दौर के प्रिंट मीडिया की दुनिया शांत दुनिया थी जिसका काम राष्ट्रनिर्माण इत्यादि था, विकासमूलक खबरें देते रहना था, बड़े लोगों के विनोद, उनकी जीवन गाथाएँ, महान् क्षणों की यादें छापना था। आपातकाल पूर्व हिंदी के किसी भी अखबार ने या अंग्रेजी के अखबार ने सत्ता या किसी दल को अपनी कथा से झकझोरा हो, ऐसी मिसाल कम ही मिलती है। वे कथाएँ सत्ता की भीतरी लड़ाइयों का ही परिणाम रही हैं। आपातकाल के बाद के दिनों में सूचना के विस्फोट ने इस स्थिति को बदल दिया। सूचना के लिए प्रिंट मीडिया का स्वरूप बदला, भूमिका बदली। बाद में इलेक्ट्रॉनिक मीडिया के आने के बाद प्रिंट मीडिया की न केवल भूमिका बदली, उसकी सूचना प्रक्रिया एवं प्रभाव क्षमता भी बदली। वह राजसत्ता का चौथा विनम्र पाया मात्र नहीं रह गया। वह सिर्फ प्रिंट मीडिया नहीं रह गया, उसमें एक प्रकार का 'मल्टीमीडिया' अपने-आप पैदा हो गया। आपातकाल से पहले एवं आपातकाल में उपद्रवकारी 'मीडिया' का यानी प्रेस का प्रबंधन करना, उसका 'इंतजाम' करना आसान था, इलेक्ट्रॉनिक एवं उपग्रह संचार के इस युग में वह कठिन ही नहीं असंभव हो गया। यहीं से विनम्र जनतंत्र का वह 'चौथा पाया' 'बुनियादी पाया' बन गया।

राजनीति में बौखलाहट यहीं से बननी शुरू हुई। राजसत्ता और राजनीतिक दलों के संबंध यहीं से गड़बड़ाए। यह गड़बड़ी जगह-जगह थी। दलों के ढाँचे भूमंडलीकरण एवं उपग्रह संचार की प्रक्रिया में वहीं नहीं रहने थे। खुलेपन की व्यवस्था और उदारीकरण में बाजार में ही नहीं, दलों में न केवल सत्ता की छीन-झपट

बढ़नी थी बल्कि अस्थिरता भी बढ़नी थी। नए वृद्ध पूँजीवाद से निपटने और उसमें जीने के लिए पुराने नारे, पुराने तौर-तरीके नाकाफी थे। रहस्यमयता, गोपनीयता, दुर्भेद्यता, दलों की भीतरी निरंकुशता में नए सूचना-समाज की जरूरतें दरारें डालने लगी थीं। जनता अधिक सूचित थी, नेता कम सूचित थे।

पिछले पाँच-सात वर्षों में ऐसा हुआ कि जनता को अपनी सूचना के लिए किसी राजनीति दल पर नहीं, किसी अखबार या किसी चैनल पर निर्भर रहना शुरू करना पड़ा। उसे इतनी तरह की सूचना मिलने लगी कि उसके राजनेता जो उसके नायक हुआ करते थे, मजाक का विषय बनने लगे। हमारे राजनीतिक दल इस नई जनता के लिए और मीडिया के द्वारा बनाई गई सुसूचित जनता की माँग के अनुरूप नहीं चल सकते थे। इस जनता को जीतने के लिए 'मीडिया' में अपना घमासान शुरू था, यहाँ तक कि प्रिंट मीडिया में मूल्य युद्ध शुरू हो चुका था, टीवी में चैनल युद्ध शुरू हो चुका था, इसलिए एक-एक खबर का मूल्य था। जो नेता और दल समझते थे कि मीडिया और उसके कर्मी अपनी दिहाड़ी के लिए नेताओं के बयानों पर निर्भर हैं, उनकी समझ में नहीं आया कि मीडिया उपभोक्ता का दोस्त हो गया है और उसके सामने यह जीवन-मरण की शर्त आ गई है कि 'यदि वह बिक सकता है तो चल सकता है।' बाजार की स्पर्धा ने सूचना के बाजार की स्पर्धा को ही तीखा किया, साथ ही दलों की स्पर्धा को भी। इस स्पर्धा में 'खबरें' वे वस्तुएँ बन गईं जिनकी बड़ी कीमत थी। खबरों के लिए स्पर्धा मीडिया का महत्त्वपूर्ण कार्य बन गई। पत्रकार सचमुच 'खबर लाने, बनाने वाला' बन गया। क्रम बदल गया। राजनेता खबर बनाने की जगह स्वयं 'खबर' बनने लगे। यह खबर के निर्माण की प्रक्रिया का नया तंत्र था जो पिछले दिनों विकसित हुआ।

इन दिनों कोई पाँच करोड़ लोग सभी भाषाओं को मिला कर अखिल भारतीय स्तर पर दैनिक पढ़ते हैं। कोई पच्चीस करोड़ टीवी देखते हैं और इससे ड्योढ़े रेडियो सुनते हैं। यह एक नया मीडिया यथार्थ है। इस यथार्थ में प्रवेश पाना जरूरी है। यदि आप मीडिया में नहीं हैं तो कहीं नहीं हैं। खबर में हैं तो जिंदा हैं। हमारे राजनेताओं ने इस तत्त्व को पहचाना और मीडिया के लिए नियमित समय निकाल कर प्रेस कांफ्रेंस का वक्त भी निकालने लगे लेकिन वे भूल गए कि यह मीडिया थोड़ा अलग है, उसकी संरचना, उसका स्वरूप, उसकी भूमिका अलग है।

इस नए मीडिया वातावरण के लिए नए राजनैतिक दल या नए नेता तैयार नहीं हैं। कुछ पुराने बड़े दलों ने इस नई स्थिति को जल्दी ही समझ लिया। वे मीडिया से भिड़ंत की जगह मीडिया के अनुकूल आचरण करने लगे। इनमें सबसे ज्यादा लचीलापन कांग्रेस में देखा जा सकता है जो मीडिया के प्रतिकूल होने पर भी बौखलाती नहीं है। उनके लगभग शाश्वत प्रवक्ता विट्ठल नरहरि गाडगिल मीडिया को उसी ढंग से संबोधित करते हैं जैसे वह दोस्त हो। कुछ देर से, यही सीख भाजपा

ने भी सीखी है। मार्क्सवादी पार्टी ने भी मीडिया को समझा और उससे सीखा है। कम्युनिस्ट पार्टी भी मीडिया की भूमिका जानती है। जनता दल के एस. जयपाल रेड्डी भी इस खेल में माहिर थे।

इन नेताओं की मीडिया के प्रति समझ मीडिया के तुरंत उपयोग से परिचालित रहती है। वह प्रशंसा करे, छवि चमकाए तो ठीक। वह आलोचना करे, छवि धूमिल करे तो वे उसे मारने दौड़ते हैं। ये लोग मीडिया की प्रकृति नहीं समझते। वे उसे सिर्फ सहायक या चमचा जैसा कुछ समझते हैं। वे मीडिया को सामंतीय दादागिरी के नजरिये से देखते हैं।

जो लोग इसे समझते हैं वे मीडिया से कायदे से निपटते हैं। जो उसे 'अपना' मान लेते हैं, मीडिया उनका मोहभंग करता है। तब वे उसे मारने दौड़ते हैं, लेकिन वे फिर फँसते हैं, क्योंकि मीडिया उसे भी खबर बनाता है कि 'फलाँ उसे दबाने, मारने, धमकाने आ रहा है।' यह खबर फिर नया सूचना-समाज बनाती है जिसमें मीडिया को दबानेवाला व्यक्ति अचानक स्वयं को बुरी तरह अलग-थलग पाता है। इसीलिए जब ऐसे नेतागण धमकियाँ देते-देते थक जाते हैं तो भरे गले से कहते हैं कि अब वे अपना अखबार निकालेंगे। ऐसा कह कर वे फिर बताते हैं कि मीडिया की प्रकृति की समझ उनमें फिर भी नहीं आई।

जो लोग फिर भी उसे सबक सिखाने पर आमादा हैं, अंततः उन्हें मीडिया से ही सबक सीखना होगा। उनको सीखना होगा कि मीडिया बच्चों का खिलौना नहीं है। यदि आप 'खबर' बनना चाहते हैं तो 'खबर' बनने के योग्य बनना होगा वरना दृश्य से बाहर ही रहना होगा।

[हिंदुस्तान, 16 जून, 1997]

प्रसारण विधेयक (एक)

प्रसारण विधेयक (1997) बजट सत्र में पेश हो चुका है। पेश होने से पहले और बाद में उस पर लगातार चर्चा हो रही है। संयुक्त मोर्चा सरकार के केंद्रीय मंत्रिमंडल की उपसमिति तथा मंत्रिमंडल ने इसे पेश करने योग्य बना दिया हो लेकिन सब जानते हैं कि स्वयं संयुक्त मोर्चे के घटकों में विधेयक की कई व्यवस्थाओं को लेकर तीखे मतभेद मौजूद हैं। मार्क्सवादी पार्टी तथा भारतीय कम्युनिस्ट पार्टी के नेता अपने मतभेद जाहिर कर चुके हैं उधर समर्थक कांग्रेस पार्टी भी पूरी तरह सहमत नजर नहीं आती जबकि विपक्षी भारतीय जनता पार्टी भी कई व्यवस्थाओं को लेकर अपने मतभेद जाहिर कर चुकी है। स्पष्ट है कि विधेयक पेश करना जितना आसान था, जो यथावत् रूप में पास कराना उतना ही कठिन होगा और अगर किसी तरह पास हो गया तो उसे लागू करने के लिए आवश्यक इच्छा शक्ति जुटाने में समय लग सकता है और यह समय इतना लंबा भी हो सकता है कि जब तक लागू करने का वक्त आए, कानून खुद पुराना पड़ जाय। कारण स्पष्ट है। हम एक तो 'तकनीक' की व्यवस्था में अव्वल तो बहुत-बहुत देर से जुट रहे हैं और दूसरे हम अब भी उसे तकनीक की समस्या न मानकर प्रशासन की समस्या मानकर चल रहे हैं। सूचना और इलेक्ट्रॉनिकी की तकनीक जिस रफ्तार से बदल रही है उस रफ्तार से हमारे नियम और सोच नहीं बदले हैं जबकि तकनीक खुद बदलते हुए हमें बदल रही है।

यदि वर्तमान प्रसारण विधेयक की पृष्ठभूमि और उसके समक्ष चुनौतियों को देखें तो स्पष्ट हो जाएगा कि प्रसारण विधेयक अब भी मूलतः एक मजबूरी का दस्तावेज है जिस पर पिछड़ जाने की छाप सर्वत्र मौजूद है और जो 'देर आयद दुरुस्त आयद' की कहावत के भरोसे इलेक्ट्रॉनिक प्रसारण के नियमन की गंभीर कोशिश करना चाहता है। उसकी यह कोशिश स्वागत के योग्य कही जा सकती है लेकिन इससे उसके समक्ष चुनौतियाँ और उसके कार्यभार कम नहीं हो जाते और इसीलिए उसे एक ऐसे दस्तावेज के रूप में सोचा जाना जरूरी है जो आनेवाली सदी में भी

कुछ दशक काम कर सके और पुराना न पड़े।

यदि देश में इलेक्ट्रॉनिक दृश्य-श्रव्य माध्यमों के प्रसारण की प्रक्रिया, उनकी प्रसारण क्षमता और उनके प्रभाव को देखें तो ज्ञात होगा कि प्रसारण दृश्य पिछले पंद्रह साल में और उनमें भी खासकर पिछले सात साल में जितनी तेजी से बदला है उतनी तेजी से पहले कभी भी किसी भी दौर में नहीं बदला था। 1990 के खाड़ीयुद्ध के बाद, सी.एन.एन. के सीधे उपग्रह प्रसारण के बाद, दृश्य बहुत तेजी से बदला है और इतनी तेजी से बदला है कि प्रसारण के सारे मानक उलट-पुलट गए हैं। 1990 में पारित 'प्रसार भारती' तक इनके समक्ष बेकार हो गया है जिसे बदलने की जरूरत है।

यदि पिछले सात-आठ साल का एक संक्षिप्त खाका बनाया जाय तो ज्ञात होगा कि प्रसारण में दो-तीन तरह की बड़ी तब्दीलियाँ हुई हैं। ये हैं प्रसारण तकनीक संबंधी-आर्थिक स्वामित्व संबंधी और दर्शकों के निर्माण संबंधी (प्रस्तावित विधेयक पहली दो तब्दीलियों की तो किसी हद तक चिंता करता है, तीसरी की परवाह नहीं करता)।

यह दस्तावेज मजबूरी का दस्तावेज है, यह दो बातों से स्पष्ट है। पहली बात यह कि यह सुप्रीम कोर्ट के 1995 के आदेश पर आया है। सुप्रीम कोर्ट ने क्रिकेट प्रसारण संबंधी फैसले में कहा था कि देश में प्रसारण व्यवस्था के नियमन के लिए कोई 'प्राधिकरण' होना चाहिए, साथ ही कोर्ट ने यह भी कहा था कि वायुतरंगों पर किसी का एकाधिकार नहीं हो सकता। उसका सीधा इशारा दूरदर्शन की ओर था जिसका वायुतरंगों पर एकाधिकार था और जो प्रसारण क्षेत्र में एकाधिकारी की तरह बर्ताव करता था। कहने का अर्थ यह है कि यह विधेयक सुप्रीम कोर्ट के इस फैसले में निहित आदेश के बिना नहीं आया होता। इसलिए इस विधेयक में जगह-जगह अपने स्वतंत्र सोच को विकसित करने की कोशिश कम दिखती है। इसकी दूसरी बड़ी मजबूरी यह है कि यह 'प्रसार भारती 1990' के भी कुछ कार्यभारों को पूरा करने की कोशिश करता है। यह मुद्दा विवाद और दुहराव का मुद्दा है।

अब हम जरा विधेयक पर नजर डालें। यह लगभग सत्ताईस पृष्ठों का दस्तावेज है जिसे छह खंडों में बाँटा गया है, इसका प्रमुख खंड 'लाइसेंस' देने संबंधी नियमों को बताता है। खंड दो में भारतीय प्रसारण प्राधिकरण की स्थापना, उसकी संरचना और स्वरूप की व्यवस्था की व्याख्या करता है। खंड 'पांच' और खंड 'दो' ही ऐसे हिस्से हैं जिन्हें लेकर मीडिया पंडितों एवं राजनैतिक दलों के बीच विवाद मौजूद है। दोनों खंड पूरक हैं। चूँकि प्राधिकरण का मुख्य कार्य 'लाइसेंस' देना होगा इसलिए उसका 'ढाँचा' भी वैसा कार्य करनेवाला नौकरशाही ढाँचा बनाने का प्रस्ताव किया गया है।

विधेयक का खंड पाँच कहता है कि देश में इस कानून के बाद कोई भी प्रसारण सेवा (ब्रोडकास्टिंग सर्विस) बिना लाइसेंस के संभव नहीं होगी। लाइसेंस देने का काम प्राधिकारण करेगा जो पाँच-छह किस्म के प्रसारणों को लाइसेंस देने या न देने का अधिकारी होगा, यह रेडियो तथा टीवी प्रसारण दोनों के लिए लाइसेंस देगा। इसके दायरे में क्षैतिज या स्थलीय प्रसारण, उपग्रह प्रसारण तथा सीधे गृह प्रसारण तमाम प्रणालियाँ आ जाएँगी। लाइसेंस के बिना ये प्रसारण गैर-कानूनी होंगे। विधेयक स्पष्टतया ऐसी व्यवस्था करता है जिससे देश में उपलब्ध प्रसारण एक केंद्रीय कानून की मर्यादा में आ जाएँ। अभी तक के प्रसारण किसी भी नियम कानून के भीतर नहीं आते। छत्तीस से ज्यादा चैनल जिन पैंतालिस करोड़ लोगों को प्रसारण करते हैं उनके लिए कोई भी कानून व्यवस्था नहीं है। यह विधेयक यह व्यवस्था करने का प्रयत्न करता है। यह अच्छी बात है।

इस व्यवस्था के कानूनी बन जाने के बाद विभिन्न विदेशी उपग्रह चैनलों को चलाने के लिए उनकी कंपनियों को लाइसेंस लेना पड़ेगा। स्टार टीवी, जीटीवी तथा देसी मालिकों के चैनलों तथा सन टीवी, एशियानैट इत्यादि को अनिवार्यतया लाइसेंस लेना होगा। इस लाइसेंस का अर्थ 'नियंत्रण' नहीं है बल्कि 'नियमन' भर है। स्पष्ट है कि यह विधेयक किसी चैनल को प्रतिबंधित नहीं करने जा रहा है, न 'नियंत्रित' करने जा रहा है, सिर्फ उन्हें कुछ नियमों के भीतर लाना चाहता है। यानी यदि किसी लाइसेंसधारी चैनल ने दिए गए नियमों का उल्लंघन किया तो उसका लाइसेंस रद्द हो सकता है, उसे अल्पावधि के लिए रद्द किया जा सकता है। राष्ट्रीय अखंडता, धार्मिक सौहार्द, वैज्ञानिक दृष्टिकोण तथा भारतीय संस्कृति के मूल्यों में अभिवृद्धि करने के लिए यदि ये चैनल सम्यक् महत्त्व देते हैं, तो ऐसे चैनल लाइसेंस प्राप्त करने की अर्हता रखेंगे। स्पष्ट है कि लाइसेंसिंग की यह प्रक्रिया मौजूदा चैनल को थोड़ा-सा जिम्मेदार बनाएगी। मौजूदा चैनलों को सिर्फ इतनी छूट मिली है कि वे कानून बनने के एक महीने के भीतर लाइसेंस का आवेदन कर सकते हैं तथा जब तक लाइसेंस न मिले चैनल यथावत् जारी रख सकते हैं। नए आवेदकों को अवश्य पूरी प्रक्रिया से गुजरना होगा।

लाइसेंसिंग की यह व्यवस्था मनोरंजन तथा सूचना के क्षेत्र में सक्रिय व्यावसायिक चैनलों के लिए अनिवार्य है। इसमें थोड़ा अपवाद उन प्रसारण सेवाओं के लिए है जो गैर-व्यावसायिक और मुफ्त प्रसारण करती हैं या करना चाहती हैं, प्राधिकरण ऐसे 'मुफ्त' प्रसारकों को भी लाइसेंस दे सकेगा। इनमें विदेशी प्रसारक भी शामिल हो सकते हैं।

लाइसेंसिंग की इस व्यवस्था में एक गड़बड़ यह नजर आती है कि लाइसेंसिंग की व्यवस्था कुछ इस तरह से की जा रही है कि यह दूरदर्शन तथा रेडियो पर लागू नहीं होती या कहें उनके बचने का रास्ता निकालती है। खंड 4 धारा 9 की उपधारा

3 में साफ कहा गया है कि लाइसेंसिंग की धारा 'लोक सेवा प्रसारक' पर लागू नहीं होगी। लोक सेवा प्रसारक यानी पब्लिक सर्विस ब्रोडकास्टिंग यानी रेडियो और दूरदर्शन। यह विवाद का मुद्दा है क्योंकि सुप्रीम कोर्ट का फैसला जहाँ इन संस्थानों के एकाधिकार को अस्वीकार करता है, वहीं यह विधेयक निजी चैनलों के मुकाबले सरकारी चैनलों को विशेषाधिकार देना चाहता है। उस उपधारा का अर्थ यही है कि रेडियो तथा दूरदर्शन को लाइसेंस के बिना ही काम करने दिया जा सकता है। बहुत से मीडिया विशेषज्ञों का कहना है कि यह झुकाव उचित नहीं है क्योंकि वे सेवाएँ भी प्रसारण सेवाएँ हैं और यह व्यवस्था इस विधेयक की उस उपधारा को काटती है जो 'प्रसारण सेवाओं की व्यवस्था में उचित और प्रभावी प्रतियोगिता सुनिश्चित करना' चाहती है।

विधेयक के दो-तीन पहलू और हैं जो विवाद में हैं। एक है प्रसारण क्षेत्र में 'अपलिंकिंग' की सुविधा देने या न देने का। दूसरा है 'सीधे गृह सेवा' देने का तथा तीसरा है 'मीडिया के स्वामित्व' की प्रकृति का। इनमें चौथा मुद्दा प्राधिकरण की संरचना का जुड़ जाना है।

पाठक जान लें कि फिलहाल जो निजी चैनल दिखते हैं, जो विदेशी केंद्रों से कार्यक्रम देते हैं, उस प्रक्रिया को 'डाउन लिंकिंग' कहा जाता है। जब से हांगकांग का चीन में विलय होना तै हुआ है (जोकि आनेवाले दिनों में होने जा रहा है) तब से रूपर्ट मर्डोक जैसे मीडियामुगल इस चक्कर में रहे हैं कि वे स्टार टीवी को हांगकांग से प्रसारित करने की जगह भारत में ही ले आएँ और यहाँ से अपनी प्रसारण सेवाएँ अपलिंक करें। चिंता की बात यहीं पैदा होती है क्योंकि यह विधेयक अपलिंकिंग सुविधा के दरवाजे भी खोलता है। यही नहीं, विधेयक में 'स्थलीय स्टेशन' बनाने का सुझाव भी है जो देशी-विदेशी सबके लिए खुला है। यही स्थिति 'सीधे गृह सेवा' या डीटीएच की है।

अपलिंकिंग का मामला यह है कि इसके जरिए विदेशी कंपनियाँ या देशी कंपनियाँ भारत से सीधे, बेरोकटोक मनोरंजन और सूचना का प्रसारण कर सकती हैं। उनके प्रसारण केंद्र यहीं हो सकते हैं। तर्क देनेवाले कहते हैं कि जब 'डाउनलिंकिंग' यानी विदेशों से देश में सूचना मनोरंजन का दिखाया जाना नहीं रुका है तो क्यों न यहीं उन कंपनियों को जगह दे दीजिए जो इच्छुक हैं। ऐसे ही लोग कहते हैं कि ऐसी कंपनियों को 'स्थलीय प्रसारण' की छूट भी हो, वे यहाँ अपने 'अर्थस्टेशन' भी लगा सकें साथ ही डीटीएच भी चला सकें।

यहीं तकनीकी घपला पैदा होता है क्योंकि इनमें से हर तकनीक का अर्थ अलग है तथा उसका अर्थशास्त्र अलग है। अपलिंकिंग सुविधा देने का अर्थ है कि यहाँ विदेशी कंपनियों को कार्यक्रम निर्माण एवं प्रसारण सुविधा दे दी जाय। अभी मनोरंजन के कार्यक्रम तो डाउनलिकिंग से आते हैं जबकि स्टार या बीबीसी हिंदी

समाचार विदेश संचार निगम लिमिटेड के द्वारा दी गई नियंत्रित अपलिंक से आते हैं और उन पर विदेश संचार निगम का नियंत्रण रहता है। यदि उन्हें उन्हीं के उपग्रह से अपलिंक की सीधी सुविधा मिल गई तो एक नए प्रकार का सूचना संग्राम शुरू हो सकता है जिसके लिए हमारे अपने चैनल बिल्कुल तैयार नहीं हैं। वे भारत के नक्शे, भारत की सीमा, भारत की समस्याओं को मनमाफिक ढंग से दिखा सकते हैं—यह मसला अंतर्राष्ट्रीय व्यापार से ज्यादा संबद्ध है इसलिए स्वतंत्र सूचना का अपलिंकिंग हानिकर भी हो सकता है।

जहाँ तक स्थलीय प्रसारण करने के लिए निजी क्षेत्र में 'अर्थस्टेशन' यानी क्षैतिज ट्रांसमीटर टावर स्टेशन लगाने के प्रावधान की बात है, हमें कहना होगा कि यह एक नितांत फालतू का प्रावधान है जो मूलतः दूरदर्शन को खत्म करने का खतरा पैदा करता है। दूरदर्शन भारत का एक मात्र प्रसारण माध्यम है जो स्थलीय या क्षैतिज (टैरेस्त्रियल) प्रसारण करता है। क्षैतिज प्रसारण उपग्रह प्रसारण से भिन्न प्रणाली है। यह छोटे-छोटे ट्रांसमीटर टावरों से होती हैं। एक उपग्रह से एक बड़े केंद्रीय टावर को संकेत मिलते हैं जो फिर छोटे-छोटे ट्रांसमीटर टावरों को देता है। देश में काफी पैसा खर्च करके छह सौ से ऊपर अल्पशक्तिवाले ट्रांसमीटर टावर्स लगे हैं जो दूरदर्शन को सबसे सस्ता और सर्वाधिक व्यापक प्रसारण माध्यम बनाते हैं। जितने भी विदेशी चैनल हैं वे उपग्रह प्रसारण यानी 'उपग्रह से केबल प्रसारण' की प्रक्रिया अपनाते हैं इसलिए महँगे हैं और प्रसार में भी सीमित हैं। वे दूरदर्शन से इसी कारण मात खाते हैं और इसीलिए दूरदर्शन की पहुँच ज्यादा है। पहुँच ज्यादा होने के कारण उसे विज्ञापन ज्यादा मिलते हैं अन्य चैनलों को ज्यादा नहीं मिलते। स्थलीय या क्षैतिज प्रसारण क्षेत्र में यदि निजी या विदेशी चैनलों को मौका दिया गया तो दूरदर्शन को एकछत्र एक दिन दुकान बंद करनी पड़ सकती है। फिर आखिर ऐसी मजबूरी क्या है कि निजी या विदेशी चैनलों को इस क्षेत्र में न्यौता जाय ? वे तो इस वक्त भी उपग्रह प्रसारण करते ही हैं ? विधेयक में निजी स्थलीय प्रसारण व्यवस्था का हेतु क्या है ? यह स्पष्ट नहीं होता।

एक मुद्दा डीटीएच या सीधे गृह सेवा के लाइसेंस का है। यह भी तकनीकी एवं आर्थिक मुद्दा है। जबकि विधेयक इसे सिर्फ तकनीकी मुद्दा मानकर चलता है। इसके पूरे संदर्भ को यों समझा जा सकता है : सीधे गृह सेवा एक विशिष्ट प्रसारण सेवा है जो नए उपग्रहों की के.यू. बैंड प्रणाली से संबद्ध है। एक खास इलेक्ट्रॉनिक उपकरण के जरिए एक छोटी-सी डिश के जरिए उपग्रह से सीधे कार्यक्रम प्राप्त किए जा सकते हैं। यानी जो कार्यक्रम फिलहाल केबल द्वारा प्राप्त होते हैं, उन्हें तथा कुछ अन्य कार्यक्रम यथा स्काई चैनल के कार्यक्रमों को सीधे पर बैठे बिना किसी केबल सहायता के देखा जा सकता है। लेकिन तकनीकी क्रांति सिर्फ देखने में नहीं है बल्कि पैसा वसूली में है। विशेष उपकरण जो 'सीधे घर में' कार्यक्रम दिखाएगा वह उपग्रह

संचालित होगा और दर्शक को इसके जरिए सीधे उपग्रह चैनलवालों को फीस देनी होगी। केबलवाले बीच से हट जाएँगे, बेकार हो जाएँगे।

स्काई टीवी का प्रयोग स्पष्ट करता था कि वह 'ग्लोबल' लोगों के लिए भले उपयोगी हो, भारतीय दर्शक की प्राथमिकता में देर से ही आ सकता है। मसलन उसमें स्काई चैनल मुख्य आकर्षण था जो विदेशों में भी 'भुगतान चैनल' है यानी बिना अच्छी फीस दिए उसे नहीं देखा जा सकता। उसमें खेल है, हॉलीवुड की फिल्में हैं, गाने हैं, समाचार हैं इत्यादि। बहुत पैसेवाले लोग ही इस चैनल के लिए डीटीएच पर पैसा खर्च कर सकते हैं जिसकी कीमत बारह हजार से ज्यादा है तिस पर खासी फीस लगती है। जाहिर है यह चैनल उन्हीं की 'जरूरत' हो सकती है जो अपने पैसे के बल पर कुछ अलग दिखना चाहते हैं अन्यथा सूचना या मनोरंजन के क्षेत्र में ऐसा कुछ भी नहीं है जो अन्य चैनल देर-सबेर नहीं दे देते। फिर टीवी माध्यम ऐलीट का माध्यम नहीं है, वह जनता का माध्यम है। स्काई टीवी इत्यादि बड़ी फीस लेकर ही आर्थिक क्षमता हासिल कर सकते हैं। हाँ, सीधा पैसा इकट्ठा करने के लिहाज से डीटीएच केबलवाले बिचौलियों को हटा देना चाहता है। इसलिए यह व्यवस्था एक व्यर्थ की व्यवस्था है जो न केवल महँगी है बल्कि पचास-साठ हजार केबल केंद्रों को खत्म करने पर आमादा है। केबलवाले इसका विरोध कर रहे हैं।

एक बड़ा मुद्दा स्वामित्व का है। विधेयक कहता है कि यह इलेक्ट्रॉनिक मीडिया में प्रिंट मीडिया के स्वामियों की मिल्कियत 20 फीसदी तक ही स्वीकार करेगा ताकि उनका एकाधिकार न रहे। हम समझते हैं कि इस क्षेत्र में विदेशी मिल्कियत को कतई जगह नहीं दी जानी चाहिए।

इसके अलावा विधेयक में केबल केंद्रों को नए सिरे से नीलाम करने, लाइसेंस देने की व्यवस्था भी है जो पुनः डीटीएच लाबी की दबिश को बताती है कि ऐसे नहीं तो वैसे केबलवालों को ठिकाने लगाया जाय। नीलामी से केबल क्षेत्र में सक्रिय स्थानीय छोटे पूँजीवाले आपरेटर, हिंदुजा समूह, जीटीवी के सीटी केबल तथा अन्य कुछ समूहों में बिक जाएँगे और केबल व्यवस्था में कुछ घरानों का इजारा हो जाएगा। केबल कार्य से जुड़े कोई पाँच-सात लाख लोग तो बेरोजगार होंगे ही साथ ही कुछ घरानों की इजारेदारी हो जाएगी। यह जानते हुए भी यह विधेयक केबल क्षेत्र में अवांछित छेड़खानी करता है जबकि केबल व्यवस्था एक स्वतंत्र कानून के तहत अभी काम कर रही है जिसमें देशी लोग शामिल हैं और विदेशी पूँजीपति उस पर नजर गड़ाए हैं।

फिर प्राधिकरण की संरचना में ग्यारह ऐसे अंशकालिक सदस्य रखे जाते हैं जो मूलतः 'नौकरशाह' नुमा या सरकारी हो सकते हैं। ऐसी चिंता भी जताई गई है यद्यपि विधेयक इन अंशकालिकों को विभिन्न क्षेत्रों के प्रतिनिधि के रूप में रखता

है। प्राधिकरण के ये सदस्य होंगे। अध्यक्ष एक समिति की सिफारिश पर राष्ट्रपति द्वारा मनोनीत किया जाएगा। पर समिति राज्यसभा के सभापति, सूचना प्रसारण सचिव, 'प्रेस परिषद' के अध्यक्ष से मिलकर बनेगी जो नाम प्रस्तावित करेगी। प्राधिकरण का अध्यक्ष ऐसा व्यक्ति हो सकेगा जिसे प्रशासन, विधि, प्रबंधन, प्रसारण, सूचना, पत्रकारिता या संचार में से किसी एक क्षेत्र में, पंद्रह वर्ष का न्यूनतम अनुभव हो। अध्यक्ष तक मामला खासा 'स्वायत्त' नजर आता है लेकिन ज्यों ही 'प्राधिकरण' के महासचिव की व्यवस्था को देखते हैं तो स्पष्ट हो जाता है कि सरकार 'प्राधिकरण' पर किसी न किसी रूप में अपनी नौकरशाही का शिकंजा कसे रखना चाहेगी। खंड 2 की धारा 6 की उपधारा 1 में कहा गया है कि 'केंद्रीय सरकार प्राधिकरण को भारत सरकार के सचिव की पंक्ति के पाँच अधिकारियों का एक पैनल उपलब्ध कराएगी और प्राधिकरण उनमें से किसी एक को महासचिव के रूप में नियुक्त करेगा : और कि महासचिव, प्राधिकरण की ऐसी शक्तियों का प्रयोग तथा ऐसे कृत्यों का निर्वहन करेगा जो उसे प्राधिकरण द्वारा प्रत्यायोजित किए जाएँ।'

मामला यहाँ खुलता है। यानी समस्त कार्यकारी शक्तियाँ महासचिव में निहित होंगी जो कि केंद्रीय सरकार के सचिव स्तर का अधिकारी होगा। अध्यक्ष की शक्तियाँ कार्यकारी शक्तियाँ नहीं हैं। यहीं बिल्ली थैले से बाहर होती है। इस व्यवस्था के अनुसार प्राधिकरण मूलतः एक सरकारी संस्था बनकर रह जाता है। जिस तरह दूरदर्शन में आज केंद्रीय सरकार के उच्चाधिकारी दखल रखते हैं, वैसी ही स्थिति प्राधिकरण की हो सकती है। आश्चर्य की बात है कि महासचिव की ऐसी व्यवस्था पर किसी भी हल्के में कोई ऐतराज अभी तक नहीं उठा है, शायद यह मुद्दा जल्दबाजी और अफरा-तफरी में ओझल हो गया है। वैसे भी महासचिव की व्यवस्था अध्यक्ष के बाद की गई है इसलिए इधर-उधर ज्यादा ध्यान नहीं जाता है। यह ड्राफ्टिंग की कुशलता भी हो सकती है।

संसद में पेश किए जाने के बाद नए सूचना एवं प्रसारण मंत्री एस. जयपाल रेड्डी ने निस्संदेह अपनी सदाशयता दिखाई है और लगातार 'सुलझेपन' का इजहार किया है। उन्होंने यह भी कहा है कि वे देशभर में बहस कराएँगे और उनकी समझ में यह भी आया है कि इस विधेयक से पहले जरूरी है कि प्रसार भारती कानून के आवश्यक संशोधनों को एक 'स्वायत्त निगम' में बदला जाय।

लेकिन हम जानते हैं कि सिर्फ मंत्री की सदाशयता काफी नहीं है और यदि सांसदों की समिति की पहली बैठक कुछ बताती है तो यही कि सांसदों के पास इस विधेयक पर विचार करने के लिए अभी समय नहीं है। तीस की समिति में से कुछ का आना बताता है कि विचार-विमर्श किस रफ्तार में चलेगा।

इसमें शक नहीं कि नए सूचना एवं प्रसारण मंत्री इस विधेयक को लेकर अत्यंत गंभीर हैं और वे काम करने में यकीन करते हैं लेकिन उनके समक्ष कई बड़े

काम हैं। पहला तो यही कि इस विधेयक पर जल्दबाजी बरतने की जगह वे इसे देशभर में बहस का मुद्दा बना दें। यह काम स्वयं दूरदर्शन करे तो बेहतर हो। दूसरे वे स्वयं देवेगौड़ा सरकार के इस बच्चे को थोड़ा गौर से देखें तथा इसमें विदेशी निवेश प्रसंग को दुरुस्त करें। और, जब तक यह विधेयक बहसों के बाद पूर्णतर बने तब तक 1990 के कानून प्रसार भारती को लागू करने हेतु आदेश जारी कराएँ तथा उसमें आवश्यक संशोधन लाएँ। यदि वे इतना भी करा सके तो एक क्रांतिकारी काम होगा।

प्रसारण विधेयक (दो)

यह 'नियमन' का जमाना है 'नियंत्रण' का नहीं। और ऐसा लगता है कि अब कोई भी सार्वभौमिक सरकार और स्वयंभू राष्ट्र अधिक से अधिक 'नियमन' कर सकते हैं, 'नियंत्रण' नहीं कर सकते। यदि यकीन न हो तो उस मसविदे को देखा जा सकता है जो पिछले दिनों 'कैबिनेट नोट' के रूप में सत्ता के ऊँचे गलियारों में चुपके-चुपके चक्कर लगा रहा है और कह रहा है कि मौजूदा बजट सत्र में प्रस्तुत किया जाने वाला प्रसारण विधेयक और कुछ नहीं है सिर्फ एक 'नियमन विधेयक' है जिसे नाम 'प्रसारण विधेयक दिया जा रहा है।'

जब चौदह दल समर्थित नई सरकार बनी थी तो एक आशा यह बँधी थी कि नई सरकार और उसे दिशा देनेवाली संचालन समिति कम-से-कम प्रसारण के क्षेत्र में उस ढुलमुल यकीनी को न केवल छोड़ेगी जो पिछली सरकार का आभूषण बन चली थी बल्कि दृढ़ता से प्रसारण क्षेत्र में आ गए दोषों को ठीक करते हुए कुछ ठोस नीति-निर्धारण करेगी। नए सूचना एवं प्रसारण मंत्री के आरंभिक बयान ऐसे ही थे जो भरोसा देते थे कि अब कुछ ऐसा होगा कि प्रसारण क्षेत्र की अराजकता और मूर्खता समाप्त होगी। साथ ही 9 फरवरी, 1995 के सुप्रीम कोर्ट के फैसले के मद्देनजर एक तर्कसंगत प्रसारण संस्था बन जाएगी, लेकिन हम देख सकते हैं, न तो ऐसा हुआ, न होने की संभावना है। और यदि कभी कुछ हुआ भी तो वह उल्टी दिशा में ही होना है। पिछली सरकार किसी शरमा-हुजूरी में प्रसारण क्षेत्र को सौंप कर उदारीकरण, निजीकरण एवं भूमण्डलीकरण को उसके तार्किक नतीजे तक अवश्य पहुँचा देगी।

उसके लिए 'चतुर सुजानों' को एक बहाना मिल गया है। सुप्रीम कोर्ट के पिछले फैसले का बहाना। जिसमें कहा गया था कि प्रसारण सरकार से भिन्न, जनता के नियंत्रण में होना चाहिए, यही बात संविधान की धारा 19 (1) (क) में कही गई है ? सुप्रीम कोर्ट ने यह भी कहा कि 'वायु तरंगें' (प्रसारण तरंगें) जनता की संपत्ति होती हैं। किसी जन-अधिकरण (पब्लिक अथॉरिटी) द्वारा ही उनके उपयोग

का नियंत्रण और नियमन किया जा सकता है ताकि जनता के अधिकारों का हनन न हो ! इत्यादि।

यहाँ से निजीकरण का रास्ता निकाला गया है। दस्तावेज सुप्रीम कोर्ट के फैसले को अपनी आंतरिक दृष्टि बनाने की जगह उसे ऐसे उद्धृत करता है जैसे बच्चे इम्तहानों में उद्धरण देते हैं। चूंकि सुप्रीम कोर्ट ने अपने उक्त फैसले में निजी चैनलों के निजीकरण के प्रश्न पर भी विचार किया था, इसलिए दस्तावेज उद्धरणों के बहाने और सहारे कहता है कि निजीकरण भी एजेंडे पर होना चाहिए। सुप्रीम कोर्ट ने कहा था कि 'निजी प्रसारण को शुरू करना है या नहीं यह मूलतः संसद के फैसले पर निर्भर है।' दस्तावेज में शुरुआत ही निजीकरण की रीति को सिद्ध करने से होती है।

तकनीक के आगे किसी हारे हुए तानाशाह की तरह दस्तावेज कहता है कि 1885 का 'इंडियन टेलीग्राफ एक्ट' ही अकेला कानून है जिससे इस क्षेत्र में अब तक काम चलता आया है लेकिन तकनीकी परिवर्तन ने, 'डायरेक्ट-टू-होम' डिजिटल तकनीक ने प्रसारण प्रविधि को बदल दिया है। इसलिए समय रहते इनका नियमन किया जाना जरूरी है। क्योंकि ऐसा न करने पर 'किसी बड़े निजी संस्थान द्वारा अवांछित कार्यक्रम और सेवाएँ घर बैठे दिखने लगेंगी।' इसलिए एक 'नीति निर्णय' लेना होगा कि निजी प्रसारण आरंभ किया जाय या नहीं। दस्तावेज कहता है कि यह आम धारणा है कि निजी प्रसारण तो पहले से ही मौजूद है और इस सूचना समाज में वे बंद-समाज बनकर नहीं रह सकते और अपनी जनता के सूचना के अबाध अधिकार को मना नहीं कर सकते। इसलिए इन्हें नियंत्रित करने की जगह यही बेहतर होगा कि नियमित किया जाय।

लेकिन यहीं एक नया सूराख बनाया गया है। यह है क्षैतिज प्रसारण में भी निजी क्षेत्र को प्रोत्साहित करने का सूराख। यह चुपके से बनाया गया है। दस्तावेज की तर्क पद्धति ऊपर की तरफ चली आती है कि हम रोक नहीं सकते तो नियमन ही करें। फिर अचानक प्रस्ताव कह उठता है : क्षैतिज प्रसारण के संदर्भ में अभी हमारे पास विकल्प है। हमें अभी यह सोचना है कि क्षैतिज प्रसारण 'जन क्षेत्र' में ही रहे या निजी प्रसारकों के लिए भी खोल दिया जाय ?

संकेत स्पष्ट है। चूँकि हम उपग्रह प्रसारणों को रोक नहीं सके इसलिए उनका नियमन करें और लगे हाथ क्षैतिज प्रसारण को भी निजी क्षेत्र को देकर कुछ कमाई कर ली जाय। लेकिन तर्क कमजोर है और धोखे से भरा हुआ है। तर्क दो प्रकार के प्रसारणों को अलग मानते हुए भी दोनों को 'एक जैसा' मानने की भूल करता है।

यह सच है कि देश में इस वक्त कम-से-कम चौबीस देशी-विदेशी निजी क्षेत्र के उपग्रह चैनल देखे जा सकते हैं। ये तमाम प्रसारण उपग्रह से आते हैं, उपग्रह

प्रसारण पर नियंत्रण संभव नहीं है, इसलिए अब उसे नियमित भर किया जा सकता है यानी उपग्रह चैनलों के प्रसारण को निजी क्षेत्र के लिए खोलने की बात जरूरी है यहाँ, एक नया प्रश्न पैदा हो जाता है जिसे वह इस तर्क से ढँकता है : कि जब उपग्रह प्रसारण को हम निजी क्षेत्र के लिए 'खोलने' को तैयार हो रहे हैं तब क्षैतिज प्रसारण को न खोलना उचित कैसे है ? (पैरा ३)।

तर्क झटकावादी शैली में चलता है। निजी क्षेत्र के प्रसारण अभी नीतिगत ढंग से पूरी तरह स्वीकृत नहीं हो पाए हैं फिर भी उधर आश्वासन का संकेत भेजा जाता है और एक ही झपाके में दोनों तरह के प्रसारणों (उपग्रहों एवं क्षैतिज) को एक बना दिया जाता है। तर्क अद्‌भुत ढंग से जनतांत्रिक लिबास ओढ़ लेता है। पैराग्राफ चार में दस्तावेज कहता है : (मौजूदा) जन प्रसारण (पब्लिक ब्रॉडकास्टिंग) बहुलता और विविधता की दृष्टि से जनता की आकांक्षाओं को पूरा नहीं कर सकता। दुनिया के देशों में विभिन्न समूहों की जरूरतों को पूरा करने के लिए विविध चैनल्स हैं। हमारे नागरिक भी सुसूचित, सुमनोरंजित, सुज्ञानी हों इसके लिए जरूरी है कि निजी प्रसारण आरंभ किया जाय। ऐसे उदारीकरण से न केवल रोजगार बढ़ेगा और कलाकारों की रचनात्मकता बढ़ेगी। मंत्रालय का यह भी मानना है कि उन्हें नियमित करके उन पर अंकुश लग सकेगा और लाइसेंस इत्यादि से बहुत जरूरी मुद्रा भी बढ़ेगी इत्यादि।

दूरदर्शन के सामान्य दर्शक नहीं जानते होंगे कि दूरदर्शन मूलतः क्षैतिज प्रसारण सेवा है जबकि उपग्रह चैनल मूलतः उपग्रह सेवा है। दूरदर्शन को देश में प्रसारण के क्षेत्र में जो बादशाहत मिली हुई है उसका कारण यही क्षैतिज प्रसारण है। अपने सैंतीस-अड़तीस साल के इतिहास में दूरदर्शन ने कभी धीमे, कभी तेजी से, लघु शक्ति समर्थित ट्रांसमीटरों का संजाल बिछाया है और इस वजह से वह आज दुनिया का सबसे ज्यादा शक्तिशाली टीवी प्रसार केंद्र है। इसी की बदौलत वह देश के दर्शकों के सर्वाधिक बड़े हिस्से पर कब्जा किए हुए है। अखिल भारतीय स्तर पर पच्चीस-तीस करोड़ दर्शकों को बनानेवाले दूरदर्शन क्षैतिज प्रसारण में इजारेदारी रखता है और उपग्रह चैनलों के लाख हमलों के बावजूद यदि वह आज भी सर्वाधिक कमाऊ माध्यम है तो इसीलिए कि वह एक सस्ता माध्यम है जिसे बिना फीस दिए, सामान्य एंटेना से कोई भी देख सकता है। उपग्रह चैनल आए गए लेकिन दूरदर्शन की इस क्षमता को वे तोड़ नहीं पाए क्योंकि क्षैतिज प्रसारण पर सिर्फ उसी का अधिकार है। मौजूदा केबिनेट नोट इस क्षेत्र में निजी प्रसारकों को जगह देकर दूरदर्शन की इजारेदारी को तोड़ने का 'पुण्य कर्म' करना चाहता है। जनता को सूचना देने की इस हड़बड़ी और चिंता में वह भूल गया है कि जिस जनता को बहुत सूचना लेनी होती है वह उसे मौजूद उपग्रह चैनलों से मिल जाती है। उपग्रह क्षेत्र में निजी कंपनियों को निमंत्रित करने का अर्थ है कि क्रमशः दूरदर्शन की दुकान को बंद करने

का रास्ता तैयार करना। यह लगभग उसी तरह हो सकता है जिस तरह तमाम 'जन क्षेत्र उद्योगों' को 'निजी क्षेत्र' में बदलने का रास्ता दिखाया जाता है।

क्षैतिज प्रसारण के लिए ट्रांसमीटर लगाने होंगे, उनको चलानेवाले दफ्तर बनाने होंगे। निजी क्षेत्र को इस प्रकार नई जमीनें मुहैया करानी होंगी, दफ्तर को जगह देनी होगी ताकि जनतंत्र की मारी इस सरकार को यह मलाल न रह जाय कि जनता को 'सारी सूचना' नहीं मिली। यहीं यह सूचना और जोड़ लें कि इस वक्त दूरदर्शन के लिए लगाए जा रहे छोटे शक्तिवाले टीवी टावरों का काम नाना कारणों से रुका पड़ा है। यही नहीं पाकिस्तान, बांग्लादेश से जुड़े सीमावर्ती क्षेत्रों में यदि निजी प्रसारक प्रसारण टावर लगा कर बैठ गए तो उस नीति का क्या होगा जो देश की एकता-अखंडता का राग अलापती है। फिर क्षैतिज प्रसारण के लिए निजीकरण के बाद क्या विदेशी बहुराष्ट्रीय निगम आने में देर लगाएँगे ? और दस्तावेज अपने आखिरी पृष्ठ पर मीडिया में विदेशी निवेश पर 25 प्रतिशत से 41 प्रतिशत तक के प्रवेश की अनुमति देकर इरादा स्पष्ट कर देता है कि क्षैतिज प्रसारण में निजी क्षेत्र को लाने के उसके मायने क्या हैं ?

लेकिन यह सब हमारे फालतू प्रश्न हैं क्योंकि सरकार की इच्छा है कि जनता को सूचना बहुल बनाया जाय और वह भी उससे पूछे बिना। कहने की जरूरत नहीं कि क्षैतिज प्रसारण में अब तक गैर-मौजूद निजी क्षेत्र को न्यौतने का अर्थ ही है दूरदर्शन को धीरे-धीरे समाप्त करना। यह प्रसार भारती की 'स्वायत्तता' से भी आगे का मामला है। दूरदर्शन के निजीकरण का मामला है। जो शक्तियाँ उपग्रह प्रसारण में सक्रिय हैं, उन्हें नियमित करने भर का मामला यह नहीं है बल्कि उनके लिए नए चरागाह बनाने का मामला है।

तिस पर दस्तावेज गरजता है : 'निजी प्रसारण को बाजारी शक्तियों के रहमोकरम पर नहीं छोड़ा जा सकता' (पैरा 6/11) यानी उन्हें नियमित करना है, लेकिन जैसा हमने अभी देखा, मामला नियमित करने भर का नहीं है, ऐसे नए बाजार बनाने का भी है जो अभी निजी क्षेत्र को नहीं मिले हैं और वह भी 'बहुलता' के नाम पर।

उपलब्ध दो दर्जन उपग्रह चैनलों और एक दर्जन के करीब दूरदर्शनी चैनलों में 'बहुलता' सिर्फ इतनी है कि सीरियल सब एक जैसे हैं, सूचनाएँ सर्वत्र एक जैसी हैं, मनोरंजन के अन्य कार्यक्रम सर्वत्र एक जैसे हैं, डिस्कवरी चैनल को छोड़कर। तब क्षैतिज प्रसारण में निजी क्षेत्रों को सक्रिय करके कौन-सी 'बहुलता' पैदा होगी।

यदि उद्देश्य नियमन भर का है तो लाइसेंस फी लगाने, लेवी लगाने से काम चल सकता है। केबल-लाइसेंस से काम चल सकता था। ब्रॉडकास्टिंग अथॉरिटी या प्रसारण अधिकरण, 'नियमन' का संस्थान हो सकता था और बनकर अब तक काम कर रहा होता, लेकिन क्षैतिज प्रसारण के लाइसेंस के मसले, अपलिंकिंग के मसले,

डी.टी.एच. मसले तथा नए केबल मसले जोड़कर मामले को उलझा दिया गया है। यह उलझाया इसलिए गया है ताकि निजी क्षेत्र तथा विदेशी चैनलों को पैर पसारने का विधिवत मौका मिल सके। जाहिर है कि यह मसविदा संयुक्त मोर्चा की संचालन समिति में ही अटक जाएगा या फिर संसद में अटकेगा।

कहने की जरूरत नहीं कि यह दस्तावेज स्वायत्तता या नियमन का दस्तावेज न होकर निजीकरण का दस्तावेज है।

[हिंदुस्तान, 9 अप्रैल, 1997]

प्रसारण पर बहस

सूचना संचार के क्षेत्र में इन दिनों कैसे-कैसे महाबली सक्रिय हैं, इसको देख सहज अनुमान लगाया जा सकता है कि जिस प्रसारण विधेयक को सूचना और प्रसारण मंत्री ने पिछले संसदीय सत्र में किंचित् गर्व के साथ पेश किया था, वह अपने मौजूदा रूप में पारित नहीं होने जा रहा। यह जरूर हो सकता है कि जब तक वह कानून बने तब तक हम संसार के बड़े-बड़े सूचना सम्राटों के नए-नए दाँव-पेंचों के दर्शन करें और चकित होते रहें।

प्रसारण विधेयक पेश किए जाने के बाद का परिदृश्य बताता है कि कानून बनने से पहले ही बड़ी प्रसारण शक्तियाँ इन दिनों लगभग खुलेआम दबाव डालने में लगी हैं। दिल्ली में पिछले बीस-पच्चीस दिनों में तीन संगोष्ठियाँ हो चुकी हैं जिनमें बड़े सेठों के अलावा सूचना और प्रसारण मंत्री ने भाग लिया है। इनमें से एक बड़ी गोष्ठी फिक्कीवालों की भी रही। यदि हम इस सबको बहस कहें और मान लें कि यही सूचना और प्रसारण मंत्री चाहते थे और राष्ट्रीय बहस से उनका यही मतलब था तो इन गोष्ठियों में एक पूर्व सूचना प्रसारण मंत्री और कुछ पूर्व सचिव भी शामिल हो चुके हैं। विधेयक पेश करने के फौरन बाद सूचना प्रसारण मंत्री महोदय का संयुक्त मोर्चे में शामिल घटक भाकपा के दफ्तर जाकर उनकी आपत्तियों पर कान देना और माकपा के दफ्तर जाकर उनकी शिकायतें सुनना भी ऐसी गतिविधियाँ हैं जिन्हें मंत्री महोदय की तत्परता का प्रमाण माना जा सकता है। इसे भी हम राष्ट्रीय बहस का हिस्सा कह सकते हैं। लेकिन एक बहस कहीं और से भी उठ रही है और डर यही है कि कहीं यही सब प्रसारण विधेयक का भाग्य निर्धारण न करे।

हम याद कर सकते हैं कि प्रसारण विधेयक पेश होने के आस-पास भारत में अमेरिकी राजदूत ने भी प्रसारण विधेयक के संदर्भ में अपनी जुबान खोली थी। और अब फिक्की की सभा में अमेरिकी संचार परिषद के प्रवक्ता ने कुछ ऐसा कहा है जो विधेयक के संदर्भ में सीधे न होते हुए भी विधेयक द्वारा निर्णीत किए जाने वाले कुछेक मुद्दों के बारे में कुछ नए तर्क और तथ्य जुटाता है। ये तर्क और तथ्य

वही हैं जो कुछ पहले अंग्रेजी के प्रेस में लगातार आए थे।

सिर्फ प्रसंगवश दुहरा दें कि प्रसारण विधेयक अपने पेश होने के बाद से जो मरी-गिरी-सी बातचीत उत्प्रेरित कर चुका है वह अब दो बिंदुओं पर सिमट गई है। पहला बिंदु स्वामित्व से संबंधित बिंदु है कि क्षैतिज प्रसारण क्षेत्र में निजी या विदेशी निवेश कितना और किस तरह हो और प्रिंट मीडिया का इलेक्ट्रॉनिक मीडिया के स्वामित्व में प्रतिशत कितना हो। दूसरा मुद्दा सीधे गृह प्रसारण सेवा का मुद्दा है जो तकनीकी मुद्दा है और जिसके संदर्भ में कानून बनने तक सूचना और प्रसारण मंत्रालय का एक आदेश फिलहाल लागू है। साथ ही विधेयक सीधे ग्रह प्रसारण सेवा की आश्वस्ति देता ही है, इसलिए फिलहाल, यह यानी दूसरा बिंदु गरम मुद्दा नहीं है। जाहिर है कि स्वामित्व का मुद्दा ही मुख्य है जो मौजूदा बहस में छाया हुआ है।

विधेयक में मीडिया स्वामियों की इजारेदारी को नियंत्रित करने के लिए ऐसा प्रावधान किया गया है कि प्रिंट मीडिया के स्वामी क्रास ओनरशिप के तहत किसी भी सूरत में इलेक्ट्रॉनिक मीडिया में आते वक्त बीस फीसदी से ज्यादा शेयर न रख सकें। यह व्यवस्था इसलिए की गई है कि प्रिंट मीडिया और इलेक्ट्रॉनिक मीडिया में सेठों का जोर न हो सके। इन दिनों इजारेदार सेठों का सारा जोर इसी धारा पर प्रश्न उठाने पर लग रहा है। फिक्की मंच दे रहा है। और इसी क्रम में फिक्की ने अमेरिकी संचार आयोग के निवर्तमान अध्यक्ष रीड हंट से भी अप्रत्यक्ष हस्तक्षेप कराया। यहाँ हंट साहब के तर्क तो उपयोगी ही हैं, वह क्रम भी उपयोगी है कि जिस क्रम में तर्क आए हैं। क्रम यह है ही जिस दिन सूचना और प्रसारण मंत्री बोले उसके ठीक एक दिन बाद रीड हंट साहब बोले, मानो बहस को निष्कर्ष तक पहुँचाते हों।

सूचना और प्रसारण मंत्री ने कहा कि एक से ज्यादा संचार माध्यमों पर अधिकार संबंधी व्यवस्थाएँ अन्य देशों में भी लागू हैं लेकिन एक मीडिया स्वामी दूसरे मीडिया में इजारा कायम न करें, ऐसी व्यवस्था भारतीय स्थितियों के अनुकूल की गई है। मंत्री महोदय ने लगे हाथों प्रसारण में लगी विदेशी कंपनियों को उनचास फीसदी निवेश करने का संकेत भी किया जबकि उनके अनुसार इस वक्त कानून के अभाव में यह निवेश सौ फीसदी है। मंत्री के इस संबोधन के बाद फिक्की ने रीड हंट को सुना। रीड हंट बोले कि अमेरिका में माध्यमों के स्वामित्व के बारे में भिन्न व्यवस्था है। वहाँ क्रॉस मीडिया स्वामित्व दिया जाता है। हाँ, एक ही शहर में एक प्रिंट मीडिया का स्वामी दूसरे मीडिया, इलेक्ट्रॉनिक मीडिया का स्वामित्व नहीं ले सकता लेकिन वह दूसरे शहर में जहाँ उसका अखबार नहीं है, ऐसा कर सकता है। वहाँ क्रॉस मीडिया स्वामित्व क्षेत्र विशेष में लागू होता है। वहाँ पैंतीस फीसदी दर्शक बनाने वाले

टीवी स्टेशनों पर भी एकाधिकार विरोधी प्रावधान लागू होते हैं इत्यादि।

प्रसारण के भावी खेल में फिक्की के कूदने से स्पष्ट है कि आनेवाले दिनों में प्रसारण का मसला सीधे कारपोरेट मसला होने जा रहा है। यह पहला अवसर है जब प्रसारण विधेयक कारपोरेट क्षेत्र की जगह लेना चाहता है। कारपोरेट क्षेत्र का कहना है कि देश में पहले से मौजूद एकाधिकार नियंत्रण कानून आनेवाले एकाधिकारी खतरों का मुकाबला कर सकता है, इसलिए क्रॉस मीडिया स्वामित्व में बीस फीसदी का बंधन ठीक नहीं है। ध्यान से देखें तो इस तरह के हस्तक्षेपों के ठोस कारण मौजूद हैं।

प्रसारण के समकालीन परिदृश्य में इस तरह एक भीतरी संकट बना हुआ है। यह संकट जनता को उचित दर्शकों में बदलने की नई समस्या से पैदा हुआ है। नब्बे से सत्तानवे के बीच देशी दूरदर्शन और विदेशी चैनलों ने भारतीय और एशियाई जनता को दर्शकों में बदला है। वह एक विराट दर्शक जनता है, भारत के पचास करोड़ दर्शकों के साथ यदि मध्य एशिया के दस-पंद्रह करोड़ दर्शक मिल जाएँ तो यह एक बड़ा ठोस उपभोक्ता बाजार बन जाता है। नब्बे से सत्तानवे के पहले चरण में जनता को सिर्फ दर्शक बनाया गया है, किसी हद तक उपभोक्ता भी बनाया गया है। लेकिन समस्या यह है कि अभी तक उपभोक्ता बाजार कारपोरेट जगत् के मनमाफिक नहीं बना है। वह निराश हो रहा है। इस बीच पश्चिमी कारपोरेशनों के लिए बनाया गया यह मिथ भी टूटा है कि यह मध्यवर्ग उतना ही संपन्न है जितना कि कुछ पहले बताया गया था। सात साल के खुले खेल में यह पहली दरार है जिसने विज्ञापन बाजार में गिरावट पैदा की है और कुछ निजी चैनल, जो नरम बाजार के चक्कर में एशिया के सबसे बड़े 'पेट' भारत को भरने आए थे, उनका संकट बढ़ा है। उनकी अनुमानित आय नहीं हुई। घाटा हुआ। तिस पर इस संकट में नए खिलाड़ी हिंदुजा इत्यादि कूद गए हैं। उधर दूरदर्शन में इस संकट का सामना सरकारी ढंग से किया। वह एक सबसिडाइज्ड माध्यम था। उसका घाटा सरकार भरती है। उसने अपनी पहुँच का लाभ उठाकर विज्ञापन के रेट अपेक्षाकृत न बढ़ाकर भी मुनाफा कमाया। इससे निजी चैनलों होम टीवी, सोनी, जी टीवी इत्यादि का संकट बढ़ा है। आज स्थिति यह है कि ये संकटग्रस्त चैनल नई पूँजी के निवेश के लिए मजबूर है। जाहिर है इस मजबूरी के खेल में कुछ नए देशी-विदेशी खिलाड़ी दबाव डाल रहे हैं।

प्रसारण को लेकर चल रही कथित बहस में जो कि निजी क्षेत्र का हस्तक्षेप ज्यादा लगती है, एक-सी पारदर्शिता पहले कभी नहीं दिखी और ऐसी अनुकूलता भी नहीं दिखी। पिछले सात साल के अनुभव ने देशी और विदेशी कारपोरेट क्षेत्र को भी कई

सबक दिए हैं और कथित जन सेवा प्रसारण दूरदर्शन को भी। लेकिन देशी-विदेशी सेठों ने इन सबको अच्छी तरह परख लिया है। लगातार के शोधों ने उनके लिए एशियाई देशों के महाबाजार, उसमें भी सबसे बड़े उभरते बाजार भारतीय शहरी ग्रामीण मध्यवर्ग के बाजार को और बाजार की इच्छाओं को खोल दिया है। कुछ वर्ष पहले एप्लाइड इकोनॉमिक रिसर्च परिषद के सर्वेक्षण ने उपभोक्ता जनसंख्या के चलन का जो खाका पेश किया था उससे ज्ञात हुआ था कि देश की कुल उपभोक्ता वस्तुओं की करीब बीस से पच्चीस फीसदी तक की खपत सिर्फ गाँवों के उपभोक्ता कर रहे हैं। यह एक विराट और लगातार भूखा उपभोक्ता बाजार है जिसके पास पहुँचने के लिए कारपोरेट क्षेत्र सक्रिय है। टीवी की प्रसारण नीतियाँ कैसी हों, क्या हों ? इन विषयों पर मौजूदा दौर में कारपोरेट क्षेत्र की मुखरता कहती है कि अब प्रसारण नीति को नई अर्थनीति और उदारवादी बाजार से अनुकूलता का रिश्ता बनाना ही होगा और निजी क्षेत्र को खुले-खेल का मौका देना होगा। इस बात की पैरवी के लिए इन दिनों बड़े तगड़े वकील पेश किए जा रहे हैं जिनमें रूपर्ट मर्डोक, टैड टर्नर से लेकर रीड हंट तक सब शामिल हैं। उनके साथ स्थानीय कारपोरेट क्षेत्र के लोग भी शामिल हैं। इनके एजंडे पर है—भारतीय उपभोक्ता बाजार का और तेज विकास और दोहन। देर से ही सही टीवी की भूमिका यहाँ आकर यहाँ के राजनैतिक अर्थशास्त्र का अभिन्न अंग बनती दिखी है। प्रसारण विधेयक एक अवसर देता है। वह स्पर्धा बनाए रखने के लिए निजी क्षेत्र को अवसर देता है। वह विदेशी क्षेत्र को भी अवसर देता है क्योंकि पूरे सात साल बाद भारत के सत्ताधीशों को यह समझ में आया है कि यहाँ तो नियमन के अभाव में पहले ही सौ फीसदी निवेश करने वाले विदेशी चैनल मौजूद हैं। अब जब वे आ ही गए हैं तो थोड़ा कायदे-कानून बना दिए जाएँ। पागल हाथी आ ही गए हैं तो उन्हें थोड़े दिन गन्ने के खेतों में बाँधा जाय। यही काफी है। नतीजा यह है कि जो लोग मंत्री बनने से पहले विदेशी चैनलों को राष्ट्रीय अस्तित्व के लिए खतरा बताते थे, वे ही अचानक ज्ञानी बनकर बीच के रास्ते बना रहे हैं। नए मंत्री इसके अपवाद नहीं हैं।

सोचना तो यह चाहिए था कि देश में इस वक्त उपलब्ध छत्तीस से चालीस चैनलों में जो कुछ आता है, उसका अर्थव्यवस्था और श्रमसंबंधों पर क्या असर पड़ रहा है और क्या हमें इस क्षेत्र में अन्य स्वामियों की जरूरत भी है ? लेकिन सोचा यह जा रहा है कि विदेशी चैनलों को अपलिंकिंग सुविधा दी जानी चाहिए। बिल में अपलिंकिंग सुविधा मिलने जा रही है इसलिए देशी-विदेशी कारपोरेट जगत् की बाँछें खिली हैं। अपलिंकिंग मिलेगी तो चैनलों के एशियाई या भूमंडलीय होने की सुविधा होगी, बड़ी मंडी, बड़ा उपभोक्ता समूह होगा। यह होगा तो दिखाने में कुछ छूट मिलेगी। मसलन, प्रतिबंधित शराब के विज्ञापन जो फिलहाल सरोगेट रूप में शक्ल दिखाते हैं, खुलेआम आ सकेंगे क्योंकि उनमें बहुत पैसा है। यानी कि जिन

उपभोक्ता क्षेत्रों में ज्यादा कमाई है, वे आजाद हो सकेंगे। कारपोरेट की दुनिया यह समझ चुकी है। इसीलिए मारा-मारी है।

यों क्रॉस मीडिया स्वामित्व में बीस फीसदी स्वामित्व की सीमा भी कारपोरेट वाले मान जाएँगे क्योंकि भारतीय कारपोरेट तो पाँच फीसदी निवेश से सौ फीसदी नियंत्रण करने के लिए विख्यात हैं। इसलिए प्रसारण में स्वामित्व के नियमन के लिए जो कथित बहस चल रही है, वह मिली-भगत की कुश्ती ज्यादा है। यह शरीफों की बहस है जो मलाई बाँटने की खातिर उठ रही है। अनुपस्थित है तो देश की जनता है, जो इस बहस में कहीं नहीं है।

[जनसत्ता, 9 जुलाई, 1997]

क्रॉस मीडिया का स्वामित्व

'बिजनेस स्टैंडर्ड' और फाइनैंसियल टाइम्स (लंदन) के बीच होनेवाला क़रार छियानबे में लगभग होते-होते रह गया। इस सूचना ने उन्हें थोड़ा चैन जरूर बख्शा होगा जो विदेशी अखबारों के आगमन के प्रश्न पर लगातार चिंतातुर और शंकालु रहे हैं।

और यह भी एक खतरनाक सच है कि विदेशी अखबारों में से कोई भी अपने 'भारत आगमन' के इतना नजदीक कभी नहीं पहुँचा, जितना कि फाइनैंसियल टाइम्स पहुँचा। विदेशी निवेश प्रोत्साहन बोर्ड ने अपनी स्वीकृति की मुहर लगभग लगा दी थी। मामला केबिनेट के निवेश बोर्ड के सामने था। तभी खबर खुली। सबसे पहले मार्क्सवादी पार्टी ने दो टूक विरोध किया। फिर सी पी आई ने विरोध किया। भारतीय जनता पार्टी ने भी विरोध किया। उद्योग मंत्री सावधान हुए। स्पष्ट किया कि केबिनेट के बिना मामला आगे नहीं बढ़ेगा। कहा कि निवेश बोर्ड का फैसला 'विचारार्थ फैसला' होता है। लागू करना न करना केबिनेट के हाथ में होता है। फिर केबिनेट ने भी 'न' कह दी। इससे वे तमाम लोग राहत पा गए जो विदेशी अखबारों की मीडिया के क्षेत्र में घुसपैठ से परेशान हो रहे थे।

लेकिन इस बार के विरोध की कुछ विशेषताएँ थीं। मसलन कांग्रेस के बड़े नेताओं में से शायद ही किसी ने इस निवेश प्रस्ताव का विरोध किया। यही नहीं जनता दल के नेताओं ने भी मुखर विरोध नहीं जताया। हम कह सकते हैं कि पिछले दो वर्षों में विदेशी अखबारों के आगमन की खबर ने धीरे-धीरे कुछ दलों में अपने अनुकूल जगह बनाई है। हाँ सूचना प्रसारण मंत्री इब्राहीम शरीफ ने अवश्य कहा कि ऐसा कोई विचार अभी नहीं है। कोई दो साल पहले कांग्रेसी शासन में यह प्रस्ताव आया था। तब भी केबिनेट ने इस प्रस्ताव पर 'ना' कहकर अपनी जान छुड़ाई थी। लेकिन तब राव सरकार के किसी भी निर्णय में बहुत पारदर्शिता नहीं होती थी।

इन्हीं दिनों इलेक्ट्रॉनिक मीडिया के क्षेत्र में विदेशी मीडिया के भारत आने की खबरें भी आई हैं। रूपर्ट मर्डोक के अचानक नए प्रधानमंत्री से एकांत मिलन की बातों ने अफवाहों के बाजार को खासा गर्म किया है। रूपर्ट मर्डोक को अपलिंकिंग

की सुविधा मिलेगी या नहीं मिलेगी यह आशंका भी तभी खत्म हुई है जब मंत्री महोदय ने दो टूक शब्दों में अपलिंकिंग की बात अस्वीकार कर दी।

स्पष्ट है, भूमंडलीकरण के दौर में ऐसी घटनाएँ रोज-ब-रोज होनी हैं। और हर बार देश को अपना विवेक जाग्रत करके निर्णय करने हैं। न तो इस काल में पूरी तरह 'कछुआ' बना जा सकता है और न पूरी तरह 'मुक्त' हुआ जा सकता है, पिछली सरकार ने अपनी मुक्तावस्था से ऐसा अहसास देना शुरू कर दिया था मानो कोई सरकार काम ही न कर रही हो और सब कुछ 'मुक्त' हो गया हो। मुक्त बाजार के पक्ष में वातावरण ऐसा और प्रश्न-रहित था कि लगता था कि कुछ भी बेरोक-टोक संभव है। राजसत्ता ने अपना हाथ खींच लिया था। अब नई सरकार ने यह अहसास तो कराना शुरू किया है कि नई सरकार कहीं तो होनी चाहिए। सीटीबीटी पर दो टूक फैसला यह अहसास दिलाता है कि यदि राजसत्ता चाहे तो 'ना' करने की बात पर 'ना' करके दिखा सकती है।

लेकिन 'ना' करने से यह आशंका ढीली नहीं होती कि आज की 'ना' कहीं कल 'हाँ' में न बदल जाय ? या कि कहीं 'ना' का मतलब 'आधी हाँ' तो नहीं ? सीटीबीटी पर नई सरकार की दृढ़ता को अखबारों में कायदे का प्रक्षेपण यद्यपि नहीं मिला है लेकिन यदि वह उसकी दृढ़ता का प्रमाण माना जाय तो कहा जा सकता है कि भारत सरकार के सामने राष्ट्रीय हित जब भी संकट में आते हैं, और भी स्पष्ट होकर आते हैं और तभी वह 'एक सुर' में दृढ़ता से बोली है। हम मान सकते हैं कि विदेशी मीडिया के संदर्भ में किया गया फैसला भी इसी 'राष्ट्रवाद' का प्रतीक है।

विदेशी अखबारों के बाहर से यहाँ आने पर रोक लगाने के संदर्भ में एक अंतर्विरोध बार-बार सामने आता है। यह है अखबारों को 'ना' करने और इलेक्ट्रॉनिक मीडिया के 'ना' न कर पाने के बीच का अंतर्विरोध। प्रकटतः यह विचित्र लगता है कि इलेक्ट्रॉनिक मीडिया जहाँ बेरोक-टोक प्रवेश कर रहा है, वहीं 'प्रिंट मीडिया' को रोकना कहाँ तक तर्क-संगत है। विदेशी इलेक्ट्रॉनिक मीडिया ने पिछले कई वर्षों में ऐसा वातावरण बना दिया है कि हम उनके होने को 'वातावरण' की तरह लेते हैं। मंत्रिमंडलीय समिति की अभी हुई बैठक की सिफारिशें बताती हैं कि विदेशी इलेक्ट्रॉनिक मीडिया की पूर्व-उपस्थिति ही उसका मुख्य तर्क है। उसका कहना है कि बहुत से उपग्रह चैनल पहले से ही मौजूद हैं इसलिए विदेशी अखबारों का बहुत असर नहीं होगा। इस तर्क से स्पष्ट है कि समिति 1955 वाले मंत्रिमंडलीय फैसले पर पुनःसमीक्षा चाहती है। 1955 का नेहरू कालीन तर्क कहता है कि विदेशी प्रिंट मीडिया को आने की इजाजत देना ठीक नहीं। कोई चालीस साल तक यह नीति चली।

इस नीति पर प्रथम शंका 1993 के आसपास शुरू हुई जब विदेशी प्रिंट

मीडिया के आगमन से अकुलाहटें बढ़ीं। विदेशी निवेश बोर्ड के पास इस प्रकार के प्रस्ताव 1993 से आए। तब की राव सरकार ने एक टिप्पणी भी तैयार कराई। यहीं से 1955 की मीडिया नीति पर पुनर्विचार संबंधी स्वर सुनाई पड़े। टिप्पणी में वे कारण बताए गए थे जिनकी वजह से नेहरू कालीन नीति पर पुनर्विचार आवश्यक बताया गया। वहाँ खुली अर्थनीति, भूमंडलीकरण और उपग्रह चैनलों के आ जाने के बाद विदेशी प्रिंट मीडिया के आने के प्रश्न को नए सिरे से सोचने को कहा गया था। इस टिप्पणी में तो यहाँ तक कहा गया कि अब समय आ गया है कि विदेशी प्रिंट मीडिया को प्रवेश की इजाजत दी जानी चाहिए। लेकिन राव सरकार ने, इतने पर भी, विदेशी प्रिंट मीडिया को आने की इजाजत नहीं दी। वजह स्पष्ट थी। प्रिंट मीडिया में विरोध का स्वर तेज था।

यही स्थिति इन दिनों है। एक बार फिर प्रिंट मीडिया में आलोचना के स्वर उभर रहे हैं। यद्यपि केबिनेट समिति ने उक्त प्रस्ताव को 'ना' कर दी है तब भी आशंकाएँ मौजूद हैं। एक बार फिर ऐसी खबरें गर्म हैं कि केबिनेट कमेटी 1955 की नीति के बारे में पुनर्विचार करना चाहती है। विदेशी प्रिंट मीडिया को 'ना' करने के बाद भी पुनर्विचार का ऐलान आशंकाओं को जन्म देता है। यह स्वाभाविक ही है। फाइनैंसियल टाइम्स-बिजनेस स्टैंडर्ड के संयुक्त प्रस्ताव को 'ना' भले हो गई हो, पुनर्विचार की खबरें बताती हैं कि 1955 की नीति को कहीं अपर्याप्त और पुरानी माना जा रहा है।

कोई तीन साल पहले जब फाइनैंसियल टाइम्स का उक्त प्रस्ताव आया था तो उद्योग मंत्रालय को आया था। स्पष्ट ही फाइनैंसियल टाइम्स की नजर पत्रकारिता पर एक उद्योग की तरह है। लेकिन केबिनेट समिति ने 'दाएवू' कार तथा 'मोबिल' के लिए साझा प्रस्तावों को स्वीकृति दी किंतु अखबार क्षेत्र में नहीं दी तो इसका अर्थ यही लगाया जाना चाहिए कि समिति की नजर में फिलहाल स्वीकृति उचित नहीं थी। साथ ही, विदेशी निवेश प्रोत्साहन बोर्ड को 1955 की नीति पर पुनर्विचार करने का प्रस्ताव देकर कुछ नई आशंकाओं को जाग्रत कर दिया है। इसे देख लोग कह सकते हैं कि विदेशी प्रिंट मीडिया के आगमन का मामला सिर्फ अभी के लिए टला है।

जाहिर है कि मीडिया का क्षेत्र दाएवू कार निर्माण या मोबिल तेल निर्माण जैसा उपभोक्ता क्षेत्र नहीं है। मीडिया एक उद्योग भले हो लेकिन मीडिया में होने वाला निर्माण यानी खबर ठीक कार की तरह इच्छानुसार न आरामदेह होती है, न चलाई जा सकती है। एक उपभोक्ता वस्तु के रूप में भी खबर अन्य तमाम उपभोक्ता वस्तुओं से अलग किस्म की होती है। संभवतः इसी पहेली की वजह से समिति ने विदेशी प्रिंट मीडिया संबंधी प्रस्ताव को फिलहाल 'ना' कह दी। लेकिन यह शायद पूर्ण सत्य नहीं अर्ध-सत्य ही है। यदि यह पक्का पूर्ण सत्य होता तो

पुनर्विचार की सिफारिश न की जाती। यही चिंतनीय है।

एक उपभोक्ता वस्तु के रूप में 'खबर' अन्य उपभोक्ता वस्तुओं से कई मायने में अलग है। अन्य वस्तुएँ उपभोग के बाद देर-सबेर खर्च होती हैं, नष्ट होती हैं, खबर नष्ट नहीं होती बल्कि 'मल्टी प्लाई' करती है। उसे हर बार उसी तरह से पुनरुत्पादित किया जा सकता है। अन्य उपभोक्ता वस्तुएँ एक ही समय में सबके लिए एक ही नहीं होतीं, खबर एक सी होती है। अन्य वस्तुओं की पहुँच और प्रभाव प्रायः तत्काल नहीं होते जबकि खबर तत्काल तत्क्षण होती है। अन्य वस्तुएँ उपभोक्ता के ऐंद्रिक उपभोग के क्षेत्र की होती हैं लेकिन खबर मूलतः ऐंद्रिक से आगे मानसिक एवं अवचेतन और चेतन क्षेत्र पर प्रभाव डालती है। इसलिए अखबार को 'दाएवू कार' या अन्य किसी उपभोक्ता वस्तु से नहीं तोला जा सकता।

इसलिए विदेशी अखबारों के देशी अखबारों के साथ मिलकर अपने संस्करण निकालने के प्रस्तावों को ठीक दाएवू या मोबिल के प्रस्तावों की तरह नहीं ही देखा जा सकता है, न देखा जाना चाहिए।

खबर की प्रकृति चूँकि विशिष्ट है इसलिए सबसे पहले हमें खबर की विशिष्टता पर ही विचार करना चाहिए। खबर एक सांस्कृतिक कार्य भी है। वह मन का निर्माण करती है। मीडिया इज द 'मैसेज'। संदेश ही मीडिया है। मीडिया ही 'मैसेज' है। विदेशी मीडिया का अर्थ विदेशी 'मैसेज' है, देसी मीडिया का अर्थ देसी 'मैसेज' है। वे अपनी नज़र से जगत् को देखते-बनाते हैं। हमें अपनी नजर से जगत् को देखना-बनाना है। और इन दिनों तो हम दिन-रात देख रहे हैं कि विकसित देशों की संस्कृति से हमारे जैसे समाज पर सांस्कृतिक क्षेत्र में लगातार दबाव बढ़े हैं, बढ़ रहे हैं। समाज का एक विराट हिस्सा एक नए सांस्कृतिक एवं सूचना जगत् में लगभग खो सा गया है। जाहिर है कि अमेरिका-यूरोप हमें देखे-दिखाए उसके मुकाबले अभी हमें अमेरिका-यूरोप को 'देखना-दिखाना' है। 'देखने' और 'दिखाने' के क्षेत्र की यह लड़ाई इन दिनों काफी तेज है।

यदि तर्क ही दिया जाय तो कहा जा सकता है कि भारत में आज दुनिया का हर अखबार मिलता है। जिन कुछ लोगों को ये अखबार चाहिए वे उन्हें खरीद ही सकते हैं। तब उनका यहाँ आकर छपना क्यों जरूरी है ? लेकिन प्रतिरोधी तर्क देते हैं कि जब उपग्रह आ गए, उपग्रह टीवी चैनल आ गए तो भला प्रिंट मीडिया को रोकने की बेवकूफी क्यों ? इन प्रतिरोधियों के लिए एक तर्क तो हम अभी दे चुके हैं कि 'खबर' अन्य उत्पादों से भिन्न है। दूसरा तर्क यह है कि उपग्रह टीवी चैनल हमारे बावजूद आए हैं, यानी जबर्दस्ती आए हैं और उन्हें उस तकनीक द्वारा लाया गया है जिसे फिलहाल कोई भी देश इच्छा के होते हुए भी रोक नहीं सकता। वह एक उपग्रह तकनीक की विजय है जो धरती के राष्ट्रों की भौगोलिक सीमाएँ अपने लिए अनुल्लंघनीय नहीं मानती। जाहिर है कि इस तकनीकी क्रांति में चुनाव

की स्वतंत्रता नहीं है। 1990 के आसपास खाड़ी युद्ध के दौरान उपग्रह चैनलों के दुर्निवार प्रवेश ने इलेक्ट्रॉनिक मीडिया के क्षेत्र में भले ही अनिवार्यता प्राप्त कर ली हो, यह अनिवार्यता प्रिंट मीडिया को 'दुर्निवार' नहीं बनाती। जहाँ राष्ट्रीय हितों को बचाया जाना जरूरी है, बचाया जाएगा। उपग्रह चैनलों में भी 'अपलिंकिंग' सुविधा के लिए 'ना' की गई है। इसी तरह प्रिंट मीडिया के लिए भी 'ना' की गई है। विदेशी प्रिंट मीडिया के आगमन के पक्षधरों से यही निवेदन है कि इलेक्ट्रॉनिक क्षेत्र में जो स्थिति 'अपलिंकिंग' की है, वह प्रिंट मीडिया के क्षेत्र में इन प्रस्तावों की है जिनके तहत विदेशी अखबार यहाँ से छपना चाहते हैं। उपग्रह चैनल का होना एक मजबूरी है। वे विदेशों से बेरोक-टोक तरंगों पर सवार आते हैं। लेकिन उन्हें अपलिंकिंग सुविधा इसीलिए नहीं दी जाती कि ऐसा करना अनावश्यक है। यही तर्क विदेशी प्रिंट मीडिया के यहाँ आने पर लागू है।

इन सब तर्कों से आगे एक तर्क जातीयता और पत्रकारिता के अंतःसंबंध का है जो अपने समाज में आज भी जारी है। यह तर्क अंग्रेजी अखबारों से अधिक हिंदी तथा भारतीय भाषाओं के अखबारों में देखा जा सकता है। भारतीय पत्रकारिता का विकास साम्राज्यवाद विरोधी संघर्षों के दौरान ही नहीं, इसके उतार-चढ़ाव के साथ-साथ हुआ है। पत्रकारिता के पाठों में जातीय अभिमान की स्मृतियाँ अभी बहुत ताजा हैं। और अपने विकास-क्रम में हमारी जातीय भाषाओं की पत्रकारिता इन दिनों एक 'मुकाबले' की पत्रकारिता है। वह देश के अंग्रेजी अखबारों की पत्रकारिता से इन दिनों उन्नीस नहीं है और जबसे हिंदी भाषा राजनीति एवं राजसत्ता की बन रही है या जहाँ-जहाँ बनी है, वहाँ अंग्रेजी पत्रकारिता भी बहुत पिछड़ी नजर आती है। ऐसे में विदेशी अखबारों का यहाँ आना 'खबर देने' के अतिरिक्त उनके अन्य मनोरथों को ही बताता है।

यह एक जगजाहिर बात है कि दुनिया की सबसे बड़ी प्रेस एजेंसियाँ ए एफ पी, रायटर इत्यादि पर कुछ बहुराष्ट्रीय निगमों का इजारा है। ये निगम उपग्रह धंधे से लेकर युद्ध के सामान तक के निर्माता हैं। 'मल्टी नेशनल कार्पोरेशन एंड कंट्रोल ऑफ कल्चर' नामक अपने ग्रंथ में अर्मा मैतीलार ने विस्तार से बताया है कि किस तरह कोई दो दर्जन निगमों ने सूचना एवं मनोरंजन के विश्व उद्योग पर लगभग कब्जा कर रखा है।

कुछ दिन पहले की ही खबर है। हमारे रक्षा मंत्रालय ने उस प्रस्ताव पर आपत्ति उठाई है जिसमें सेना के दूर संचार कर्म को विदेशी उपग्रहों से जोड़ा जा सकता है। मंत्रालय का तर्क है कि ऐसे उपग्रहों से संबद्ध होने पर रक्षा मंत्रालय की सूचना की गोपनीयता नष्ट हो सकती है। और यह सच्चाई है कि आज उपग्रहों के संकेतों को विकसित राष्ट्र अपनी तकनीक से पकड़ सकते हैं, उनका अर्थ खोल सकते हैं। अमरीका का 'नासा' और वहाँ के सुपर कंप्यूटर ऐसे उपग्रहों के द्वारा प्रेषित संदेशों

को लगातार रिकार्ड कर सकते हैं। ऐसे में रक्षा मंत्रालय की चिंता स्वाभाविक ही है। प्रिंट मीडिया में विदेशी मीडिया को लेकर होनेवाली चिंता ऐसी ही है।

सब जानते हैं कि इस पूँजीवादी युग में असल पत्रकारिता तो वित्तीय यानी 'फाइनेंस' की पत्रकारिता है जहाँ से बाजार को बनाया-बिगाड़ा जाता है। और पहला प्रस्ताव भी इसी वित्तीय क्षेत्र से आया है। सर्वाधिक निर्णय तोड़-फोड़ भी इसी क्षेत्र में संभव है।

स्वायत्तता के नए संदर्भ

प्रधानमंत्री आएँगे तो राष्ट्रपति का नामित व्यक्ति तय होगा। तब चयन समिति आकार ग्रहण करेगी और फिर कहीं जाकर प्रसार भारती बोर्ड बनेगा ! इसलिए इंतजार कीजिए !

अगस्त के जिस दिन नये सूचना प्रसारण मंत्री एस. जयपाल रेड्डी ने भरी सभा में घोषणा की कि प्रसार भारती कानून 15 सितंबर से लागू होगा तो लगा एक नया इतिहास शुरू होने जा रहा है। फिर एक लंबी चुप्पी छाई रही। मंत्रीजी कभी किसी सेमिनार में जाते, कभी किसी प्रायोजित गोष्ठी में जाते और बोलते कि बनेगा, जरूर बनेगा। एक प्रसार भारती बोर्ड बनेगा। इतिहास बनेगा। मैं इतिहास में जाऊँगा। फिर वह भूल गए, लोगों को बताते कि प्रसार भारती का ढाँचा क्या है और उसमें कितने सदस्य होने हैं। फिर एक दिन 15 सितंबर भी आया। बीबीसी और 'आजतक' वाले ढूँढ़ने गए कि देखें, प्रसार भारती बना कि नहीं, बना तो कैसा बना और बनने के बाद वह किस हालचाल में है? जाने पर ज्ञात हुआ कि आकाशवाणी-दूरदर्शन के भवन के बीच एक कपड़े का बैनर हवा में फड़फड़ा रहा है जिस पर 'प्रसार भारती' लिखा है। फिर कुछ कर्मचारीगण खड़े हैं और लड्डू खा रहे हैं। बन गया ! बन गया !! वे मानो कह रहे हैं। लेकिन लाख ढूँढ़ने पर भी बोर्ड नहीं दिखा। फिर प्रधानमंत्रीजी विदेश चले गए।

'स्वायत्तता' को लेकर सबसे पहले 'आकाश भारती' रिपोर्ट बनी। यह जनता पार्टी की सरकार के दौरान बनी। इस रिपोर्ट में सर्वप्रथम 'स्वायत्तता' का स्वरूप स्पष्ट करने की कोशिश की गई थी। 'स्वायत्तता' की इस कामना के पीछे इन माध्यमों का इंदिरा गांधी द्वारा आपातकाल में घोर दुरुपयोग करना था। सत्ता दल द्वारा इन माध्यमों का अपने पक्ष में तथा 'विपक्ष' के विपक्ष में ऐसा उपयोग किया गया कि इन माध्यमों की विश्वसनीयता ही खत्म हो गई। आपातकाल से पहले भी ये माध्यम सरकारी ढंग से काम करते थे। आपातकाल ने इन माध्यमों को सरकारी भोंपू बना दिया। देशभर में तथा तमाम गैर-कांग्रेसी दलों में इसे लेकर तीव्र प्रक्रिया

हुई थी, 'आकाश भारती' इसी आक्रोश का नतीजा थी। जनता दल की सरकार के अचानक गिर जाने की वजह से 'आकाश भारती' अमल में ही नहीं आ सकी। 'स्वायत्तता' की अवधारणा, सिर्फ अवधारणा बनी रह गई।

फिर वी.पी. सिंह की सरकार में इसके आधार पर प्रसार भारती रिपोर्ट तैयार हुई। तैयार करने से पहले देश भर में सेमिनार-गोष्ठियाँ कराई गईं। एक सार्वजनिक बहस-सी छिड़ी। काफी मशक्कत के और दिक्कतों के बाद ही 'प्रसार भारती' अंतिम रूप में कानून बना। यह 1990 की बात है। लेकिन एक बार फिर सरकार गिर गई और कानून अमल में न आ सका।

बाद में अस्तित्व में आई कांग्रेसी सरकार ने उसे लागू करने में कोई दिलचस्पी नहीं दिखाई। लेकिन बोर्ड की तो छोड़िए, वह तीसरा नामित आदमी देश में नहीं मिला जो चयन समिति का सदस्य बनाया जा सके और इस तरह बोर्ड बनाने की कार्रवाई आगे बढ़ सके !

इतिहास इसी तरह बनता है। 1990 में प्रसार भारती पारित हो गया लेकिन 'उसे लागू करना है' की मात्र घोषणा को सात साल लग गए। इस गणित से बोर्ड बनने की प्रक्रिया में चार-छह महीने लग जाएँ तो स्वाभाविक ही कहा जाना चाहिए।

अब फिर मंत्री महोदय ने कहा है कि संसद के आगामी सत्र में प्रसार भारती के संदर्भ में सेन गुप्ता कमेटी की रिपोर्ट में दर्ज किए गए सुझावों के मद्देनजर कुछ संशोधन परम आवश्यक प्रतीत होते हैं।

कहते हैं कि जब प्रसार भारती कानून बन गया और पिछले कांग्रेसीराज में ठंडे बस्ते में पड़ा रहा तो उस दौरान उसे संशोधित करने के लिए कोई चार सौ से ज्यादा संशोधन-सुझाव आए थे। मुश्किल से डेढ़ दर्जन पृष्ठों के इस कानून में इतने सुझाव चौंकानेवाले हैं लेकिन ऐसा संभव है। फिर सेन गुप्ता कमेटी ने इन सबके मद्देनजर कुछ संशोधन प्रस्तावित किए। तभी कहा गया था कि पहले प्रसार भारती में संशोधन कर दिया जाय तब आगे लागू किया जाय।

इसके दो फायदे होते। एक तो यह कि प्रसार भारती कानून जिसे वी.पी. सिंह सरकार में सूचना प्रसारण मंत्री पी. उपेन्द्र ने तैयार कराया था, पारित कराया था और सात साल में जिसे लोग भूल गए थे, चर्चा करने, संशोधन करने से एक बार फिर लोग इस कानून के बारे में जानते, अपने सुझाव इत्यादि देते। दूसरे कि पिछले सात वर्षों में तकनीक तथा प्रबंधन की अवधारणाओं के क्षेत्र में आनेवाले परिवर्तनों के प्रकाश में दूरदर्शन प्रबंधन एवं प्रसारण को नए सिरे से समझा जाता और तदनुसार आवश्यक परिवर्तन किए जाते।

इन दिनों प्रसार भारती पर जैसी बातचीत चल रही है, उससे जाहिर होता है कि ज्यादातर चर्चाकार उन संदर्भों को भूल गए हैं जो प्रसार भारती के लिए जिम्मेदार थे और उन नए संदर्भों को भी भुलाकर चल रहे हैं जो इन दिनों बन रहे हैं।

यद्यपि 1990 के बाद के वर्ष अर्थव्यवस्था और तकनीक में तेजी से आ रहे और लाए जा रहे परिवर्तनों के वर्ष थे। अर्थव्यवस्था को उदार बनाया जा रहा था। बाजार को आजाद किया जा रहा था। भूमंडलीकरण का जोर बढ़ रहा था। उपग्रह टीवी चैनल बेरोकटोक तरंगें फेंक रहे थे और सूचना-तकनीक में कुछ बुनियादी किस्म के परिवर्तन हो रहे थे, जो आज भी जारी हैं और जिनकी छाप हमारे समाज के ऊपर तथा दूरदर्शन के भीतर सर्वत्र द्रष्टव्य है। नए वातावरण में दूरदर्शन बराबर विचलित हुआ है। भूमंडलीय स्पर्धा में दूरदर्शन ने अपने हार्डवेयर एवं सॉफ्टवेयर को बार-बार अपर्याप्त पाया है। यही नहीं, प्रबंधन के स्तर पर भी यह संकट बढ़ा है।

इसलिए यह जरूरी ही था (और है) कि प्रसार भारती को 'अपडेट' किया जाता। आज भी एजेंडा यही है। सिर्फ कानून का जैसे-तैसे अमल का कोई मानी नहीं होता।

प्रसार भारती की स्वायत्तता को देखने का एक संदर्भ एकदम समकालीन यानी आज का है। 1990 के आसपास स्वायत्तता की अवधारणा 1997 में हू-ब-हू स्वीकार नहीं की जा सकती। 55000 करोड़ रुपए की परिसंपत्तियोंवाले आकाशवाणी-दूरदर्शन के विराट संजाल में (रेडियो की बात छोड़ दें तो) इस वक्त 921 लघु पावर (दूरदर्शन) ट्रांसमीटर हैं और 19576 कर्मचारी काम करते हैं। अन्य आंकड़ों को छोड़ दें तो इतनी परिसंपत्तियों और इतने कर्मियोंवाला एवं आधी आबादी को दिखनेवाला यह माध्यम दुनिया का शायद सबसे बड़ा सूचना, मनोरंजन एवं जनसंचार संजाल है।

इस संदर्भ में इतनी टिप्पणी जरूरी है कि प्रसार भारती कानून का मौजूदा प्रारूप नए परिवर्तनों की पूरी शिनाख्त तो करता ही नहीं है। वह नई स्थिति में स्वायत्तता को एक पब्लिक सेक्टर अंडरटेकिंग की तरह सोचता है। दूरदर्शन डीटीसी या कोई अन्य पब्लिक सेक्टर की तरह की सेवा नहीं है बल्कि यह एक तकनीकी, आर्थिक एवं सांस्कृतिक प्रकार्य भी है। अन्य सेवाएँ जहाँ सेवा की खपत होते ही सेवा समाप्त हो जाती है, सूचना के क्षेत्र में सूचना सेवा खपत होते ही खत्म नहीं होती बल्कि 'मल्टीप्लाई' होती है। इसका असर समाज पर सीधा होता है।

ऐसे संस्थान को 'स्वायत्त' बनाने की अवधारणा पर एक बार फिर से नया विचार चाहिए, क्योंकि नई तकनीकी स्थितियों में यह अवधारणा बदल रही है।

[राष्ट्रीय सहारा, 4 अक्तूबर, 1997]

प्रसार भारती

प्रसार भारती निगम के नोटीफिकेशन के बाद प्रसार भारती को लेकर पैदा हुई उत्तेजना अब ठंडी पड़ चली है। यह मान लिया गया है कि 15 सितंबर के बाद जब प्रसार भारती साक्षात् रूप में अस्तित्व में आ जाएगा तो दूरदर्शन और रेडियो का कायाकल्प हो जाएगा। वे स्वायत्त हो जाएँगे और उनका काम बेहतर हो जाएगा। वे 15 सितंबर के बाद सरकारी भोंपू नहीं रहेंगे और जैसा कि मंत्री महोदय ने कहा, वे अन्य चैनलों के मुकाबले 'स्पर्धा' में होंगे और 'बराबरी के मैदान' में होंगे।

निश्चय ही 'प्रसार भारती' कानून जितना साहसिक कानून है, उसका यह नोटीफिकेशन उतना ही ऐतिहासिक महत्त्व का कदम माना जा सकता है। सात साल तक फ्रिज में पड़े कानून को वर्तमान सूचना एवं प्रसारण मंत्री द्वारा नोटीफाई करना स्वयं प्रमाण है कि यह कानून कितने महत्त्व का है और नए मंत्री एस. जयपाल रेड्डी ने निश्चित ही इसका नोटीफिकेशन करके एक बड़े साहस का परिचय दिया है। यदि 15 सितंबर तक घोषित तैयारी चलती रही और प्रसार भारती निगम अस्तित्व में आ गया, तब इस निर्णय की ऐतिहासिकता का पता चलेगा। हम उम्मीद कर सकते हैं कि 15 सितंबर के बाद आकाशवाणी और दूरदर्शन सरकारी सूचना एवं प्रसारण मंत्रालय के अधीन भोंपू मात्र नहीं रहेंगे और स्वतंत्र स्वायत्त संस्थान बन सकेंगे।

लेकिन, क्या वाकई ? क्या 15 सितंबर के बाद वह हो जाएगा, जो सोचा जा रहा है ? इस प्रश्न का उत्तर प्रसार भारती कानून में ही निहित है। ध्यान से देखें, तो प्रसार भारती कानून रेडियो-दूरदर्शन को बी.बी.सी. की तर्ज पर स्वायत्तता देने की बात कहता है। लेकिन, यह स्वायत्तता ठीक बी.बी.सी. जैसी नहीं होगी और यही वह पेंच है, जो इस कानून का जादू है, जो एक ओर स्वायत्तता का दावा करता है और साथ ही दूसरे रास्ते से स्वायत्तता में सरकार के हस्तक्षेप के रास्ते खुले रहने देता है। प्रमाण है इस कानून का चौथा अध्याय, जो 'प्रकीर्ण' शीर्षक से कहता है : 'केंद्रीय सरकार समय-समय पर निगम को, जब भी ऐसे अवसर आएँ ऐसे निर्देश

दे सकेगी, जो वह राज्य की सुरक्षा, संप्रभुता, एकता और अखंडता के हित में जरूरी समझे, जिनमें यह अपेक्षा की जाती हो कि वह निर्देशित विनिर्दिष्ट विषयों का प्रसारण न करे, या निर्देश में विनिर्देश लोक-महत्त्व के किसी विषय का प्रसारण करे।' (धारा 23/1) इस उपधारा के अलावा 'सरकार जहाँ आवश्यक समझे, वह निगम से सूचना प्राप्त कर सकती है' कहनेवाली धारा भी है (धारा 24)। इस धारा के अलावा धारा 25 में 'संसद को प्रतिवेदन देना' तथा 'बोर्ड के खिलाफ' कार्रवाईवाली धारा है।

अध्याय चार में 23/1 धारा और 24, 25 धाराओं को गड्डमड्ड न करें, तो यह तथ्य उजागर होगा कि कानून की व्यवस्था कुछ इस विधि की है कि 'सरकारी हस्तक्षेप' की व्यवस्था 'संसदीय हस्तक्षेप' जैसी नजर आए। 'सरकारी हस्तक्षेप' का अर्थ सत्ता में बैठे दल का हस्तक्षेप बने। संसदीय हस्तक्षेप का मतलब है सभी दलों के प्रति जवाबदेही। लेकिन 'प्रकीर्ण' अध्याय में इस हस्तक्षेप को रखकर उसके अर्थ में पानी मिलाने की कोशिश की गई है, ताकि 'हस्तक्षेप' की व्यवस्था बहुत साफ नजर न आए। यही वह पेंच है, जो प्रसार भारती निगम को पूरी तरह 'बी.बी.सी.' बनने से रोकता है। फिर भी इसका अर्थ यह नहीं लिया जाना चाहिए कि प्रसार भारती निगम जितनी स्वायत्तता की व्यवस्था करता है, वह नितांत व्यर्थ और बेकार है।

प्रसार भारती की व्यवस्थाओं को रेडियो एवं दूरदर्शन के मौजूदा सरकारी ढाँचे से मिलाकर देखें, तो वह निश्चय ही एक स्वायत्ततावादी कानून नजर आता है, जो भले ही पूर्ण स्वायत्तता नहीं देता, लेकिन अधिकतम स्वायत्तता की व्यवस्था अवश्य करता है। यही चीज सर्वाधिक उपयोगी और भली है, जिसके लिए मंत्री महोदय को साधुवाद दिया जा सकता है। पिछली कांग्रेस सरकार तो पूरे पाँच साल इस कानून को तकिया बना कर सोती ही रही थी। गुजराल सरकार की राजनीति इच्छा शक्ति की ऐसी स्पष्टता को सराहा जाना चाहिए कि उसके मंत्री ने इन माध्यमों को स्वायत्तता की ओर प्रेरित कर दिया है।

इससे पहले कि हम प्रसार भारती के गुण-दोष की अतिरिक्त चर्चा करें, हमें प्रसार भारती का सार संक्षेप समझना चाहिए। प्रसार भारती विधेयक जनता दल की पिछली वी.पी. सरकार के सूचना एवं प्रसारण मंत्री पी. उपेंद्र के प्रयत्नों की बदौलत तैयार हुआ। कोई दो बरस की तैयारी और राष्ट्रीय स्तर की बहसों के बाद उसे संसद में पेश किया गया था। 1990 में यह विधेयक पारित हुआ था। उसे अमल में लाने की घोषणा से पहले ही वी.पी. सरकार गिर गई थी। 1990 के बाद पाँच साल चली नरसिंह राव सरकार ने इस कानून को लागू करने में कोई भी दिलचस्पी नहीं ली। संसद में या बाहर जब-जब इसे लागू करने की माँग उठी, तब-तब मंत्री लोगों ने 'ना-नुकर' की, बहाने किए। कांग्रेसी मंत्री कहते रहे कि इस कानून को

यथारूप में लागू नहीं किया जा सकता, क्योंकि स्थितियाँ बदल गई हैं। कभी कहते रहे कि बहुत सारे संशोधन आ चुके हैं, इसलिए पहले इन संशोधनों के मद्देनजर इस कानून में संशोधन करने पड़ेंगे। इस तरह टालमटोल में पूरे पाँच साल गुजर गए।

इस बीच हुआ सिर्फ इतना कि उपग्रह टीवी आ चुका था। अनेक चैनल आ चुके थे। दूरदर्शन स्पर्धात्मक बाजार में खड़ा था। ये तमाम परिवर्तन दूरदर्शन को स्वायत्त करने के कारणों को खत्म नहीं करते थे, बल्कि और रेखांकित करते थे। प्रसार भारती मूलतः दूरदर्शन के प्रबंधन संबंधी कानून था, जबकि उपग्रह टीवी की चुनौती 'हार्डवेयर' की भी थी। बहाना यही रहा कि स्थिति बदल गई है, इसलिए कानून लागू नहीं किया जा सकता। कांग्रेस कभी नहीं चाहती थी कि दूरदर्शन जैसा माध्यम उसके नियंत्रण से दूर हो।

इस बीच पिचानबे में एक मामले में सुप्रीम कोर्ट ने ऐतिहासिक फैसला दिया, जिसमें आसमानी तरंगों पर 'एकाधिकार' को उसने अनुचित ठहराया और कहा कि सरकार 'आसमानी तरंगों' को आजाद करे, दूरदर्शन तथा रेडियो के इजारे और विशेषाधिकार को खत्म करे। पिछली कांग्रेस सरकार ने इसे लेकर एक कमेटी बनाई, लेकिन प्रसार भारती के बारे में कुछ नहीं सोचा। स्वयं देवेगौड़ा सरकार ने भी इस मामले में यथावश्यक तत्परता नहीं दिखाई। लेकिन, गुजराल सरकार के सूचना प्रसारण मंत्री ने इसे लेकर तत्परता अवश्य दिखाई और अब उसका नतीजा सामने आनेवाला है।

जैसा हम पहले कह चुके हैं, प्रसार भारती के बनने की प्रक्रिया से एक बहस छिड़ी थी और एक मरी-मरी-सी बहस इन दिनों यत्र-तत्र देखी जा सकती है। इन बहसों में सात साल पुराने कानून के प्रति अज्ञान बार-बार झलकता है। कुछ समझते हैं कि प्रसार भारती से रेडियो-दूरदर्शन एकदम आजाद हो जाएँगे, कुछ समझते हैं कि यह भी एक नाटक है। सच्चाई इन दोनों के बीच ही कहीं है। हर सूरत में यह एक प्रगतिशील कदम है।

प्रसार भारती कानून का मूल नाम 'प्रसार भारती' (भारतीय प्रसारण निगम) विधान, 1990 है, जो चार अध्यायों में पैंतीस धाराओं और उपधाराओं के जरिए रेडियो-दूरदर्शन को स्वायत्त निगम बनाने की व्यवस्था करता है। इस निगम का सर्वेसर्वा एक बोर्ड होगा। इस बोर्ड में पंद्रह सदस्य होंगे। इनमें एक अध्यक्ष, एक कार्यकारी सदस्य, एक वित्त सदस्य, एक कार्मिक सदस्य, छह अंशकालिक सदस्य, एक पदेन महानिदेशक (आकाशवाणी), एक पदेन महानिदेशक (दूरदर्शन), एक मंत्रालय का प्रतिनिधि तथा दो सदस्य कर्मचारियों के प्रतिनिधि होंगे। इसकी स्थापना की प्रक्रिया भी किसी हद तक स्वतंत्र कही जा सकती है। अध्यक्ष तथा अन्य सदस्यों की नियुक्ति राष्ट्रपति द्वारा की जाएगी। राष्ट्रपति को इस काम में मदद करनेवाली एक समिति होगी। इस समिति में राज्यसभा के सभापति, प्रेस परिषद के अध्यक्ष

तथा राष्ट्रपति के नामित एक प्रतिनिधि होंगे। समिति बोर्ड में आ सकनेवाले लोगों के नामों की सूची बनाएगी। बोर्ड के अध्यक्ष तथा अंशकालिक सदस्य प्रशासन, प्रसारण, कला, विज्ञान, संस्कृति, पत्रकारिता, जनसंचार क्षेत्रों की विशेषज्ञताएँ रखने वाले होंगे। इस बोर्ड का सर्वाधिक शक्तिशाली व्यक्ति कार्यकारी सदस्य होगा, जो तमाम कामों को अंजाम देनेवाला होगा।

बोर्ड को देश की सरकार या मंत्रालय के प्रति जिम्मेदार नहीं बनाया गया है। वह सीधे संसद के प्रति जिम्मेदार होगा और वर्ष में एक बार सीधे संसद को वार्षिक रिपोर्ट दिया करेगा। दूरदर्शन-रेडियो की वर्तमान स्थिति यह है कि सूचना एवं प्रसारण मंत्रालय का सचिव ही इन माध्यमों का मूलतः सर्वेसर्वा होता है, जिसकी मार्फत मंत्री सर्वेसर्वा होता है। स्पष्ट है कि इस तरह जो भी शासक दल होता है, वही दूरदर्शन-रेडियो का मालिक होता है। बोर्ड बनने के बाद बोर्ड मंत्रालय को रिपोर्ट करने की जगह संसद को रिपोर्ट करेगा। प्रसार भारती निगम इस तरह सीधे संसद के प्रति जवाबदेह होगा। इसका अर्थ यह हुआ कि वह सभी दलों और मूलतः जन प्रतिनिधियों के प्रति जवाबदेह होगा, किसी एक दल के प्रति जवाबदेह नहीं होगा।

प्रसार भारती की स्वायत्तता, दरअसल, उसकी जवाबदेही की व्यवस्था से ही तय होती है। प्रसार भारती में ऐसी दो स्थायी समितियों की व्यवस्था है, जो इसे दोहरा जवाबदेह बनाती हैं। जबकि इन दिनों दूरदर्शन-रेडियो सरकार के अलावा किसी के प्रति जवाबदेह नहीं हैं। जवाबदेही के लिए बननेवाली समितियों में एक है संसदीय समिति, जिसमें लोकसभा से 15 तथा राज्यसभा से 7 सदस्य होंगे, जो आनुपातिक प्रणाली से चुने जाएँगे। यह समिति 'दूरदर्शन-रेडियो' के कार्यों की दैनिक निगरानी करेगी। दूसरी समिति 'प्रसारण परिषद' होगी, जो ग्यारह सदस्यीय होगी, जिसे राष्ट्रपति नियुक्त करेगा। इसमें विभिन्न क्षेत्रों के विद्वान् होंगे तथा चार सांसद भी होंगे, जिन्हें लोकसभा-राज्यसभा के अध्यक्ष दो-दो की संख्या में नामित करेंगे। प्रसारण परिषद का काम इन माध्यमों के बारे में जनता की शिकायतों को देखना होगा तथा कार्यक्रमों के सुधार में सुझाव इत्यादि देना होगा।

कहने की जरूरत नहीं कि ये दोनों समितियाँ इन माध्यमों को अधिक जनोन्मुख बनाने की दिशा में सार्थक कदम कही जा सकती हैं। लेकिन प्रसार भारती की घोषणा के बाद संसदीय समिति की व्यवस्था पर कुछ लोगों ने प्रश्नचिह्न लगाए हैं। 1996 में प्रसार भारती कानून को आए हुए संशोधनों के संदर्भ में 'अपटूडेट' करने के लिए सुझाव देनेवाली सेनगुप्ता समिति ने यह पाया है कि प्रसार भारती के लिए संसदीय समिति की दरकार नहीं होनी चाहिए। क्योंकि बोर्ड हर तरह से संसद के प्रति सीधा जिम्मेदार बनाया गया है। जब वह संसद के बाहर नहीं जाएगा, तब बाईस सदस्योंवाली भारी-भरकम संसदीय समिति में बैठे विभिन्न दलों के सांसद दूरदर्शन की 'दैनिक निगरानी करेंगे' का एक अर्थ यह भी है कि वे उसके काम-काज

में दैनिक हस्तक्षेप के लिए दबाव बनाएँ। हम अनुभव से जानते हैं कि जब वर्तमान रूप में टेलीविजन और रेडियो में जगह पाने के लिए सभी दल लगातार स्पर्धा करते हैं, तो एक 'निगरानी' वाली समिति में पहुँचकर वे दूरदर्शन से क्या चाहेंगे ? सेनगुप्ता कमेटी का ही नहीं, जनसंचार प्रेक्षकों का मत है कि इस समिति की व्यवस्था ही इसलिए की गई है कि कार्यपालिका का अंकुश न सही, संसदीय दलों का तो हो। वैसे, जैसा कि हम शुरू में कह चुके हैं, अध्याय चार में सरकारी हस्तक्षेप का मौका तो बराबर दिया ही गया है। कहने की जरूरत नहीं कि संसदीय समिति एक फालतू बंधन की तरह है। जब निगम सीधे संसद को रिपोर्ट करने को जवाबदेह है, तब अलग से बाईस सांसदों को सिर पर बिठाने का औचित्य क्या है ? इस बंधन में निगम कितना स्वतंत्र निर्णय लेनेवाला हो सकेगा, इसमें संदेह है।

इसके मुकाबले प्रसारण परिषद को मजबूत किया जा सकता है। प्रसारण परिषद का कार्य जन शिकायतें सुनना, सुझाव देना है। कायदे से यही निगरानी समिति का भी कार्य कर सकती है। यहाँ भी चार सांसद मौजूद हैं, साथ ही विशेषज्ञ भी हैं। हमें लगता है कि संसदीय समिति एक अनावश्यक व्यवस्था है, जिसे हटाया जाना चाहिए, या जिसके अधिकारों को कम किया जाना चाहिए, उसे अधिक से अधिक 'निरीक्षण' का कार्य दिया जाना चाहिए।

यूँ तो प्रसार भारती जब से अमल में आएगा, तब से ही उसका असली अमली रूप साक्षात् होगा, लेकिन इतना तो कहा ही जा सकता है कि प्रसार भारती का लागू होना भारतीय जनसंचार के इतिहास में एक ऐतिहासिक एवं दूरगामी प्रभाव पैदा करनेवाला फैसला है। इस साहसिक फैसले के बाद ही भारत नए सूचना समाज की दिशा में आगे बढ़ता है। आजादी की पचासवीं वर्षगाँठ पर देश को दिया जाने वाला प्रसार भारती का यह तोहफा सिद्ध करता है कि देश में स्वायत्तता एवं स्वतंत्रता के मूल्य सर्वमान्य हो चले हैं और सूचना संस्कृति के क्षेत्र में सरकार पुराने ढंग के हस्तक्षेपों से बाज आना चाहती है।

प्रसार भारती की घोषणा होने और लागू होने के बीच जो पाँच-सात सप्ताहों का समय है, उसमें उसको अंतिम रूप दिया जाएगा। इस तैयारी में बहुत-सी समस्याएँ आएँगी, नई गुत्थियाँ आएँगी। मौजूदा ढाँचे में कार्यरत तीन-चार तरह के कैडर कहाँ जाएँ, सरकारी कर्मी होने के उनके विशेषाधिकार और निगम के कर्मी होने के कुछ कम विशेषाधिकार जब स्पष्ट होंगे, तो संभव है इन माध्यमों के कर्मियों में रोष बढ़े, आंदोलन हो। प्रसार भारती बनाने की प्रक्रिया में लगे लोगों को इन सबका ध्यान भी रखना पड़ेगा, तभी यह ऐतिहासिक फैसला, ऐतिहासिक बन सकेगा।

[नवज्योति, 13 अगस्त, 1997]

प्रसार भारती : स्वायत्तता की अवधारणा

सूचना एवं प्रसारण के क्षेत्र में पिछले दिनों हुई दो ताबड़तोड़ घटनाओं ने बहसों को जन्म न देकर महज एक जन-विरक्ति और भ्रम को पैदा किया है। पहले प्रसारण अधिकरण विधेयक और फिर प्रसार भारती को लागू करने के नोटीफिकेशन ने प्रसारण के परिदृश्य को इतना चंचल और गड्डमड्ड कर दिया है कि लोग अधिकरण और प्रसार भारती को या तो एक जैसा कार्य समझ रहे हैं या उन्हें दुहराव की तरह ले रहे हैं। लोग चकित हैं कि जब प्रसारण अधिकरण विधेयक पेश कर दिया गया तो प्रसार भारती की तुक क्या है ? इस घपले का कारण अधिकरण विधेयक का बेडौल होना है, जो ऐसी व्यवस्थाएँ पेश करता है कि लोग प्रसार भारती को उसमें शामिल करें।

यों प्रसार भारती को लागू करने की घोषणा वस्तुतः एक ऐतिहासिक घोषणा है क्योंकि प्रसार भारती सात वर्ष पहले ही कानून बनाया था और तबसे ठंडे बस्ते में पड़ा था जबकि उसे लागू करने के लिए सिर्फ एक नोटीफिकेशन की जरूरत थी। पाँच साल के लगभग चली कांग्रेस सरकार ने उसे लागू करने में हर बार बहाना किया जबकि वर्तमान सूचना प्रसारण मंत्री एस. जयपाल रेड्डी की घोषणा से स्पष्ट है कि उसे घोषित करने के लिए सिर्फ राजनीतिक इच्छा शक्ति चाहिए थी।

यहाँ हम प्रसारण अधिकरण और प्रसार भारती के बीच थोड़ा स्पष्ट पार्थक्य कर लें। प्रसारण अधिकरण मूलतः एक अधिकरण है, जो प्रसारण के क्षेत्र में सक्रिय टीवी चैनलों को लाइसेंस दिया करेगा, उसकी फीस वसूला करेगा। टीवी प्रसारण के 38 वर्ष बाद भी देश में कोई ऐसी केंद्रीय नियमनकारी संस्था नहीं है जो टीवी या रेडियो प्रसारण के लिए सुनिश्चित नियम बनाए और उनका अनुपालन देखे। रेडियो तथा दूरदर्शन चूँकि सूचना एवं प्रसारण मंत्रालय के अंग की तरह ही रहे, सरकारों तथा जनता ने सहज ही इस स्थिति को मान लिया, माध्यमों के सरकारी होने के बाद किसी स्वतंत्र नियमन की आवश्यकता ही नहीं है। सरकार खुद एक नियम है, इसलिए भारत उन दुर्लभ देशों में से एक रहा, जहाँ सूचना एवं प्रसारण

का कारोबार तो होता था, लेकिन उस क्षेत्र के कोई नियम नहीं थे। प्रसारण अधिकरण मूलतः इस क्षेत्र में एक नियमनकारी संस्था बनाने का प्रयत्न है। यह प्रयत्न भी तब शुरू किया गया जब बहुत सारे उपग्रह-प्रसारक मैदान में आ गए और विवाद बढ़ने लगे। यदि 1995 में एक विवाद में सुप्रीमकोर्ट 'वायु तरंगों' को आजाद करनेवाला ऐतिहासिक फैसला न देता तो शायद यह अधिकरण विधेयक भी नहीं आता। यह विधेयक अभी कानून बनना है। उसका काम है विभिन्न चैनलों को लाइसेंस देना, लाइसेंस देकर नियमित करना, प्रसारण की नई तकनीकों की इजाजत देना या न देना, देश के भीतर से निजी क्षेत्र के जरिए अपलिंक प्रसारण कराना या न कराना, मीडिया स्वामित्व का नियमन करना इत्यादि इसमें देशी-विदेशी स्वामित्व का प्रश्न भी शामिल है।

विधेयक में एक घपला है, जिससे भ्रम पैदा होता है। विधेयक में एक जगह ऐसी व्यवस्था है जो—'जन प्रसारण सेवा' (पब्लिक ब्रॉडकास्टिंग सर्विस) को लाइसेंस लेने की बाध्यता से मुक्त करती है। आशय यह निकलता है कि चूँकि दूरदर्शन, रेडियो, 'जन प्रसारण सेवा' करते हैं, यानी वे इसी रूप में जाने जाते हैं, इसलिए वे इस अधिकरण के दायरे से बाहर रहेंगे। यों अधिकरण पर विचार करने को बैठी शरद पवार कमेटी इस पर भी विचार करेगी, यह व्यवस्था रहे न रहे, लेकिन यह व्यवस्था दूरदर्शन तथा रेडियो को प्रसारण के क्षेत्र में अन्य चैनलों के मुकाबले एक खास दर्जा और रियायत देती है, यह बात थोड़ा बाद में समझ में आई। पहले प्रसारण अधिकरण विधेयक पेश कर दिया, बाद में ज्ञात हुआ कि यह विधेयक का काम था ही नहीं कि किसी को विशेष माने और लाइसेंस से मुक्त रखे।

कहनेवाले कहते हैं कि यही नहीं प्रायः सुस्त और कभी-कभी चुस्त मंत्रालय की समझ में आया कि अधिकरण बने, इससे पहले प्रसार भारती होना चाहिए। दूरदर्शन को स्पर्धात्मक बनाना है तो सरकारी चंगुल से मुक्त करना होगा। सो घोषणा हो गई। अब स्थिति यह है कि प्रसार भारती पहले बनेगा, प्रसारण अधिकरण विधेयक बाद में आता रहेगा, लेकिन इस हड़बड़ी में यह भुला दिया गया कि प्रसार भारती के बाद भारत में 'जन प्रसारण सेवा' का क्या बनेगा ? वे मंत्रालय को बंद देखना चाहते हैं।

प्रसार भारती के लागू होने के कुछ परिणाम तो स्पष्ट ही हैं। सबसे पहले तो 'जन प्रसारण सेवा' नामक उपक्रम समाप्त हो जाएगा। अब तक दूरदर्शन तथा रेडियो 'पब्लिक ब्रॉडकास्टिंग सर्विस' कहलाते थे यानी—'जन प्रसारण सेवा' स्वायत्त हो जाने के बाद, व्यावसायिक होने के बाद वे इस श्रेणी में कैसे रहेंगे, यह एक विचारणीय मुद्दा है। क्या प्रसार भारती के बाद देश में जन प्रसारण सेवा की अवधारणा रहेगी भी कि नहीं। जन प्रसारण सेवा मूलतः ऐसी सेवा है जो लगभग 'मुफ्त' होती है, जो जनहित में होती है। प्रश्न यह भी उठता है कि क्या अब जन

प्रसारण का काम सरकार न करके एनजीओ के द्वारा कराएगी ? प्रसारण अधिकरण विधेयक ऐसे संकेत देता है। इसी के साथ हमारा मुद्दा जुड़ा है और जो कभी भी विस्फोटक रूप ले सकता है। यह मुद्दा है रेडियो-दूरदर्शन के कर्मियों की मौजूदा सेवा-शर्तों और प्रसार भारती के बाद की सेवा-शर्तों का। प्रसार भारती यूँ तो कहता है कि इन माध्यमों के कर्मी स्वयं अपनी सेवाएँ 'वरण' करेंगे। वे चाहेंगे तो रेडियो-दूरदर्शन में अनेक हक-हकूक बरकरार रखे जाएँगे। कर्मियों की वरीयता भी यथावत् रहेगी, लेकिन यहाँ एक परेशानी है। दूरदर्शन-रेडियो में दो-तीन तरह के कैडर काम करते हैं। एक वे हैं, जो दूरदर्शन-रेडियो में सीधे नियुक्त हुए। दूसरे वे हैं जो भारत सूचना सेवा यानी केंद्र सरकार द्वारा भेजे गए अफसर लोग हैं और तीसरे वे हैं, जो आईएएस श्रेणी के होते हैं। यद्यपि यह श्रेणी अब ज्यादा नहीं दिखती। स्वायत्त प्रसार भारती बन जाने के बाद ये लोग कहाँ जाएँगे, यह स्पष्ट नहीं है। यही नहीं प्रसार भारती में जैसा कि हम आगे देखेंगे, दूरदर्शन-रेडियोकर्मियों द्वारा अपने प्रतिनिधि चुने जाने की व्यवस्था तो है, लेकिन कर्मियों के संघ और उनके जनतांत्रिक अधिकारों का कहीं भी उल्लेख नहीं है। अब तक दूरदर्शन-रेडियो के कर्मी सरकारी कर्मी तथा केंद्र सरकार में विशेषाधिकार प्राप्त कर्मी कहलाते हैं। निगम के अधीन होने के बाद उनका रुतबा घटेगा। इस पर कर्मी क्या सोचते हैं यह स्पष्ट नहीं है। प्रसार भारती में इससे भी ज्यादा कुछ ऐसा है, जो चिंतनीय है और जो सोचने को विवश करता है कि क्या प्रसार भारती वाकई दूरदर्शन-रेडियो को स्वायत्त बनाएगा या कि वह एक हाथ से स्वायत्तता देकर दूसरे कई तरीकों से स्वायत्तता का हरण करने के रास्ते को बनाए रखेगा।

प्रसार भारती की ऐतिहासिक घोषणा के हो-हल्ले में यह बात दब-सी गई है कि 15 सदस्यीय प्रसार भारती बोर्ड की असल ताकत कार्यकारी सचिव के हाथ में होगी। यह कार्यकारी सचिव तमाम कामों को अंजाम देगा। इसके साथ ही दो समितियाँ होंगी, जिनमें से एक संसदीय समिति होगी दूसरी प्रसारण परिषद होगी। प्रसारण परिषद का मुख्य कार्य जनता की प्रसारण संबंधित शिकायतों को निपटाना होगा, जबकि संसदीय समिति इन माध्यमों के 'दैनिक कामकाज की निगरानी' करेगी। ये पहलू बेहद महत्त्वपूर्ण हैं क्योंकि स्वायत्तता का दैनिक आचरण इन्हीं के जरिए संभव होगा और यहीं से स्वायत्तता को खतरा आता है। इनमें सबसे ज्यादा ध्यान खींचनेवाली बात एक भारी-भरकम संसदीय समिति है, जिसमें कुल 22 सांसद होंगे। कहते हैं कि वे सांसद अनुपातिक प्रतिनिधित्व प्रणाली से चुने जाएँगे। ये एक संसदीय समिति बनाएँगे, जो दूरदर्शन-रेडियो के कामकाज की निगरानी करेगी। कहने की जरूरत नहीं है कि यह समिति ही प्रसार भारती निगम की स्वायत्तता के लिए खतरा होगी। कामकाज देखने के नाम पर वे अपने-अपने दल के हित में 'बोर्ड' पर लगातार दबाव बना सकते हैं। जब इन दिनों में एकाध सांसद ही समूचे नेटवर्क

पर कभी-कभी भारी पड़ जाया करता है तो 22 सांसद क्या न करेंगे ? कहनेवाले कहते हैं कि अब तक दूरदर्शन-रेडियो का एक खसम होता था, जो मंत्रालय का मंत्री होता था, अब उनके 22 खसम होंगे और वह सबको संतुष्ट नहीं रख सकेंगे। 1996 में बनी सेन गुप्ता कमेटी ने प्रसार भारती को 'अपडेट' करते हुए स्वयं संसदीय समिति के औचित्य पर प्रश्नचिह्न लगाया था। प्रश्नचिह्न आज भी बरकरार है। संसदीय समिति का होना स्वायत्तता की पगबाधा का होना है।

लेकिन मामला इतने पर भी नहीं रुकता है। प्रसार भारती के अध्याय चार में स्पष्ट लिख दिया गया है कि सरकार चाहे तो दूरदर्शन-रेडियो को समय-समय पर 'आदेश' दे सकती है। आदेश देश की अखंडता, एकता, संप्रभुता के संदर्भ में ही हो सकते हैं, लेकिन हम सब जानते हैं कि देश की सुरक्षा की मनमानी व्याख्या करके कभी भी, कुछ भी आदेश जारी किया जा सकता है। हमारे सत्ताधीश और सत्ता दल ऐसी व्याख्याओं में माहिर रहे हैं। यों मंत्री महोदय की यह प्रसार भारती की घोषणा वस्तुतः ऐतिहासिक है, लेकिन इन पगबाधाओं के रहते हुए प्रसार भारती एक अपाहिज स्वायत्तता ही पैदा कर सकता है, रचनात्मक, स्वस्थ, ऊर्जावान स्वायत्तता वहाँ अभी संभव नहीं दिखती। यों मंत्री महोदय नए संशोधनों के लिए खुले मन से तैयार हैं और उन पर पूरा भरोसा किया जा सकता है, लेकिन क्या वे स्वायत्तता को वहाँ तक दे सकेंगे, जहाँ वह बीबीसी जैसी स्वायत्तता वाकई बन जाय और दूरदर्शन-रेडियो जैसे सशक्त माध्यम निर्बाध किंतु जिम्मेदार ढंग से काम कर सकें। 15 सितंबर के बाद के प्रयोग इस दृष्टि से चुनौतीपूर्ण, उत्तेजक होंगे और ऐतिहासिक होंगे।

[जेवीजी टाइम्स, 17 अगस्त, 1997]

प्रसार भारती : संरचना एवं समस्याएँ

जिन दिनों प्रसार भारती बन रहा था, उन दिनों 'स्वायत्तता' की अवधारणा क्रांतिकारी प्रतीत होती थी। अब जब वह लागू हो रहा है, तो वह अवधारणा एक घिसी हुई और बासी अवधारणा लगती है। यह सात साल के वातावरण का फर्क है। प्रसार भारती अपने मौजूदा स्वरूप में इस तथ्य की पहचान नहीं करता कि जमाना तेजी से बदला है और कि वह पुराना पड़ चुका है और कहीं-कहीं असंगत भी।

प्रसार भारती एक विशेष स्थिति की प्रतिक्रिया में संभव हुआ। बहुत दूर तक उसके विचार का आरंभ गैर-कांग्रेसी राजनीति द्वारा किए जाते संरचनात्मक परिवर्तनों की इच्छा में देखा जा सकता है। कहने का अर्थ यह कि प्रसार भारती भले ही आपातकाल के दस-ग्यारह साल बाद बना हो, रेडियो एवं दूरदर्शन की स्वायत्तता का विचार आपातकाल के अनुभवों की तीखी प्रतिक्रियास्वरूप अस्तित्व में आया, जिसकी एक परिणति हम आज के प्रसार भारती में देखते हैं। प्रसार भारती पर कोई विचार-विमर्श बिना उसके इस संदर्भ के नहीं किया जा सकता, यद्यपि इन दिनों प्रसार भारती को ले कर सरकारी-गैरसरकारी किस्म की अ-विश्लेष्य खुशी में इस संदर्भ को भुला कर ही बात की जा रही है।

हम प्रसार भारती के इतिहास में जाएँ तो ज्ञात होगा कि प्रसार भारती से पहले आपातकाल के फौरन बाद इन माध्यमों की स्वायत्तता के लिए गहन विचार शुरू हुए थे और बी.जी. वर्गीज की अध्यक्षता में 'आकाश भारती' नामक रिपोर्ट भी तैयार हुई थी। लोग भूल गए हैं, लेकिन यह सच है कि मौजूदा प्रसार भारती आकाश भारती के विचार के बिना अस्तित्व में नहीं आता और यह तथ्य भी सिर्फ संयोग भर नहीं है कि आकाश भारती रिपोर्ट भी गैर-कांग्रेसी सरकार के वक्त बनी और अब प्रसार भारती गैर-कांग्रेसी सरकार के वक्त में ही लागू हो रहा है। याद करें कि आकाश भारती रिपोर्ट पहली जनता दलीय सरकार में आई तथा प्रसार भारती वी.पी. सिंह की सत्ता के दौरान बना और अब गुजराल सरकार के दौरान लागू हो रहा है। प्रसार भारती को ले कर होती समकालीन चर्चा में प्रसार भारती

के इस राजनीतिक संदर्भ को विस्मृत कर दिया जाता है। उसमें लाए जानेवाले संशोधनों पर जब भी चर्चा होती है, तकनीकी ढंग की चर्चा होती है। प्रसार भारती जनसंचार संबंधी कानून होने के बावजूद एक ठोस राजनीति दस्तावेज भी है, इसका प्रमाण उस राजनीतिक इच्छाहीनता में पढ़ा जा सकता है जो प्रसार भारती का कानून बनने के बाद देखने में आई। यों प्रसार भारती को कानून बनने की प्रक्रिया में काफी देर—लगभग एक साल लगा, क्योंकि तब सर्वाधिक आपत्तियाँ, अड़चनें और संशोधन विपक्ष में बैठे कांग्रेसी नेताओं की ओर से आए। ऐसे भी मौके रहे जब लगा कि कांग्रेस इसे नहीं बनने देगी, लेकिन सूचना एवं प्रसारण मंत्री पी. उपेंद्र की अथक कोशिशों के फलस्वरूप अंततः यह बना। प्रसार भारती के बनने के बाद ही वी.पी. सरकार गिर गई और विकल्प में कांग्रेस की राव सरकार आई। राव सरकार पाँच साल तक इस कानून पर बैठी रही। इन पाँच सालों में इसमें प्रसार भारती को लागू करने की जरूरी इच्छा शक्ति नहीं देखी गई। यह प्रसार भारती का नई स्थितियों में राजनीतिक रूप से 'बेठीक' होना ही था, जो कांग्रेस को उसे लागू करने से रोकता था। अजित पांजा से ले कर गिरिजा व्यास और के. पी. सिंह देव तक सब प्रसार भारती पर चुप्पी साधे रहे और बोले तो हर बार यही कि प्रसार भारती में संशोधन होने हैं, कि हमें बहुत सारे संशोधन मिले हैं इत्यादि।

दिलचस्प तथ्य यह है कि राव सरकार का वक्त ही वह चुनौती भरा वक्त रहा, जब रेडियो तथा दूरदर्शन पर उपग्रह चैनलों का दबाव बढ़ा। यही वह वक्त है जब जनसंचार माध्यमों की रीति-नीति और वातावरण बदले। उदारीकरण और खुले बाजार की नीतियों ने इन माध्यमों को अचानक अलग-थलग डाल दिया और भूमंडलीकरण की अनिवार्यता ने इन माध्यमों को विश्व स्पर्धा के लिए मजबूर कर दिया। यही वह वक्त है, जब अघोषित ढंग से इन माध्यमों की प्राथमिकताएँ एवं संकल्प बदले। इन्हीं वर्षों में वे विकास मित्र होने की जगह बाजार मित्र बने और बनाए गए। इस नए वातावरण ने 'स्वायत्तता' की इस अवधारणा को न केवल हाशिए पर फेंक दिया, बल्कि कहीं-कहीं व्यर्थ भी कर दिया।

उपग्रह तकनीक ने क्षैतिजीय प्रसारण की तकनीक को चुनौती दी। उपग्रह चैनलों ने डाउनलिंक कर सॉफ्टवेयर के हर क्षेत्र में चुनौती पेश की और फिर बाद में अपलिंक के मसले को खोल दिया। एक शब्द कहें तो हमारे माध्यम अचानक उपग्रह-युद्ध की चपेट में ले आए गए। खाड़ी युद्ध के बाद से अब तक उपग्रह चैनलों के बेरोकटोक प्रसारण से लेकर अपलिंकिंग की तथा डीटीएच की माँग के नए-नए दबाव बताते हैं कि 1990 में स्थापित स्वायत्तता का मुद्दा 1997 में न सिर्फ पुराना लगता है, बल्कि एकदम नाकाफी मुद्दा है। स्पष्टतः मामला स्वायत्तता से बहुत आगे निकल गया है। स्वायत्तता इन दिनों एक न्यूनतम स्थिति भर है—अधिकतम वह नहीं ही है। इसलिए असल मसला नई तकनीकी स्थितियों में इन संचार माध्यमों की नई

भूमिका को तलाशने का है और उनकी प्राथमिकताएँ तय करने का है। विकास और बाजार में नया संतुलन स्थापित करने का है। यह काम सिर्फ प्रसार भारती के भरोसे नहीं छोड़ा जा सकता, बल्कि एक नई राष्ट्रीय बहस ही कोई रास्ता दिखा सकती है। सच, प्रसार भारती को एक बार फिर से लिखने की जरूरत है। इसके ठोस कारण हैं।

अगस्त 1997 के अंतिम सप्ताह में सूचना प्रसारण मंत्री एस. जयपाल रेड्डी ने जब 15 सितंबर से प्रसार भारती कानून लागू करने की घोषणा की, तो उन्होंने यह भी कहा कि संशोधनों के इंतजार में कानून का लागू होना, इंतजार क्यों करे। जाहिर था कि उन्होंने एक राजनैतिक गलती को ठीक करने की कोशिश की। जाहिर है कि यहाँ भी एक तरह की राजनीतिक स्पर्धा पढ़ी जा सकती है। यदि स्पर्धा से अधिक गहरा निर्णय यह होता तो घोषणा के महीने भर बाद तक प्रसार भारती की प्राथमिक कमेटी की संरचना का इंतजार देश न करता होता। घोषणा के बाद लगातार अनिर्णय की स्थिति एक हास्यास्पद शून्य पैदा करती है।

बहरहाल, निर्णयों और घोषणाओं की लेटलतीफ अमलदारी पर हँसने से ज्यादा जरूरी है कि हम प्रसार भारती की संरचना की चर्चा करें और उसमें दिनोंदिन बढ़ती समस्याओं पर नजर डालें। प्रसार भारती अपनी ऐतिहासिकता के बावजूद अचानक किस कदर समस्यात्मक हो उठा है, इसका नजारा 15 सितंबर को देश भर के समक्ष स्पष्ट हुआ जब बी.बी.सी. और 'आज तक' के कैमरामैनों ने प्रसार भारती को खोजना चाहा तो दूरदर्शन परिसर में सिर्फ एक कपड़े का मामूली-सा बैनर हवा में फड़फड़ा रहा था। उधर कुछेक कर्मचारीगण आपस में 'लड्डू' खा रहे थे। प्रसंगवश यह भी कह दें कि प्रसार भारती की घोषणा के बाद रेडियो-दूरदर्शन के गलियारों में एवं मंत्रालय के दफ्तरों में सिर्फ स्थानांतरण की राजनीति होती देखी गई। प्रसार भारती की घोषणा के बाद खुर्राट लोगों ने सिर्फ इतना भाँपा कि उन्हें आनेवाले निगम में ट्रांसफर ले लेना चाहिए, क्योंकि अगली मलाई वहीं बनेगी। इस व्यवहार से स्पष्ट है कि यदि प्रसार भारती बना तो नौकरशाही ढाँचा वैसा ही रहना है जो इन दिनों है। स्पष्ट ही, सिर्फ प्रसार भारती के यों ही बना दिए जाने से कुछ नहीं होने जा रहा। स्वयं प्रसार भारती उन सुरंगों को बरकरार रहने देता है जो सुरंगें उसकी संरचना में मौजूद हैं।

प्रसार भारती की संरचना का संक्षिप्त ब्यौरा इस प्रकार रखा जा सकता है। प्रसार भारती मूलतः 'भारतीय प्रसारण निगम' होगा। निगम के कार्यकलाप एवं प्रबंधन का कार्य एक बोर्ड करेगा, जिसमें निम्न 15 सदस्य होंगे :

(क) अध्यक्ष (एक)
(ख) कार्यकारी सदस्य (एक)
(ग) सदस्य, वित्त (एक)
(घ) सदस्य, कार्मिक (एक)

(ङ) सदस्य, अंशकालिक (छह)
(च) महानिदेशक-आकाशवाणी (पदेन) (एक)
(छ) महानिदेशक-दूरदर्शन (पदेन) (एक)
(ज) सूचना एवं प्रसारण मंत्रालय द्वारा नामित मंत्रालय का प्रतिनिधि (एक)
(झ) निगम के कर्मचारियों के प्रतिनिधि, जिनमें से एक इंजीनियरिंग विभाग के बीच से तथा दूसरा शेष कर्मचारियों के बीच से होगा।

15 सदस्यीय इस बोर्ड का गठन एक चयन समिति करेगी, जिसमें निम्नलिखित सदस्य होंगे :

(क) राज्य सभा का सभापति
(ख) भारतीय प्रेस परिषद का अध्यक्ष तथा
(ग) राष्ट्रपति द्वारा नामित व्यक्ति

अध्यक्ष तथा छह सदस्य अंशकालिक होंगे। कार्यकारी सदस्य निगम का मुख्य अधिकारी होगा और अध्यक्ष के पर्यवेक्षण एवं नियंत्रण के अधीन रहते हुए बोर्ड की शक्तियों का प्रयोग करेगा। पूर्णकालिक सदस्य वेतन-भत्ते के पदाधिकारी होंगे। अध्यक्ष एवं समस्त अंशकालिक सदस्य सार्वजनिक जीवन में ख्यातिवाले होंगे। कार्यकारी सदस्य ऐसा व्यक्ति होगा, जिसके पास प्रशासन, प्रबंध, प्रसारण, शिक्षा, साहित्य, संस्कृति, कला, संगीत, नाट्य शास्त्र, पत्रकारिता जैसे विषयों में विशेष ज्ञान या व्यावहारिक अनुभव हो। बोर्ड के नियमित अधिवेशन होंगे, जो वर्ष में कम-से-कम छह होंगे। बोर्ड में उठनेवाले प्रश्नों पर फैसले बहुमत से लिए जा सकेंगे और मत बराबरी की स्थिति में अध्यक्षता करनेवाले सदस्य को निर्णायक (द्वितीय) मत देने का अधिकार होगा।

विद्यमान कर्मचारियों की सेवाओं का निगम को अंतरण होगा। किंतु ऐसा करने में कर्मचारी द्वारा अपनी प्राथमिकता तय करने की छूट होगी। जो कर्मचारी निगम बनने से पूर्व निगम में कर्मचारी न बनने का निर्णय लेना चाहेंगे, वे वैसा करने को स्वतंत्र होंगे। भारतीय सूचना सेवा, केंद्रीय सचिवालय सेवा या बाहरी काडरों के संदर्भ में भी यही नियम लागू होगा।

निगम निम्नलिखित उद्देश्यों से संचालित होगा :

(क) देश की एकता और अखंडता तथा संविधान में शामिल लोकतंत्रात्मक मूल्यों को अक्षुण्ण रखना,
(ख) सार्वजनिक हित के सभी विषयों की सत्य, स्वतंत्र तथा निष्पक्ष जानकारी उचित तथा संतुलित रूप में देना तथा परस्पर विरोधी विचारों को अपनी राय या समर्थन दिए बिना प्रस्तुत करना,
(ग) शिक्षा और साक्षरता का प्रसार करना,
(घ) देश की विभिन्न क्षेत्रों की विभिन्न संस्कृतियों एवं भाषाओं के पर्याप्त

समाचार देना,

(ङ) क्रीड़ा एवं खेल-कूद के समाचार देना, ताकि अच्छी स्पर्धा पनपे,

(च) महिलाओं की स्थिति एवं समस्याओं के संबंध में जानकारी देना,

(छ) युवकों की जरूरतों पर ध्यान देना,

(ज) सामाजिक न्याय को प्रोत्साहन देना, शोषण, असमानता एवं छुआछूत जैसी बुराइयों का प्रतिरोध करना,

(झ) श्रमजीवी वर्ग के अधिकारों की रक्षा करना, (इत्यादि कुल सोलह बिंदु)

निगम की दैनिक निगरानी करनेवाली एक संसदीय समिति होगी, जिसमें लोक सभा के 15 तथा राज्यसभा के 7 चुने हुए सदस्य होंगे, जो आनुपातिक प्रणाली से चुने जाएँगे। ये निगम के विभिन्न लक्ष्यों और उद्देश्यों के अनुपालन की निगरानी करेंगे।

एक प्रसारण परिषद होगी, जो जनता की शिकायतें सुनेगी। वह प्रसारण के अन्यायपूर्ण होने की शिकायतों, प्रसारण द्वारा किसी को एकांतता, अवांछित अतिक्रमण या तोड़-मरोड़ संबंधी शिकायतों पर ध्यान देगी। परिषद की समीक्षा के संदर्भ में बोर्ड को लिखित में उसे कारण बताने होंगे। प्रसारण परिषद का अध्यक्ष पूर्णकालिक होगा। यह 15 सदस्यीय संस्था होगी, जिसमें एक अध्यक्ष तथा दस सदस्य होंगे जो विभिन्न क्षेत्रों के विद्वान् होंगे। अध्यक्ष तथा इन सदस्यों को राष्ट्रपति नामित करेगा। साथ ही परिषद में चार सांसद होंगे, जिनमें दो लोकसभा के स्पीकर तथा दो राज्यसभा के सभापति नामित करेंगे।

केंद्रीय सरकार समय-समय पर निगम को कानून-व्यवस्था की सुरक्षा संप्रभुता, एकता और अखंडता के हित में ऐसे निर्देश दे सकेगी जिसमें यह अपेक्षा की जा सकेगी कि निर्दिष्ट विषय का प्रसारण न किया जाय। ऐसे निर्देश के अनुपालन की एतद् संदर्भ में घोषणा की जा सकेगी और ऐसे हर निर्देश की प्रति संसद के प्रत्येक सदन में रखी जा सकेगी। सरकार जहाँ आवश्यक समझे, निगम से सूचना प्राप्त कर सकेगी। इस तरह 33 धाराओं में फैले प्रसार भारती कानून (1990) की व्यवस्थाएँ बताती हैं कि निगम के बनते ही ये माध्यम बहुत हद तक स्वायत्त हो सकेंगे। मंत्रालय पर उनकी सीधी निर्भरता समाप्त हो सकेगी और संसद के प्रति जवाबदेही बढ़ जाएगी।

बहुत से लोग समझते हैं और मंत्री महोदय ने माना है कि इस कानून के तहत रेडियो-दूरदर्शन बी.बी.सी. जैसे बन जाएँगे। लेकिन बी.बी.सी. की व्यवस्था में और प्रसार भारती की व्यवस्थाओं में कई बड़े फर्क मौजूद हैं। मसलन बी.बी.सी. की व्यवस्था और उसके बोर्ड की नियुक्ति इंग्लैंड की संसद करती है। दूसरे, संसदीय समिति वहाँ भी है, लेकिन मुख्य ताकत प्रसारण परिषद में निहित है और उसके अधिकार व्यापक हैं। तीसरे, सूचना प्राप्त करने का अधिकार तथा निर्देश देने के

अधिकार की ठीक वैसी व्यवस्था नहीं है, जैसी प्रसार भारती में है। प्रसार भारती की बी.बी.सी. से तुलना करने पर स्पष्ट होता है कि बी.बी.सी. जहाँ एक वस्तुतः स्वायत्त संस्था है और इतनी स्वतंत्र है कि सत्ता के विरुद्ध और सरकार की नीति के विरुद्ध कार्यक्रम दिखा-सुना सकती है, प्रसार भारती में चौथे अध्याय की धारा 23 और 24 में सरकार को 'निर्देश देने का' एवं 'सूचना लेने' का हक देना स्वायत्तता की सारी अवधारणा पर पानी फेर देता है। बी.बी.सी. की प्रसारण परिषद जितने स्वायत्त अधिकारों से संपन्न है, प्रसार भारती नहीं है, क्योंकि उसके निर्णयों के बारे में उसकी सर्वोपरिता की बात प्रसार भारती में नहीं कही गई है।

इस तरह प्रसार भारती की आलोचना के अनेक मुद्दे उभर कर आते हैं। मसलन :

(1) प्रसार भारती का अध्यक्ष अंशकालिक बनाया गया है, जबकि कार्यकारी सदस्य (चीफ इग्जीक्यूटिव) पूर्णकालिक एवं पूर्ण अधिकारवाला है।

(2) संसदीय समिति 22 सांसदोंवाली है, जबकि उसका काम प्रसार भारती के घोषणा-पत्र के अमल की निगरानी भर करना है। निगरानी करने का अर्थ है दूरदर्शन और रेडियो को लगातार मॉनीटर करना। सांसद इसे स्वयं करवाएँगे, इसमें शक है। सांसदों की ऐसी भारी-भरकम समिति कार्य प्रक्रिया में बाधा ही अधिक बन सकती है। उसका होना बताता है कि घोषणा-पत्र की अमलदारी के संदर्भ में स्वयं निगम या बोर्ड को भरोसे योग्य नहीं माना गया है। यही इसका नौकरशाहाना और गैर-जनतंत्रात्मक बिंदु है। घोषणा-पत्र की अमलदारी के संदर्भ में ऐसी निगरानी समिति बोर्ड तथा कर्मचारियों के विवेक पर अविश्वास करके चलती है। प्रसार भारती के पहले यानी इन दिनों तक दूरदर्शन की दैनिक निगरानी के लिए ऐसी भारी-भरकम समिति किसी रूप में भी नहीं है। संसदीय समिति विभिन्न संसदीय दलों के दबावों का रास्ता बनाने का काम भी कर सकती है। कहते हैं कि इस भारी-भरकम समिति की व्यवस्था संबंधी संशोधन प्रसार भारती के कानून बनने की प्रक्रिया में कांग्रेस लाई थी। उद्देश्य था, किसी न किसी रूप में उसका हस्तक्षेप बना रहे। बी.बी.सी. में जो ऐसी समिति है, वह भी इतनी भारी-भरकम नहीं है।

(3) प्रसारण परिषद, दरअसल, वह क्षेत्र है जहाँ स्वायत्तता और स्वतंत्रता की अवधारणा मूलतः साकार होती है और विकसित होती है, लेकिन यहाँ भी 'चार सांसद' कब्जा किए बैठे हैं। जो समिति सीधे जनता की प्रतिनिधि है, वहाँ विशेषज्ञों के साथ सांसद क्यों ? क्या यह अंतर्विरोधी स्थिति नहीं है कि संसदीय समिति दैनिक निगरानी करेगी और फिर सांसद ही उस निगरानी की अमलदारी के दोषों की शिकायतें सुनेंगे ? क्यों भला ? क्या सांसदों के अलावा किसी और पर भरोसा नहीं है ? या, दूरदर्शन एवं रेडियो की प्रसार भारती मार्का स्वायत्तता का मतलब सिर्फ इतना है कि इन माध्यमों को कार्यपालिका की अधीनता कर संसद की अधीनता

में ले आया जाय ? संसद की इतनी मौजूदगी बताती है कि कानून इन माध्यमों को संसद की हजूरी में ही स्वायत्त करना चाहता है।

सच्ची स्वायत्तता वहाँ से शुरू होती है जहाँ से प्रसारण परिषद अपना काम करना शुरू करती है। उसे एक तरह की 'जन अदालत' का काम करना चाहिए और समस्त नीति यहीं कहीं बननी चाहिए। रेडियो-दूरदर्शन जैसे माध्यमों में जनता के ऐसे जिम्मेदार हस्तक्षेप को बढ़ाया जाना चाहिए।

(4) प्रसार भारती का ढाँचा अभी भी केंद्रीकृत है। मसलन राज्य स्तरीय प्रसारण परिषदों का निर्माण भी राज्य स्तर के भरोसे नहीं छोड़ा गया है। धारा 14 की उपधारा 4 में कहा गया है कि यह प्रसारण परिषद ही प्रादेशिक परिषदें गठित कर सकेगी। स्थानीय चैनलों के होते हुए और स्थानीय अस्मिता एवं संस्कृति को बराबर का मौका देने की घोषित नीति से यह व्यवस्था मेल नहीं खाती। स्थानीय चैनलों के लिए स्थानीय परिषदें केंद्रीय परिषद का विस्तार भर नहीं होनी चाहिए।

(5) जिस दौर में प्रसार भारती लागू हो रहा है, यह दौर राजनीतिक रूप से अधिक अस्थिर, आर्थिक स्तर पर आजाद बाजारी शक्तियों का दौर है। भूमंडलीकरण के इस दौर में निजी चैनलों की चुनौती है। साथ ही विकासमूलक प्रतिज्ञाएँ भी जरूरी हैं। प्रसार भारती का घोषणा-पत्र विकासमूलकता को थोड़ा पीछे करता है। व्यावसायिक प्रतिज्ञाओं और विकासमूलक प्रतिज्ञाओं की साफ-सुथरी व्यवस्था नहीं की गई है।

इसमें शक नहीं कि ऐतिहासिक कानून प्रसार भारती जब तक कागज पर है, उसके गुण-दोष छिपे रहेंगे। जो दोष अभी ही प्रकट हैं, व्यवहार में आने पर कुछ और भी उजागर होंगे। जो नजर आ रहे हैं, उन्हें ठीक किया जाना चाहिए। सर्वोपरि संसदीय समिति को छोटा किया जाना चाहिए या खत्म किया जाना चाहिए। संसद की अति उपस्थिति कम की जानी चाहिए तथा प्रसारण परिषद को अधिक ताकतवर किया जाना चाहिए।

प्रसारण परिषद ही वह संस्था हो सकती है, जहाँ माध्यम सीधे जनता के लिए जिम्मेदार होंगे। जनता की और अधिक भागीदारी सुनिश्चित करके ही इन माध्यमों को सच्ची स्वायत्तता दी जा सकती है।

प्रसार भारती के परिप्रेक्ष्य में छूटी हुई, किंतु बुनियादी बात है समकालीन तकनीक और सूचना संसार, उसका वेग, उसका संजाल। तकनीक ने नौकरशाही की जगह विशेषज्ञता को जरूरी कर दिया है और शीघ्र निर्णय की क्षमता को जरूरी बना दिया है। प्रसार भारती का मौजूदा रूप दूरदर्शन पर रेडियो के उस परंपरागत ढाँचे को न तोड़ता है, न उसे बेदखल करता है जो शुरू से अब तक चला आ रहा है। अधिकांश अधिकारियों के लिए रेडियो-दूरदर्शन जनसंचार माध्यम न हो कर कोयला, लोहा या खनिज जैसे विभाग हैं, जहाँ फाइल का पेट भरना है, किसी तरह

काम चलाना है, ऊपर का कृपा पात्र बने रहना है और अपनी दुकान चलानी है। रेडियो-दूरदर्शन दोनों जनसंचार माध्यम हैं—सिर्फ 'आउटपुट' के माध्यम नहीं हैं जैसे कि कोई शॉपिंग सेंटर होता है। वह 'इनपुट' का भी माध्यम होता है। उसका गहरा संबंध समाज की स्थिति और विकास से है। बाजारी शक्तियों से संचालित समाजों में भी इस बात को समझ कर चला जाता है कि विकास की नीतियाँ, जनकल्याण की नीतियाँ जरूरी होती हैं, कि अंततः मनोरंजन और खबर का समाज के विकास पर अनुकूल या प्रतिकूल असर होता ही है। इसलिए एक ही साथ पेशेवराना कुशलता और जनता के प्रति जिम्मेदारी दोनों चीजें चाहिए। स्पष्ट ही जनसंचार की बदलती भूमिका को समझनेवाला बोर्ड चाहिए और वैसे ही कर्म संस्कृति चाहिए। लेटलतीफी इस क्षेत्र में घातक हो सकती है।

आज जनसंचार माध्यम क्षण के भी हजारवें हिस्से में काम करते हैं। स्पर्धी होने के लिए जो श्रम करना होता है, उसमें तनाव होता है। विशेषज्ञता, कुशलता, क्षिप्रता नौकरशाही वातावरण में नहीं पनप सकते। प्रसार भारती इसकी शिनाख्त नहीं करता। वह रेडियो-दूरदर्शन के उस विराट ढाँचे को यथावत बनाए रखने की सोचता है जो सड़-गल गया है। वह कितना सड़-गल गया है, यह इसी तथ्य से जाहिर है कि जब प्रसार भारती की घोषणा हुई, तो बंदों ने नई स्थितियों, नई चुनौतियों के बारे में सोचने की जगह सही पोस्ट पर ट्रांसफर को प्राथमिकता दी।

इस तरह प्रसार भारती बन गया तो पुराने ढाँचे पर ही बनेगा और उसे नया बनाने में वक्त लगेगा। स्वायत्तता के बावजूद न्यस्त स्वार्थ की घुसपैठ उसकी हालत जन-क्षेत्र की उन कंपनियों जैसी बना सकती है, जिनकी इक्विटी बाजार में खरीदने को कोई तैयार नहीं है। बरसों से जनता के पैसे से बने 55,000 करोड़ रुपए की परिसंपत्तियोंवाले इन माध्यमों को किसी भी सूरत में बंदर के हाथ का उस्तरा नहीं बनने देना चाहिए।

[विदुर, 1997]

प्रसारण परिषद के बिना अधूरी है स्वायत्तता

सूचना और प्रसारण मंत्रीजी प्रसन्न हैं और इतिहास में जाने की राह देखते हैं। उनका विश्वास है कि प्रसार भारती अपने नए रूप में संसद में सर्वानुमति से पास हो जाएगा। दूरदर्शन और आकाशवाणी सचमुच स्वायत्त हो जाएँगे। मंत्रीजी ने यह भी बताया है कि पिछले सात साल से यह कानून लोगों ने भुला दिया था। उन्हें यह नहीं बताया जा सकता कि उन भुलानेवालों में वे और उनके दल के नेता भी बहुत हद तक शामिल रहे। इसलिए प्रसन्नता यदि होनी चाहिए तो सिर्फ इतनी कि मंत्री जयपाल रेड्डी ने इस कानून का किसी हद तक महत्त्व समझा। लेकिन यहीं से समस्याएँ शुरू होती हैं जबकि मंत्री को लगता है कि वे खत्म हो रही हैं। इतिहास में जाने और नाम कमाने की इच्छाएँ जो न करवा लें, कम है। जिस दिन प्रसार भारती में राष्ट्रपति के अध्यादेश से कथित 'वृहत्तर स्वायत्तता' संबंधी संशोधन किए गए उस दिन ऐसे कई महानुभाव प्रसन्न होते देखे गए हैं जो कल तक प्रसार भारती में स्थापित स्वायत्तता को आलोचनात्मक दृष्टि से देखते थे। अध्यादेश के दिन दूरदर्शन की खबरों में एक बड़े अंग्रेजी पत्रकार इस बात पर पर्याप्त संतुष्ट दिखे कि संशोधन के जरिए प्रसार भारती में संसदीय समिति की व्यवस्था को खत्म कर दिया गया है।

वाह-वाह से भर उठे उस छोटे से समय में इस बात पर भी संतोष व्यक्त किया गया कि अब प्रसार भारती के बोर्ड में सरकार की उपस्थिति कमतर होगी। इस जय-जयकार में प्रसारण के प्रकार्य और स्वायत्तता के प्रकार्य संबंधी कई मुद्दे नजरअंदाज कर दिए गए। मसलन स्वायत्तता में से संसदीय समिति के खात्मे के साथ प्रसारण परिषद को भी खत्म कर दिया गया। संसदीय समिति विविध दलों के राजनैतिक हस्तक्षेप का माध्यम बन सकती थी। इस व्यवस्था की तीखी आलोचना हुई थी। उसका खत्म होना सर्वथा उचित दिखता है। लेकिन प्रसारण परिषद को खत्म करने के पीछे क्या कारण रहे ? क्या यह कदम उचित है ? इन सवालों पर विद्वान् लोग चुप लगा गए और उधर अभी तक मंत्रीजी परम प्रसन्न हवाई जहाज

में फुर्र-फुर्र होते बोलते दिखते हैं कि सब ठीक है, किसी दल ने विरोध नहीं किया और प्रसारण परिषद को यहाँ से हटाकर हमने 'प्रसारण प्राधिकरण' विधेयक में रख दिया है।

प्रसार भारती कानून को लागू करने के बाद एक बार फिर कुछ संशोधनों के लिए संसद में पास कराया जाना है और चूँकि दोनों में प्रसार और प्रसारण प्रकार्य आते हैं और साधारण पाठकों को दोनों के भेद स्पष्ट नहीं हैं—यहाँ तक कि बहुत से राजनीतिज्ञों को भी ये भेद सुस्पष्ट नहीं हैं—इसलिए विचार की सुविधा के लिए संक्षेप में यहाँ दोनों के प्रकार्य मतभेद और सहसंबंध स्पष्ट कर लिए जाएँ।

प्रसार भारती एक कानून है जिसका मकसद रेडियो और दूरदर्शन को सरकारी क्षेत्र से हटाकर एक स्वायत्त संस्था में बदलना है ताकि इन माध्यमों के दैनिक कार्यों में होनेवाला सरकारी हस्तक्षेप खत्म हो जाय। 'भारतीय प्रसारण प्राधिकरण' नामक विधेयक इस प्रसार भारती से भिन्न व्यवस्था है। प्रसारण प्राधिकरण संबंधी विधेयक के कानून बन जाने के बाद देश में एक ऐसा स्थायी प्राधिकरण बन जाएगा जो तमाम प्रसारकों को लाइसेंस इत्यादि दिया करेगा। यह एक तरह से तमाम उपलब्ध उपग्रह और गैर-उपग्रह चैनलों को नियमित करनेवाला प्राधिकरण होगा। उसकी अनुमति के बिना उपग्रह और गैर-उपग्रह कोई भी चैनल काम नहीं कर सकेंगे। चूँकि पिछले सात साल से देश में कोई भी नियमन प्राधिकरण नहीं था इसलिए देश में दिखनेवाले उपग्रह चैनल मनमाने ढंग से काम कर रहे थे। साथ ही इसमें केबल प्रसारण व डीटीएच प्रसारण का भी नियमन होगा। ऐसे शक्तिशाली प्रसारण प्राधिकरण की जरूरत भी 1994 में अदालत द्वारा दिए गए एक फैसले के बाद महसूस हुई जिसमें ऐसे प्राधिकरण को बनाए जाने पर बल था जो सभी चैनलों और प्रसारणों को नियमित कर सके। इस तरह प्रसार भारती जहाँ सिर्फ रेडियो-दूरदर्शन के दैनिक कामकाज में स्वायत्तता की व्यवस्था करता है, प्रसारण प्राधिकरण ऐसी लाइसेंसिंग संस्था है जो प्रसारण कर्म मात्र को नियमित करती है। ऐसे प्राधिकरण तमाम विकसित देशों में मौजूद हैं। प्राधिकरण का काम मौलिक और व्यापक नीति वाला है जबकि 'प्रसार भारती' का काम रेडियो-दूरदर्शन में काम करनेवाली सरकारी सुरंगों को बंद करके अपने काम को आप देखना है।

अब देखें, प्रसार भारती धारा 13 के अंतर्गत संसदीय समिति में बाईस सांसद होते जो रेडियो-दूरदर्शन की कार्यप्रणाली की निगरानी करते। इसके साथ ही प्रसार भारती में धारा 14 के तहत एक प्रसारण परिषद की व्यवस्था भी थी जिसमें पंद्रह सदस्य होते जिनमें भी चार सांसद होते। लेकिन इससे भी ज्यादा महत्त्वपूर्ण है प्रसारण परिषद का कार्य। 31 अक्तूबर के राष्ट्रपति के प्रसार भारती संबंधी अध्यादेश से पहले प्रसार भारती में प्रसारण परिषद धारा 15-1 का मुख्य काम था रेडियो-दूरदर्शन संबंधी शिकायतें प्राप्त करना और उन पर विचार करना। यह काम स्वायत्तता के

लिए कितना बुनियादी था यह इससे पता चलता है कि प्रसारण परिषद को मूलतः जनता की शिकायतों के निपटान दफ्तर की तरह काम करना था। यदि कोई कार्यक्रम किसी नागरिक को प्रसार भारती के घोषित उद्देश्यों के विरुद्ध जाता दिखता है या कि प्रसार भारती निगम किसी कार्यक्रम के निर्माता के प्रति अन्याय करता है, तोड़-मरोड़ करता है तो ऐसा व्यक्ति प्रसारण परिषद को सीधे शिकायत कर सकता था। परिषद का काम इन शिकायतों को निपटाना था और निपटान के मामले में वह स्वायत्त पद्धति अपना सकती थी जिसे हर सूरत में न्यायोचित होना चाहिए था। मसलन यदि देश के किसी भी दर्शक को कोई भी कार्यक्रम आपत्तिजनक लगता है या वह निगम के घोषित उद्देश्यों के विरुद्ध जाता है तो वह शिकायत कर सकता था। उसके बारे में प्रसारण परिषद को समुचित ढंग से विचार करना होता और शिकायत के उचित ठहरने की स्थिति में प्रसार भारती के कार्यकारी सदस्य को उचित कार्रवाई की सलाह देता। यदि कार्यकारी सदस्य इस सिफारिश को नहीं मानता तो प्रसारण परिषद प्रसार भारती के संचालक यानी बोर्ड को अपनी सिफारिश पहुँचाती और बोर्ड को कारण सहित अपना विचार और फैसला प्रसारण परिषद को बताना पड़ता। यदि बोर्ड जनता की शिकायत पर परिषद की सिफारिशों को नहीं मानता तो भी प्रसारण परिषद उसी चैनल पर अपनी सिफारिशें प्रसारित करने को कह सकती थी। प्रसारण परिषद के ये अधिकार जो किसी मायने में भारत की प्रेस परिषद से भी ज्यादा सार्थक हैं बताते हैं कि प्रसारण परिषद ही वह असल संस्था थी जो प्रसार भारती को सीधे जनता के प्रति जवाबदेह बनाती थी। राष्ट्रपति के अध्यादेश द्वारा इसे हटाकर किस तरह की स्वायत्तता की, बात की जा रही है ? जाहिर है नौकरशाहवादी स्वायत्तता की जिसमें दबाव और हस्तक्षेप की सुरंगें बनी रहती हैं। स्पष्ट है स्वायत्तता कम हुई है।

स्वायत्तता का एक अर्थ तो है किसी सरकारी संस्थान के सिर्फ ढाँचे को स्वायत्तता देना, जिसमें असली स्वायत्तता नौकरशाहों को रहती है। यह हमें उन तमाम स्वायत्त संस्थानों में मिल जाएगी जो मूलतः सरकारी ही माने जाते हैं। दूसरे प्रकार की स्वायत्तता इससे अलग और जनता के प्रति जवाबदेह भी हो सकती है, प्रसारण परिषद उसी की गारंटी करती थी। उसमें सीधे जनता का हस्तक्षेप संभव था। जनता के हस्तक्षेप से ही ऐसे स्वायत्त संस्थान सीधे रखे जाते हैं। पेशेवर लोगों के होने मात्र से स्वायत्तता की गारंटी नहीं होती क्योंकि वहाँ भी न्यस्त स्वार्थ रहते हैं। चवालीस करोड़ दर्शकों तक पहुँचनेवाले टीवी और सत्तर करोड़ तक पहुँचनेवाले रेडियो के कामकाज के बारे में शिकायतें यदि प्रसार भारती में नहीं सुनी जाएँगी तो फिर कहाँ ? जो जनता कार्यक्रमों का उपभोग कर रही है, वह शिकायत भी कर

ही सकती है। उसकी शिकायत कौन सुनेगा ?

राष्ट्रपति के उक्त अध्यादेश को स्वायत्तता के मार्ग में नया कदम बतानेवाले बताते हैं कि अब प्रसारण प्राधिकरण में ही प्रसारण परिषद होगी। प्रसार भारती में उसकी जगह नहीं। चूंकि प्राधिकरण लाइसेंस देगा तो वही निगरानी भी रख सकेगा। तर्क अद्भुत है और प्रथमदृष्ट्या चुप करनेवाला है। यानी आप शिकायत कर सकते हैं। प्रसारण परिषद खत्म नहीं की गई है बस उसकी जगह बदली गई है। जरा देखें प्रसारण प्राधिकरण मूलतः एक दूरसंचार की सरकारी किस्म की एक नौकरशाहाना संस्था होगी जो विविध प्रसारण लाइसेंस देगी। लाइसेंस देते वक्त ही वह विविध चैनलों से कुछ शर्तें पालित करने की गारंटी लेगी ताकि नियमन हो सके। और अंततः यह अन्य लाइसेंस विभागों की तरह ही हो जाएगी। इस वक्त मौजूद चौंतीस चैनलों से ताल्लुक रखनेवाली शिकायतों पर भी वह टेलीकाम के विभाग की तरह नौकरशाहाना वातावरण में विचार करेगी। अव्वल तो इतने चैनलों के बारे में दैनिक ढेर शिकायतों पर वह किस गति से विचार करेगी यह स्पष्ट नहीं, विचार करेगी तो उसकी सिफारिशें लागू होंगी कि नहीं यह स्पष्ट नहीं जबकि प्रसार भारती की पूर्व उल्लिखित प्रसारण परिषद में तुरंत निपटान की पूरी संभावना थी।

तिस पर रेडियो-दूरदर्शन को जनसेवा प्रसारण के क्षेत्र में लाया जा रहा है। प्राइवेट चैनलों पर निगरानी के लिए भी एक परिषद से काम नहीं चलने का। कायदे से हरेक चैनल की शिकायत निपटान परिषद अलग होनी चाहिए क्योंकि इसमें कार्यक्रमों की मॉनीटरिंग भी शामिल है। जनसेवा प्रसारक होने के नाते रेडियो-दूरदर्शन को वही परिषद नहीं देख सकती जो प्राइवेट को देखेगी। जनसेवा प्रसारक होने के नाते उसका जनता के प्रति दायित्व बढ़ जाता है, इसीलिए उसकी स्वायत्तता की हिफाजत भी जनता ही कर सकती है। जरूरत तो थी प्रसारण परिषद को और व्यापक बनाने की लेकिन जरूरत समझी गई उसे हटाने की और एक नौकरशाही संचालित प्राधिकरण में डालने की। अब स्थिति यह है कि शिकायत होगी दूरदर्शन से निपटान होगा प्राधिकरण से। शिकायत होगी सॉफ्टवेयर से, निपटान होगा हार्डवेयरवालों से, टेलीकामवालों से। प्रसार भारती ही क्यों न निपटान करती ? जनप्रसारक की ज्यादती स्वयं जनप्रसारक दूर करता तो क्या अनर्थ हो जाता ? कहते हैं कि प्राधिकरण में भी ऐसी व्यवस्था थी इसलिए दुहराव हो जाता। कैसे ? प्राधिकरण लाइसेंस देता, निगरानी करता। बल्कि हर चैनल के साथ एक परिषद जोड़ता तो बेहतर निगरानी होती। प्रसार भारती की परिषद अपना काम करती और वह तुरंत निपटान करती।

बीबीसी में सर्वाधिक अधिकारवाली संस्था जन शिकायत पर विचार करने वाली ऐसी ही संस्था है। वह जनता के पक्ष से चीजों को देखती है। वह सॉफ्टवेयर की प्रकृति और प्रणाली भी अप्रत्यक्षतः तय करती है। ऐसी व्यवस्था प्रसार भारती

की प्रसारण परिषद में थी। उसे ही खत्म कर दिया गया और विद्वान् कहते हैं कि व्यापक स्वायत्तता आ गई। जन हस्तक्षेप को जरूरी समझनेवाले वामपंथी भी नहीं समझ पा रहे कि अध्यादेश की राजनीति क्या है ?

होना तो यह चाहिए कि प्राधिकरण लाइसेंस दे और निगरानी करे। फिर हर लाइसेंसशुदा चैनल के साथ एक अनिवार्य प्रसारण परिषद हो जो जनता की शिकायतों का तुरंत निपटान कर उन्हें भी जनता के प्रति जवाबदेह बनाए और जन प्रसारक सेवा यानी प्रसार भारती के लिए और भी ताकतवर प्रसारण परिषद हो।

[जनसत्ता, 26 जनवरी, 1998]

प्रसार भारती का एजेंडा क्या है ?

प्रसार भारती बोर्ड की पहली बैठक ने उन अधीर उत्तेजनाओं को थोड़ा शांत कर दिया है जो प्रसार भारती के कार्यकारी अधिकारी की बयानबाजी से पैदा हो रही थीं। बैठक के जो ब्योरे सामने आए हैं वे बताते हैं कि बोर्ड के सदस्यों ने संभवतः पहली बार जाना है कि जिस स्वायत्त निगम के वे कर्ताधर्ता बनाए गए हैं, वह उनकी कल्पना से ज्यादा चुनौती भरा और जोखिमवाला प्रकार्य है। बोर्ड की दो दिन चली बैठक से छनकर आई बातें बताती हैं कि प्रसार भारती अपने कामकाज के व्यापक एजेंडे को तय नहीं कर पाया है और सिर्फ फौरी उपयोग के कुछ फैसले ले सका है। मसलन दूरदर्शन कार्यक्रमों की समीक्षा की जाय, यथास्थिति को बनाए रखा जाय और धीरे-धीरे बोर्ड को तैयार किया जाय कि वह निगम को निगम की तरह काम करने लायक बनाए। यह काम अंशकालिक सदस्यों की पूरी दिलचस्पी माँगता है। पूरी दिलचस्पी का मतलब इस मीडिया को समझने की दिलचस्पी से भी है। कहने की जरूरत नहीं कि अपने-अपने क्षेत्र के विशेषज्ञ और निष्ठावान व्यक्ति होने के बावजूद बोर्ड के अंशकालिक सदस्यों में से एकाध ही मीडिया को गहराई से जानने में दिलचस्पी रखता जान पड़ता है अन्यथा ज्यादातर तो 'पोलिटिकली करेक्ट' लोग ही हैं।

यों बोर्ड में पंद्रह सदस्य हैं पर बोर्ड में अंशकालीन छह सदस्य बाकी नौ सदस्यों से भिन्न दिखते हैं। ये छह सदस्य जहाँ इतिहास, विज्ञान, तकनीक, पत्रकारिता, साहित्य, कला इत्यादि के विशेषज्ञ कहे जाते हैं वहीं वित्त और कार्मिक सदस्य नौकरशाह ही हैं। फिर महानिदेशक दूरदर्शन और आकाशवाणी के निदेशक भी सरकारी काडर पदेन हैं। एक सदस्य मंत्रालय का है जो पुनः नामित सरकारी प्रतिनिधि है। दो सदस्य शेष कर्मचारियों के प्रतिनिधि हैं। कार्यकारी अधिकारी तो इस माध्यम के प्रशासक रहे हैं। कर्मचारियों और इंजीनियरों के चुने हुए दो प्रतिनिधियों की व्यवस्था प्रसार भारती के अनुसार सुनिश्चित है पर उनके चुनाव अभी तक नहीं हुए हैं। बोर्ड की बैठक उनके बिना ही हुई दिखती है। इस तरह तेरह सदस्यों के बीच छह सदस्य

नौकरशाहों से आते हैं। जिस रूप में मौजूदा बोर्ड सामने आया है उसमें सदस्यों के दो वर्ग बन जाते हैं। पहला वर्ग उनका है जो रेडियो, दूरदर्शन या मंत्रालय से ताल्लुक रखते हैं और दूसरा वर्ग उनका है जो अंशकालीन हैं। पहले वर्ग के तमाम छह सदस्य (वित्त, कार्मिक सदस्य, आकाशवाणी, दूरदर्शन के महानिदेशक द्वय, मंत्रालय का नामित सदस्य और कार्यकारी सदस्य) कुल वक्ती सदस्य हैं जबकि विशेषज्ञ छह सदस्य अंशकालिक हैं। चैयरमेन भी अंशकालिक हैं। बहरहाल यह प्रसार भारती की कार्यप्रणाली और संरचना का मौजूदा अंतर्विरोध है जिसे स्वायत्तता के वातावरण में नए जनतांत्रिक विचार और निर्णय प्रक्रिया द्वारा सुलझाया जा सकता है। दूरदर्शन और रेडियो निदेशक इसका आरंभ आसानी से कर सकते हैं क्योंकि वही जरूरत भी है।

प्रसार भारती में निहित स्वायत्तता को आते देख माध्यमों के सरकारीकरण से क्षुब्ध लोग अपनी आरंभिक उत्तेजना के बाद यह जानकर हैरान ही हो सकते हैं कि माध्यमों पर नौकरशाहों की पकड़ बोर्ड के भीतरी ढाँचे में कुछ ज्यादा ही है। प्रसार भारती बोर्ड के मौजूदा ढाँचे को देखकर कोई भी समझ सकता है कि वह एक ऐसी स्वायत्त संस्था है जिसमें सरकार के मंत्रालय की पकड़ भले कुछ कम हुई है लेकिन सरकारी नौकरशाही की पकड़ बढ़ी है। बोर्ड के अंशकालिक सदस्यों के मीडियाप्रिय होने के कारण प्रिंट मीडिया ने उन्हीं की राय बात ज्यादा बताई है जबकि सचाई यही है कि बोर्ड के फैसलों को पालित कराने का काम करनेवाले सभी छह सदस्य नौकरशाह वर्ग से हैं जिनकी ट्रेनिंग अरसे तक सरकार की नीतियाँ लागू करने की रही है। कार्यकारी अधिकारी के कार्यभार सँभालते ही दिए गए गरमागरम बयान इसी मिजाज का संकेत देते हैं। सरकार से स्वायत्तता मिलने के बाद नौकरशाही मनोवृत्ति कुछ अच्छी बातों के साथ कुछ गैर-जिम्मेदारी भरी बातें भी कर सकती है। जाहिर है स्वायत्तता की उनकी परिभाषा उस परिभाषा से एकदम भिन्न हो सकती है जो अंशकालिक सदस्य सोचते हैं। बेहद सदाशयी पर उच्च पदस्थ नौकरशाह स्वायत्तता के विचार को अपनी मेज के पास ही रोके रख सकते हैं क्योंकि वैसी ट्रेनिंग रही है। वे उसे नीचे अंतिम कर्मचारी तक नहीं जाने देते। यह समस्या बोर्ड की साक्षात् संरचना के बाद दिनोंदिन सामने आनी है। स्पष्टतः बोर्ड को पहले इस नौकरशाही वृत्ति से मुक्त होना होगा और इसे तोड़ने के लिए नीचे तक निर्णयों की प्रभावी जनतांत्रिक प्रक्रिया सुनिश्चित करनी होगी। स्वायत्तता का विचार अर्जित करना होगा।

बोर्ड के कुछ प्राथमिक फैसले आश्वस्त करते हैं कि बोर्ड फिलहाल सही रास्ते पर चल रहा है और स्वायत्तता के सार को स्थापित करने की दिशा में संकल्पबद्ध है। निजी निर्माताओं के समाचार बुलेटिनों और अपने बुलेटिनों की पूर्व समीक्षा की समाप्ति

ऐसा ही एक सूझबूझवाला निर्णय है और किसी भी कार्यक्रम को न हटाकर उनकी आवधिक समीक्षा की जरूरत समझना भी एक उपयोगी फैसला है। लेकिन कार्यकारी अधिकारी के संदर्भ से दूरदर्शन के सॉफ्टवेयर की समीक्षा संबंधी काम के लिए 'एडमिनिस्ट्रेटिव स्टाफ कॉलेज' को सौंपने की बात का आना पुनः स्पष्ट करता है कि कार्यकारी अधिकारी की मौलिक मनोसंरचना नौकरशाहीवाली ही है। दूरदर्शन और रेडियो की समीक्षा के लिए दिखा तो 'एडमिनिस्ट्रेटिव स्टाफ कॉलेज' दिखा है।

इंदिरा गाँधी के वक्त समाजशास्त्री पीसी जोशी की अध्यक्षता में जो कमेटी बैठी थी उसकी रपट मूलतः सॉफ्टवेयर की दिशा को खोजनेवाली रपट थी। उसका शीर्षक ही था 'भारतीय टेलीविजन के लिए भारतीय व्यक्तित्व'। इंदिरा गाँधी चाहतीं तो यह काम भी किसी नौकरशाही केंद्र से करा सकती थीं। लेकिन उन्होंने समाजशास्त्री को जिम्मा दिया तो इसीलिए कि जनसंचार, सॉफ्टवेयर का मसला मूलतः समाजशास्त्रों का मसला है, संस्कृति की संरचना का मसला है। यों इंदिरा गाँधी प्रशासन ने जोशी कमेटी रपट भी ठंडे बस्ते में डाल दी थी और बाद की राजीव सरकार ने उस पर कतई ध्यान नहीं दिया था फिर भी वह रपट बताती है कि सॉफ्टवेयर की समीक्षा के लिए समाजशास्त्रों में पर्याप्त गुंजाइश है। यों इस वक्त देश में बहुत सारी मार्केटिंग एजेंसियाँ, सर्वेक्षण एजेंसियाँ भी हैं जो इस काम में मदद दे सकती हैं और बेहतर काम के लिए प्रसिद्ध हैं। जोशी कमेटी ने देशभर का दौरा करके अपने सुझाव दिए थे। क्या आगे ऐसा होगा, देखना होगा।

बोर्ड के अध्यक्ष निखिल चक्रवर्ती ने साहस के साथ बोर्ड के सदस्यों की सीमाएँ स्वीकारी हैं। बोर्ड के विशेष सदस्यों की वृद्धावस्था उनके विरुद्ध कोई मौलिक तर्क नहीं हो सकती। यदि ये सदस्य बोर्ड में स्वयं को प्रभावी बना सकें तो भी कुछ काम हो सकता है। सबसे बड़ी बात एक स्वायत्त बोर्ड का बनना है। यह एक स्वागतयोग्य कदम है। पर यहीं से समस्याएँ और चुनौतियाँ शुरू भी होती हैं।

प्रसार भारती का अपना एजेंडा दूरदर्शन और रेडियो के इतिहास और उसमें निहित अनुभवों और मौजूदा फौरी चुनौतियों के आकलन और निबंधन से ही निकल सकता है। यदि इतिहास के विराट घटना विकास को फिलहाल छोड़ भी दें तो इन माध्यमों का मौजूदा नक्शा यह है कि रेडियो जहाँ अनाथावस्था को प्राप्त हुआ है वहीं दूरदर्शन ने पिछले दस एक साल में अपनी विकास मूलक भूमिका को हाशिए पर डालकर खुद को मुक्त बाजार का और उससे प्रेरित उपभोक्ता क्रांति का वाहक बना दिया है। इससे रेडियो एक माध्यम के रूप में तो अपदस्थ हुआ ही है दूरदर्शन भी बाजार को संचालित करनेवाली शक्तियों के हाथ में खेलने को बाध्य हुआ है। यों विकासमूलक प्रतिज्ञाएँ आज भी उसके मैनुअलों में दर्ज हैं, लेकिन उसके क्रमिक

सुपर मार्किट बनने से ये प्रतिज्ञाएँ हाशियों से भी बाहर चली गई हैं। मौजूदा सॉफ्टवेयर का अस्सी से ज्यादा फीसदी मूलतः ऐसा इन्फोटेनमेंट है जिसमें इन्फो पाँच प्रतिशत है, एंटरटेनमेंट पिचानबे प्रतिशत है। रतिकांत बसु-भास्कर घोष की टीम ने तत्कालीन सरकार के नीचे रहते हुए जो इन्फोटेनमेंट मिक्स दिया उसने जहाँ दूरदर्शन को जी टीवी स्टार टीवी जैसे उपग्रह चैनलों के मुकाबले दर्शनीय बनाए रखा और दूरदर्शन की आय को पाँच सौ करोड़ से ज्यादा पहुँचा दिया वहीं इस उपक्रम में उसकी विकास मूलक प्रतिज्ञाएँ भी ढीली पड़ गईं।

इस तरह एजेंडे का बुनियादी मुद्दा तो दूरदर्शन की दिशा से संबंधित है कि उसका रुख क्या हो, वह विकासमूलक हो या मार्किट फ्रेंडली हो या कि वह विकास–मार्किट मूलक हो ? यदि ऐसा हो तो विकास की योजनाबद्धता और बाजार की अराजकता के बीच कैसे संतुलन बने ? विकासमूलक बनाने के लिए जो पैसा चाहिए वह यदि सरकार से आता है तो स्वायत्तता सीमित होती है। यदि बाजार से आता है तो भी सीमित होती है। कोई बाईस सौ करोड़ के सरकारी अनुदान को खर्च करने के बाद पाँच सौ तिहत्तर करोड़ दूरदर्शन ने सत्तानबे में कमाए। अब ऐसा कैसे हो कि वह आत्मनिर्भर बने और विकास भी करे ? विकास के लिए उसे बाजार की उपभोक्ता संस्कृति से लड़ना होगा। अन्य चैनलों ने जनता के बीच से जो नया दर्शक पैदा किया है वह उपभोक्ता है। यही दूरदर्शन ने बनायः है और चालीस-पैंतालीस करोड़ की संख्या में बनाया है। यही वह यूएसपी (अद्वितीय विक्रय प्रस्ताव) है जो दूरदर्शन की अपनी है। वह इतने दर्शक एक साथ प्रायोजकों को बेचता है जो अन्य सारे चैनल मिलकर भी नहीं बेच सकते। प्रायोजक इसी विराट दर्शक के लिए पैसे देते हैं। दूरदर्शन द्वारा बेचे जाते दर्शकों को प्रायोजक (बहुराष्ट्रीय निगम और देसी निगम) खरीदकर उपभोक्ता बनाते हैं।

लेकिन मामला इतना ही नहीं है। जिस मंत्री और मंत्रालय ने प्रसार भारती संभव किया है उसकी सरकार या आगे आनेवाली कोई सरकार बहुराष्ट्रीय निगमों, मुक्त बाजार, विश्व बाजार, विश्व बैंक इत्यादि पर अपनी निर्भरता को घटाने में असमर्थ ही रहती है और दूरदर्शन का बनाया दर्शक नई अर्थनीति के लिए निर्मित उपभोक्ता है जो एक खास इन्फोटेनमेंट मिक्स का आदी है। इस मिक्स के बदलते ही वह अन्य चैनलों की ओर जा सकता है। दर्शक के कम होते ही दूरदर्शन का 'अद्वितीय विक्रय प्रस्ताव' कमजोर हो सकता है उसका मार्केट फ्रेंडली ब्रांड पिट सकता है और अंततः वह अपनी कमाई से हाथ धो बैठ सकता है। कुल विज्ञापन का एक बड़ा हिस्सा दूरदर्शन को इसीलिए मिलता है कि उसके पास दर्शक बनाने की क्षमता ज्यादा है। उपभोक्ता दर्शक घटे कि विज्ञापन गए। सीधा गणित है।

इसलिए दिशा का प्रश्न एजेंडे का मूल प्रश्न है और यही उसकी भूमिका, साथ ही स्पर्धात्मकता तय करनेवाला है। इसके लिए उसे जनसेवा प्रसारण की अपनी नई

व्याख्या करनी होगी। जनसेवा है तो धनसेवा कैसे होगी और धनसेवा चाहिए तो जनसेवा से जाना होगा। वस्तुतः मामला जैसे कहा उससे ज्यादा गहन-गंभीर है। वह सिर्फ एक कार्यक्रम बदलना नहीं है न सिर्फ गुणवत्ता में सुधार का मसला है। यह पॉपुलर संस्कृति, सांस्कृतिक उद्योग और संस्कृति के पण्य बनाए जाने, ब्रांड बनाए जाने के ठोस उत्तर-आधुनिक दौर का मसला है। निंदक क्षमा करें, टीवी खुद एक उत्तर-आधुनिक माध्यम है। स्पष्ट ही प्रश्न माध्यम की प्रकृति और उसकी भूमिका को समझने का है तब वह ठोस स्थितियों में कोई काम कर सकता है।

[23 दिसंबर, 1997]

परिशिष्ट

(1) आकाश भारती विधेयक (1978)

(2) (क) स्वायत्तता के सात चेहरे (आकाश भारती वी. जी. व़र्गीज कमेटी रिपोर्ट 1978) अंश

(ख) कार्य की स्वायत्तता (पी. सी. जोशी कमेटी रिपोर्ट 1984) अंश

(ग) एक प्राधिकरण चाहिए (नामीडिया रिपोर्ट 1986) अंश

(घ) स्वायत्तता जरूरी नहीं (सरकारिया कमेटी रिपोर्ट 1988) अंश

(3) प्रसार भारती (1990) विधान

(4) प्रसार भारती (1997) संशोधन अध्यादेश (अंग्रेजी में)

(5) प्रसारण विधेयक 1997

परिशिष्ट-1

विधेयक का ड्राफ्ट

आकाश भारती विधेयक, 1978
(लोकसभा में प्रस्तुत प्रारूप)
'ए'
विधेयक का उद्देश्य

भारत में किसी भी प्रकार के प्रसारण और उससे जुड़े हुए मामलों को या उसके संदर्भों को स्वायत्त और स्वतंत्र सरकारी सेवा के रूप में संचालित, आयोजित, नियंत्रित और विकसित करने के लिए आकाश भारती नामक राष्ट्रीय प्रसारण ट्रस्ट को स्थापित करना।

भारतीय गणतंत्र के 29वें वर्ष में संसद के द्वारा इसे निम्नलिखित रूप में लागू किया जाय–

अध्याय-1
प्रारंभ

1. संक्षिप्त शीर्षक तथा विस्तार :

1. यह अधिनियम आकाशभारती अधिनियम, 1978 कहलाएगा।

2. यह समूचे भारत पर लागू होगा।

3. सरकारी गजट में अधिसूचना के माध्यम से केंद्रीय सरकार द्वारा नियत तिथि से यह लागू होगा।

2. परिभाषा :

जब तक संदर्भ आवश्यक न हो, इस अधिनियम में–

(अ) 'नियत तिथि' से तात्पर्य धारा 3 के तहत निर्धारित तिथि।

(आ) 'बोर्ड' से तात्पर्य 'ट्रस्टियों का बोर्ड'

(इ) 'प्रसारण' से तात्पर्य है कि 'हर्ज वेब' से जनता के अभिज्ञान के लिए स्वस्थ प्रसारण तथा दूरदर्शन संचार तथा यह भी निहित होगा कि तार, केबल या दूसरे साधनों द्वारा इसी प्रकार का संचार।

(ई) 'अध्यक्ष' से तात्पर्य ट्रस्टियों के बोर्ड का अध्यक्ष।

(उ) 'शिकायत बोर्ड' से तात्पर्य धारा 25 के तहत ट्रस्ट द्वारा स्थापित ऐसा निकाय जो शिकायत सुनेगा।

(ऊ) 'प्रसारण महानियंत्रक' से तात्पर्य धारा 12 के अंतर्गत नियुक्त राष्ट्रीय प्रसारण ट्रस्ट का मुख्य प्रशासक।

(ए) 'निदेशक' से तात्पर्य केंद्रीय कार्यकारी बोर्ड का एक सदस्य।

(ऐ) 'विशेषाधिकार' से तात्पर्य ट्रस्ट द्वारा संचालित स्टेशन या केंद्र को धारा 27 के तहत लाइसेंसिंग बोर्ड द्वारा दिया गया प्रसारण का विशेषाधिकार।

(ओ) 'केंद्र' से तात्पर्य स्टूडियो और / या ट्रांसमीटर से युक्त कोई भी प्रसारण केंद्र।

(औ) 'लाइसेंसिंग बोर्ड' से तात्पर्य ट्रस्ट द्वारा संचालित केंद्रों या स्टेशनों को छोड़कर ट्रस्ट द्वारा धारा 26 के अंतर्गत विशेषाधिकार प्रदान करने के लिए गठित की गई समिति।

(अं) 'मनोनयन' समिति से तात्पर्य होगा कि धारा 7 के अंतर्गत संगठित ऐसी समिति जो प्रधानमंत्री की सलाह पर राष्ट्रपति को अध्यक्ष और ट्रस्टियों की नियुक्ति के लिए नामों की सिफारिश करेगी।

(अः) 'निर्धारित' से तात्पर्य इस अधिनियम के तहत नियम या विनियम द्वारा विहित।

(क) 'क्षेत्र' से तात्पर्य मंडल के भीतर कोई भी संघटक क्षेत्र।

(ख) 'स्टेशन' से तात्पर्य स्टूडियो और / या ट्रांसमीटर सहित कोई भी प्रसारण केंद्र।

(ग) 'ट्रस्ट' से तात्पर्य धारा 3 के अंतर्गत स्थापित 'आकाश भारती' नामक राष्ट्रीय प्रसारण ट्रस्ट।

(घ) 'ट्रस्टी' से तात्पर्य ट्रस्टियों के बोर्ड का कोई भी सदस्य।

अध्याय-2

3. ट्रस्ट का संयोजन :

1. सरकारी गज़ट में विज्ञप्ति के ज़रिये सूचित केंद्रीय सरकार द्वारा नियत

किसी तिथि से 'आकाश भारती' नामक राष्ट्रीय प्रसारण ट्रस्ट की स्थापना की जाएगी।

2. ट्रस्ट चिरस्थायी दायाधिकार से युक्त समिति होगी और जिसकी एक सील होगी जिसके जरिए वह संपत्ति अधिग्रहण, निपटान, समझौता, मुकदमा आदि से युक्त होगी।

3. यह ट्रस्ट भारत की नागरिक होगी और गैर-मुनाफा वाली अनिवार्य सेवा होगी।

4. इसका केंद्रीय दफ्तर दिल्ली में होगा।

4. प्रकार्य एवं शक्तियाँ :

1. ट्रस्ट रेडियो टेलीविजन के लिए राष्ट्रीय हितों के ट्रस्टियों से युक्त होगी। वह भारतीय जनता की अभिव्यक्ति की स्वतंत्रता, निर्णय एवं संचार के सामूहिक अधिकारों की हिफाजत करेगी।

2. ट्रस्ट–

(क) जन प्रसारण सेवायें संयोजित करेगी तथा जनहित में इन सेवाओं को बढ़ाएगी।

(ख) प्रसारण संबंधी समस्त मामलों में भारत सरकार को सलाह देगी।

(ग) इस कानून द्वारा दिए गए अधिकारों, शक्तियों को, कर्तव्यों को पूरा करने के लिए इस्तेमाल करेगी।

3. ट्रस्ट को वे सब आवश्यक अधिकार और शक्तियाँ होंगी जो उसके काम के लिए जरूरी होंगी।

4. उप-धारा (1) और (3) की व्यवस्थाओं के प्रति पक्षपाती हुए बिना यह ट्रस्ट, इस कानून के हेतु–

(क) प्रसारण स्टूडियो, ट्रांसमीटर, रिलेस्टेशन, माइक्रोवेव तथा अन्य जरूरी सुविधाएँ स्थापित, नियोजित करेंगे।

(ख) वह अपने लाइसेंस बोर्ड के जरिए, कानून के तहत किसी भी स्टेशन को फ्रेंचाइज लाइसेंस दे सकेगी।

5. ट्रस्ट का घोषणा-पत्र :

अपना कार्यपालन करते समय ट्रस्ट–

(क) संविधान में प्रतिष्ठापित प्रजातांत्रिक मूल्यों और देश की एकता की सुरक्षा करना।

(ख) संविधान के अनुच्छेद 19 (1) (क) में वाणी और अभिव्यक्ति की स्वतंत्रता के मौलिक अधिकार के आश्वासन की सुरक्षा करना।

(ग) जनता के हितों के तमाम राष्ट्रीय और अंतर्राष्ट्रीय मुद्दों को स्वतंत्रता सच्चाई और वस्तुनिष्ठ रूप में नागरिकों को जानने के अधिकार की सुरक्षा करना।

(घ) देश में प्रसारण के संदर्भ में निष्पक्षता, अखंडता और स्वतंत्रता को प्रोत्साहित करना।

(ङ) ऐसी राष्ट्रीय प्रसारण सेवा मुहैया कराना जो अपनी अंतर्वस्तु और विशेषताओं में मुख्यतः भारतीय हो।

(च) समूचे राष्ट्र के हितों और आवश्यकताओं को प्रोत्साहित करना, देश में परस्पर सद्भाव, आपसी समझ की आवश्यकता के प्रति जागरूक होते हुए और देश की सामासिक संस्कृति के विभिन्न तत्त्वों को प्रतिबिंबित करनेवाले कार्यक्रमों के प्रति कटिबद्ध हो।

(छ) इस तथ्य के प्रति भली-भाँति सचेत होकर कि राष्ट्रीय प्रसारण के श्रोता-दर्शक जनता के तमाम वर्गों से संबंधित हैं, ऐसे विभिन्न कार्यक्रमों का निर्माण और प्रसारण करना जो जनता के तमाम वर्गों को जागरूक, ज्ञानवर्धित, प्रबुद्ध, शिक्षित, मनोरंजित और समृद्ध करना।

(ज) युवावर्ग, सामाजिक तौर पर अल्पसंख्यकों, आदिवासियों और पिछड़े और सीमाप्रांत या सुदूर (बीहड़) क्षेत्रों के निवासियों के विशेष हितों और आवश्यकताओं को ध्यान में रखते हुए ग्रामीण, अशिक्षित और तंगहाली में जीनेवाली आबादी की सेवा करना।

(झ) नारी वर्ग की समस्याओं और प्रतिष्ठा के संबंध में राष्ट्रीय चेतना को सचेत और प्रेरित करना।

(ञ) सामाजिक न्याय को प्रोत्साहित करना और गैर-बराबरी तथा शोषण तथा छुआछूत और संकुचित-अनुदार निष्ठाओं का विरोध करना।

(ट) देश की जनता के तमाम वर्गों में धर्मनिरपेक्ष आदर्श को सुरक्षित रखना और सत्य और अन्वेषण की भावना को बढ़ावा देना।

(ठ) किसी विचारधारा या मत का पक्षधर बने बिना मत वैभिन्न्य सहित राष्ट्रीय, क्षेत्रीय और अंतर्राष्ट्रीय हित की स्पष्ट और संतुलित छवि प्रस्तुत करे।

(ड) औपचारिक, अनौपचारिक और निरंतर शिक्षा तथा उन्मुक्त शिक्षा व्यवस्था के कार्यक्रमों का समर्थन करके शिक्षा के स्तर को उठाने में सहायक बने।

(ढ) राष्ट्रीय विकास और सामाजिक परिवर्तन के सहायक के रूप में तकनीक के स्थानांतरण के साथ-साथ नए ज्ञान और पद्धतियों के विस्तार को प्रोत्साहित करना।

(ण) सभी वर्गों के लोगों का मनोरंजन और दिल बहलाव और परंपरागत, आभिजात्य, आधुनिक और अंतर्राष्ट्रीय—सभी प्रकार की सांस्कृतिक अभिव्यक्ति को प्रोत्साहित करना।

(त) बच्चों, नेत्रहीनों, वृद्धों तथा जनता के अन्य असुरक्षित तबकों के हितों

की रक्षा के लिए विशेष कदम उठाना।

(थ) राष्ट्रीय एकता और समन्वय को प्रसारण के माध्यम से इस प्रकार प्रोत्साहन करना कि जिससे समस्त भारतीय भाषाओं में परस्पर संप्रेषण सहज संभव करना, तथा

(द) सही तकनीक के चुनाव तथा उपलब्ध प्रसारण फ्रीक्वेंसियों के यथासंभव सर्वोत्तम उपयोग द्वारा विचक्षण प्रसारण विस्तार उपलब्ध कराने का यत्न करना तथा उच्च स्तर के अभिग्रहण को सुनिश्चित करना।

6. ट्रस्ट का संघटन तथा चयन की विधि तथा अवधि :

1. सामान्यतः ट्रस्ट 12 सदस्यों की होगी और किसी भी स्थिति में तीन के गुणांक के हिसाब से 21 से अधिक की नहीं होगी। ये सदस्य लब्ध प्रतिष्ठित तथा राष्ट्रीय स्तर के महिमामंडित स्त्री और पुरुष हो सकते हैं जिनमें से एक तिहाई हर दो वर्ष बाद सेवा-निवृत्त होंगे।

2. इनमें से एक अध्यक्ष के रूप में नियुक्त किया जाएगा, बाकियों में से—

(अ) पूर्णकालिक ट्रस्टी होंगे जो क्रमशः समाचार, सामयिक मामलों में, शिक्षा और प्रसारण तथा संस्कृति और मनोरंजन के क्षेत्रों से स्वयं को समर्पित करें।

(आ) कम से कम आठ अंशकालिक ट्रस्टी होंगे, जिनमें से एक का चयन प्रसारण तकनीक और विज्ञान के क्षेत्र में लब्ध प्रतिष्ठित होने के आधार पर होगा तथा दूसरे का वित्त तथा प्रबंध के क्षेत्र में लब्ध प्रतिष्ठित होने के आधार पर चयन होगा :

7. ट्रस्टियों की नियुक्ति :

1. चेयरमैन तथा अन्य ट्रस्टी प्रधानमंत्री की सलाह पर राष्ट्रपति द्वारा नियुक्त किए जाएँगे। भारत के मुख्य न्यायाधीश, लोकपाल और संघ लोक सेवा आयोग के अध्यक्ष की एक मनोनीत समिति द्वारा अग्रसारित नामों की एक सूची में से प्रधानमंत्री की सलाह पर चेयरमैन तथा अंन्य ट्रस्टियों की नियुक्ति राष्ट्रपति द्वारा की जाएगी। इस संदर्भ में यही समिति विज्ञान और कला के क्षेत्र से दो अन्य विशिष्ट व्यक्तियों को सहयोजित करेगी या ऐसे व्यक्तियों या संस्थाओं की यथोचित सलाह लेगी।

2. चेयरमैन पहले-पहल भले ही नया नियुक्त हो या पदस्थ हो, बोर्ड के ट्रस्टियों के नामों का सुझाव देने के लिए वह मनोनयन समिति से संबद्ध होगा।

3. मनोनयन नामिका चेयरमैन के लिए केवल दो अधिक से अधिक 3 नाम प्रस्तावित करने के अलग भरे जानेवाले रिक्त स्थानों से 50 प्रतिशत अधिक नाम प्रस्तावित करेगी।

बशर्ते कि ऐसी स्थिति में यदि किसी कार्यकारी ट्रस्टी का चयन नहीं हुआ है तो मनोनयन समिति उस वर्ग विशेष के ट्रस्टी के लिए विकल्प के तौर पर अन्य नाम सुझाएँगी।

4. प्रारंभ से नियुक्त ट्रस्टियों में सेवा निवृत्ति का क्रम पर्ची डालकर रीति से किया जाएगा कि चेयरमैन तथा तीन पूर्णकालिक कार्यकारी ट्रस्टियों की अवधि 6 वर्ष के लिए हो।

8. ट्रस्टियों की पदावधि :

1. बशर्ते कि धारा 6 के प्रावधानों के अनुसार ट्रस्टी नियुक्त किया गया कोई भी व्यक्ति जिस दिन से पदभार वह सँभालता है तब से 6 वर्ष की अवधि तक वह पदासीन रहेगा। बशर्ते कि–

(अ) राष्ट्रपति को संबोधित करते हुए वह अपने पद से अपना हस्तलिखित त्यागपत्र दे देता है।

(आ) धारा 9 के प्रावधान के तहत किसी ट्रस्टी को उसके पद से हटा दिया जाय।

2. चेयरमैन और पूर्णकालिक ट्रस्टियों को सर्वोच्च न्यायालय के न्यायाधीश के बराबर वेतन दिया जाएगा तथा दूसरे ट्रस्टियों को ट्रस्ट की बैठकों में भाग लेने के लिए तथा उनके अन्य कार्यों के लिए जैसा निर्धारित किया जाएगा वैसे भत्ते या पारिश्रमिक दिए जाएँगे।

3. उपधारा (2) के अनुसार सदस्यों की वेतन सहित सेवाशर्तें जैसी निर्धारित की जाएँगी वैसी होंगी।

9. ट्रस्टियों का निलंबन :

किसी भी ट्रस्टी में निलंबन का तरीका और आधार ठीक वही होगा जो सर्वोच्च न्यायालय के न्यायाधीश के निलंबन का होता है।

10. ट्रस्टियों के बोर्ड की बैठक :

ट्रस्टियों का बोर्ड अपनी कार्य पद्धति नियमित करेगा और इसकी बैठक मुख्यालय में सुविधानुसार अन्यत्र होगी।

बशर्ते कि–

(अ) कम से कम 6 बैठकें प्रतिवर्ष होंगी और बैठकों के बीच का अंतराल 90 दिन से अधिक का नहीं होगा।

(आ) बैठकों में कोरम ट्रस्टियों की कुल संख्या के आधे से एक अधिक से कम नहीं होगा।

(इ) चेयरमैन सभी बैठकों की अध्यक्षता करेगा, अलावा इसके कि उसकी अनुपस्थिति में बैठक में उपस्थित वरिष्ठतम ट्रस्टी या अन्य किसी सदस्य को चुनकर आधार बनाया जाएगा।

3. गतिरोध की स्थिति में चेयरमैन को निर्णायक मत का अधिकार होगा।

11. केंद्रीय कर्मचारी बोर्ड :

प्रसारण-महानियंत्रक तथा आकाशवाणी, दूरदर्शन, इंजीनियरिंग, वित्त, कार्मिक, समाचार तथा वर्तमान मामले, श्रोता-अनुसंधान तथा हर मंडलों के प्रति उत्तरदायी 12 अन्य निदेशकों का एक केंद्रीय कार्यकारी बोर्ड होगा।

12. ट्रस्ट के अधिकारी :

प्रसारण-महानियंत्रक, निदेशक, मुख्य-प्रबंधक और मंडलीय नियंत्रक तथा आवश्यकतानुसार अन्य अधिकारियों की नियुक्ति बोर्ड करेगा।

13. प्रसारण महानियंत्रक :

प्रसारण महानियंत्रक ट्रस्ट का मुख्य कार्यकारी अधिकारी होगा और ट्रस्टियों के बोर्ड का पदेन सचिव होगा और केंद्रीय कार्यकारी बोर्ड को ट्रस्ट के निर्णयों को सूचित और संप्रेषित करेगा।

14. ट्रस्ट के अधिकारियों की पदावधि :

1. प्रसारण महानियंत्रक तथा निदेशकों की पदावधि उपधारा (2) के तहत 5 वर्ष के लिए होगी तथा इस अवधि की समाप्ति पर बोर्ड के ट्रस्टी जितने समय के लिए तय करें उतनी अवधि के लिए पुनः नियुक्त कर सकते हैं।

2. प्रसारण महानियंत्रक तथा निदेशक—

(अ) ....वर्ष की आयु के होने पर सेवा-निवृत्त होंगे।

(आ) ट्रस्टियों के बोर्ड द्वारा कभी भी निलंबित किए जा सकते हैं।

15. परिसंपत्ति का हस्तांतरण :

1. नियत तिथि से ठीक पूर्व समस्त चल या अचल संपत्ति जिसकी मिल्कियत स्वयं भारत सरकार के माध्यम से संबद्ध आकाशवाणी और दूरदर्शन के दफ्तर के

अधीन है, वह नियत तिथि से ट्रस्ट को हस्तांतरित, ट्रस्ट के अधीन तथा ट्रस्ट में निहित होगी।

2. नियत तिथि पर भारत सरकार के या उससे संबंधित आकाशवाणी तथा दूरदर्शन पर बकाया समस्त कर्ज़े, उत्तरदायित्व बंधन तथा अनुबंधन, नियत तिथि से ट्रस्ट के कर्ज़े, उत्तरदायित्व, बंधन तथा अनुबंधन माने जाएँगे।

3. नियत तिथि या अन्य निर्वारित की जानेवाली ऐसी तिथि पर असमाप्य फंड तथा नवीकरण और सुरक्षित फंड के नाम में बकाया राशि उक्त तिथि से ट्रस्ट में निहित होगी।

16. वित्तीय व्यवस्था :

1. ट्रस्ट की पूँजी में निम्नलिखित शामिल होगा :

(अ) इस अधिनियम के अनुसार परिसंपत्ति में इसे हस्तांतरित जमीन, इमारतें, संस्थापन, उपकरण हैं, तथा

(आ) पहली अप्रैल 1979 को या अन्य किसी निर्धारित तिथि को असमाप्य फंड तथा नवीकरण और सुरक्षित फंड के नाम में बकाया राशि ट्रस्ट को सीधे-सीधे अनुदान के रूप में सौंप दी जाएगी।

17. ट्रस्ट की आमदनी :

1. निम्नलिखित आमदनी ट्रस्ट को प्राप्त होगी :

(अ) डाकतार विभाग द्वारा वसूली में कटौती से रिसीवर फीस की आमदनी

(आ) व्यावसायिक प्रसारण से प्राप्त राजस्व

(इ) प्रायोजित कार्यक्रमों से प्राप्त राजस्व

(ई) पत्रिकाओं की बिक्री और विज्ञापनों से प्राप्ति

(उ) डिस्क टेप और फिल्मों के निर्माण तथा बिक्री से प्राप्ति

(ऊ) स्टूडियो, उपकरण तथा दूसरी सुविधाओं के किराए से प्राप्ति

(ए) ट्रस्ट की सेवाओं के लिए टेकनीकल फीस, तथा

(ओ) अन्य किसी भी स्रोत से प्राप्ति।

2. राष्ट्रीय प्रसारण व्यवस्था के दीर्घकालिक विकास के लिए सहमति हो जाने के आधार पर इस संदर्भ में संसद द्वारा उचित विनियोग के पश्चात् केंद्रीय सरकार द्वारा ट्रस्ट को वार्षिक मूल बजट मुहैया कराया जाएगा।

3. इस प्रावधान के साथ कि ट्रस्ट की स्थापना से प्रथम वित्त वर्ष से लेकर कम से कम 5 वर्ष तक राजस्व के घाटे को केंद्रीय सरकार द्वारा पूरा किया जाएगा, ट्रस्ट का खर्चा उपधारा (1) में उल्लिखित आय और प्राप्ति से किया जाएगा।

18. ट्रस्ट फंड :

1. ट्रस्ट का अपना फंड होगा तथा केंद्रीय सरकार द्वारा किया गया ऐसा कोई भी धन तथा दूसरे प्राधिकरणों या व्यक्तियों द्वारा समस्त अनुदान और अग्रिम भुगतान और ट्रस्ट की समस्त आय और प्राप्ति फंड में जमा होगी और ट्रस्ट द्वारा इसी में से सभी अदायगियाँ की जाएँगी।

2. फंड से संबंधित सारा धन ट्रस्ट के नियमानुसार बैंकों में जमा किया जाएगा या निवेश किया जाएगा।

3. इस अधिनियम के तहत अपने कार्यान्वयन के लिए ट्रस्ट ऐसे धन को यथोचित खर्च कर सकती है और इस प्रकार की राशि को ट्रस्ट के फंड में देय राशि समझा जाएगा।

19. लेखा परीक्षण

1. कंपनियों पर समय-समय पर लागू होनेवाले नियमों के तहत कंपनियों में लेखा-परीक्षक के रूप में विधिवत् योग्य लेखा-परीक्षकों द्वारा ट्रस्ट का लेखा-परीक्षण किया जाएगा। लेखा-परीक्षकों की नियुक्ति केंद्रीय सरकार की पूर्व स्वीकृति से ट्रस्ट द्वारा की जाएगी तथा जैसा निश्चित किया जाएगा वैसा पारिश्रमिक ट्रस्ट से प्राप्त करेंगे।

2. अपना कर्तव्य पालन करने में हर लेखा-परीक्षक को ट्रस्ट के बही-खाते तथा अन्य दस्तावेज यथोचित समय पर सुलभ होंगे।

3. लेखा-परीक्षक ट्रस्ट को अपनी रिपोर्ट प्रस्तुत करेंगे; इस रिपोर्ट को ट्रस्ट विधिवत् केंद्रीय सरकार को प्रस्तुत करेगी और केंद्रीय सरकार संसद के दोनों सदनों के सम्मुख धारा 21 में निर्दिष्ट विधि के अनुसार उसकी प्रतिलिपियाँ प्रस्तुत करेगी।

20. आयकर :

ट्रस्ट पर आयकर नहीं लगेगा और अतिरिक्त आय को अपने उद्देश्यों की पूर्ति में लगा सकती है।

21. वार्षिक-रिपोर्ट तथा बजट :

लाइसेंसिंग बोर्ड की कार्रवाइयों तथा शिकायत बोर्ड की रिपोर्ट सहित ट्रस्ट वर्ष में कम से कम एक बार गत वित्तीय वर्ष की गतिविधियों की एक सामान्य रिपोर्ट तैयार करेगी और ट्रस्ट की आय-व्यय का लेखा या लेखे तथा लेखा या लेखों सहित पक्का चिट्ठा उक्त सामान्य रिपोर्ट के साथ संलग्न करेगी तथा पक्का चिट्ठा लेखा

परीक्षकों द्वारा विधिवत् प्रमाणित की गई होगी।

22. ऋण लेने का अधिकार :

ट्रस्ट जैसा उचित समझेगी उसी तरह से ट्रस्ट को ऋण लेने या धन उगाहने या हासिल करने का अधिकार होगा और विशेषकर रेहन रखकर या समस्त संपत्ति या उसके किसी हिस्से या ट्रस्ट के अधिकारों शुल्क लेकर या ऋण-पत्र जारी करके, ट्रस्ट की समस्त संपत्ति या उसके किसी हिस्से पर या अधिकारों (वर्तमान या भविष्य दोनों के) पर और ऐसी प्रतिभूतियों को खरीदकर, छुड़ाकर या अदायगी करके बशर्ते कि इस उद्देश्य के लिए अस्थायी तौर पर बैंक ऋण या सुविधाएँ प्राप्त करने के लिए उधार ली गई, उगाही गई और उपलब्ध की गई ऐसी राशि का औसत और एक समय पर......रुपए से अधिक देय हो, और मूल खर्चे को चुकाने के उद्देश्य से लिया गया, उगाहा गया या उपलब्ध किया धन का औसत तथा कभी देय राशि ......रु. से अधिक न हो।

23. संचय :

1. ऋण लेने, ज़मानत पर पैसा उगाहने या अन्यथा समस्त संपत्ति या उसके किसी हिस्से पर या अधिकार पर जैसा भी अधिकार क्षेत्र में हो ट्रस्ट संचित कोष में इतना राशि अलग रखेगी जो कर्ज की भरपाई के लिए जरूरी हो।

2. ट्रस्ट की किसी भी संपत्ति के ह्रास और नवीकरण के खर्चे के लिए ट्रस्ट पहले ही उचित व्यवस्था करेगी।

3. ट्रस्ट, जैसे उचित लगे वैसे, अपने राजस्व में से अलग से सुरक्षित रख सकती है या खर्च स्थगित कर सकती है तथा अपने उद्देश्यों की सहायता के लिए जैसा उचित लगे वैसे धन का उपयोग कर सकती है।

अध्याय-3
सरकार से संबंध

24. सरकारी प्रसारण :

1. भारत सरकार ट्रस्ट को राष्ट्रीय सुरक्षा से संबंधित, जन जीवन की सुरक्षा या जनता के महत्त्व के अन्य किसी गंभीर मुद्दे को प्रसारित करने से रोक सकती है।

बशर्ते कि ट्रस्ट यह घोषित करे कि भारत सरकार द्वारा ऐसा आदेश जारी किया गया है।

2. किसी भी प्रकार की राष्ट्रीय क्षेत्रीय या मंडलीय आपात्कालीन स्थिति में सरकार द्वारा यदि ट्रस्ट को निर्देश किया जाएगा और सरकार के निर्देशों के अनुकूल जैसी प्रसारण आवश्यकता होगी वैसी घोषणा प्रसारित करनी होगी।

बशर्ते कि घोषणा प्रसारित करते समय ट्रस्ट यह घोषित करेगी कि भारत सरकार द्वारा निर्देश जारी किया गया है।

3. राष्ट्रीय प्रसारण करने के लिए आकाशवाणी और दूरदर्शन राष्ट्रपति और प्रधानमंत्री के लिए सुलभ होंगे।

4. राज्यों के महत्त्व के मुद्दों पर राज्य के स्टेशन, केंद्र राज्यपालों और मुख्य मंत्रियों के लिए प्रसारण के लिए सुलभ होंगे।

अध्याय-4
शिकायत बोर्ड

25. शिकायत बोर्ड :

1. अयथार्थ विवरण देने और अनधिकृत रूप से गोपनीयता को भंग करने सहित जन सामान्य के किसी भी व्यक्ति या संस्था से संबंधित अन्यायपूर्ण और अनुचित व्यवहार की शिकायतें सुनने के लिए ट्रस्ट द्वारा एक शिकायत बोर्ड की स्थापना की जाएगी।

2. शिकायत बोर्ड में एक अध्यक्ष तथा दो सदस्य होंगे जो लब्ध प्रतिष्ठित महिलाओं और पुरुषों में से भारत के मुख्य न्यायाधीश द्वारा क्रमशः 5 और 3 वर्ष की अवधि के लिए नियुक्त किए जाएँगे।

3. जैसा निर्धारित किया जाएगा, शिकायत बोर्ड का अध्यक्ष तथा सदस्य वैसा वेतन प्राप्त करेंगे।

4. उपधारा (1) में उल्लिखित किसी भी मुद्दे से संबंधित कोई भी शिकायत प्रसारण से 30 दिन के भीतर की जाएगी।

5. शिकायत में कार्य-कारण संबंध निर्मित करते हुए उचित सामग्री, तथ्यों का संक्षिप्त विवरण होना चाहिए।

6. जब तक शिकायत कर्त्ता अपनी शिकायत में मुखर रूप से ट्रस्ट पर अदालत में दावा करने के तमाम अधिकारों को नहीं छोड़ देता तब तक उसकी शिकायत पर ध्यान नहीं दिया जाएगा (सुनवाई नहीं होगी)।

7. शिकायत बोर्ड शिकायत के पहले केंद्रीय कार्यकारी बोर्ड के पास उसकी टिप्पणी के लिए प्रेषित करेगा उक्त टिप्पणी के उपलब्ध हो जाने पर शिकायत बोर्ड शिकायत की सुनवाई कर सकता है और उसे प्रकाशित कर सकता है।

26. लाइसेंसिंग बोर्ड :

1. ट्रस्ट द्वारा संचालित स्टेशनों/केंद्रों के अतिरिक्त अन्य स्टेशनों/केंद्रों को मताधिकार प्रदान करने के लिए ट्रस्ट लाइसेंसिंग बोर्ड का गठन करेगी जिसमें एक अध्यक्ष तथा दो अन्य सदस्य होंगे।

2. लाइसेंसिंग बोर्ड का अध्यक्ष तथा दूसरे सदस्य सभी 5 वर्ष की अवधि के लिए ट्रस्ट द्वारा नियुक्त किए जाएँगे और अंशकालिक रूप में कार्य करेंगे।

3. लाइसेंसिंग बोर्ड के अध्यक्ष तथा दूसरे सदस्यों को जैसे निर्धारित किया जाएगा वैसे भत्ते मिलेंगे।

4. लाइसेंसिंग बोर्ड तथा अन्य सदस्यों के पद हट जाने पर उनके रिक्त स्थान की पूर्ति बची हुई अवधि तक के लिए ट्रस्ट नियुक्त करेगा।

27. लाइसेंसिंग बोर्ड के कार्य :

1. कम शक्ति के रेडियो या टेलीविजन के ट्रांसमीटरों तथा उनसे जुड़ी स्टूडियो सुविधाओं को स्थापित करने के लिए लाइसेंसिंग बोर्ड विशेषाधिकार के लिए विश्वविद्यालयों तथा अन्य शैक्षिक संस्थानों के प्रार्थना-पत्रों पर विचार कर सकता है।

2. प्रसारण विशेषाधिकार जिस हेतु माँगा गया है, प्रार्थी उसके उद्देश्यों को व्याख्यायित करे और इस संदर्भ में अपनी वित्तीय तथा तकनीकी योग्यता के विषय में लाइसेंसिंग बोर्ड को अवश्य संतुष्ट करे।

3. विशेषाधिकार (फ्रेंचाइज) तब तक नहीं दिया जाएगा जब तक प्रार्थी निम्नलिखित शर्तें पूरी नहीं करता :

(अ) विशेषाधिकार (फ्रेंचाइज) स्टेशन शिक्षा तथा विकास के प्रतिबद्ध होगा।

(आ) कि विशेषाधिकार स्टेशन (फ्रेंचाइज) अपने स्वयं के समाचार बुलेटिन नहीं प्रसारित करेगा और यदि तकनीकी तौर पर सुगम है तो आकाशवाणी और दूरदर्शन केंद्रों के समाचार बुलेटिनों, समाचार प्रसारणों—जो भी हों उन्हें प्रसारित करेगा।

(इ) कि विशेषाधिकार स्टेशन किसी भी प्रकार का व्यावसायिक प्रसारण में हाथ नहीं डालेगा या समय को नहीं बेचेगा।

4. ट्रस्ट द्वारा निर्धारित की जानेवाली अन्य दूसरी शर्तें।

5. विशेषाधिकार (फ्रेंचाइज स्टेशन) तीन वर्ष के लिए प्रदान किया जाएगा।

यह लाइसेंसिंग बोर्ड की संतुष्टि से तय होगा जो इस कानून में निर्धारित शर्तों को स्टेशन द्वारा पूरा किया जाने पर होगा।

6. सभी विशेषाधिकार स्टेशन राष्ट्रीय प्रसारण ट्रस्ट के मान्य अधिकारियों के निरीक्षण के अधीन होंगे और शिकायत बोर्ड के न्याय क्षेत्र के भी अधीन होंगे।

7. ट्रस्ट का श्रोता अनुसंधान संगठन विशेषाधिकार स्टेशन द्वारा संचालित कार्यक्रमों का मूल्यांकन करेगा।

8. लाइसेंसिंग बोर्ड की राय में यदि प्रार्थी इस अधिनियम के तहत या उसमें निहित किसी भी शर्त के उल्लंघन का दोषी है तो लाइसेंसिंग बोर्ड कभी भी विशेषाधिकार का प्रतिसंहरण कर सकता है।

बशर्ते कि प्रार्थी विशेषाधिकार की प्रतिसंहरण के पूर्व कारण बताने का अवसर दिया गया हो।

28. ट्रांसमिशन के समय का आरक्षण :

आकाशवाणी और दूरदर्शन के व्यावसायिक कार्यक्रमों के अलावा स्वतंत्र निर्माण कंपनियों के कार्यक्रमों के लिए प्रसारण के समय का विशेष-भाग सुरक्षित रखने का अधिकार ट्रस्ट के पास होगा।

29. स्वत्वाधिकार :

ट्रस्ट का अपने साहित्य, कला, संगीत के निर्मित कार्यक्रमों पर स्वत्वाधिकार होगा।

30. पुनरीक्षण कमीशन पुनर्मूल्यांकन आयोग :

नियत तिथि के 7 वर्ष बाद तथा हर वर्ष के अंतराल के बाद ट्रस्ट के कार्य का पुनर्मूल्यांकन के लिए केंद्रीय सरकार एक आयोग नियुक्त करेगी।

31. समितियाँ :

राष्ट्रीय, क्षेत्रीय और मंडलीय स्तर पर जैसे युक्तियुक्त लगे ट्रस्ट वैसे समितियों का गठन कर सकता है।

32. प्रसारण के लिए लाइसेंस :

भारतीय टेलीग्राफ अधिनियम, 1885 में निहित और उसमें बनाए गए नियमों के बावजूद केंद्रीय सरकार सभी सार्वजनिक प्रसारण और ट्रस्ट के रेडियो और टेलीविजन

स्टेशनों, साथ ही विशेषाधिकार स्टेशनों को लाइसेंस प्रदान करेगी।

बशर्ते कि उल्लिखित स्टेशनों को दी जानेवाली प्रसारण फ्रीक्वेंसी को केंद्रीय सरकार आबंटित, स्वीकृत और संयोजित करेगी।

33. नियम बनाने का अधिकार :

1. इस अधिनियम के प्रावधानों को कारगर बनाने के उद्देश्य से सभी मामलों के लिए आवश्यकतानुसार साधन मुहैया कराने के लिए सरकारी गजट में विज्ञप्ति के साधन से ट्रस्ट इस अधिनियम के अनुरूप नियम बना सकती है।

2. विशेषकर पूर्ववर्ती अधिकारों की विशेषताओं के प्रति बिना पूर्वग्रह के ऐसे नियमों में निम्न व्यवस्था होगी।

(अ) ट्रस्टियों के बोर्ड की बैठकों तथा उनकी कार्यप्रणाली, तत्संबंधी तमाम मुद्दे।

(आ) मंडलों की स्थापना तथा उनकी क्षेत्रीय सीमाओं का निश्चयन।

(इ) मंडलीय कार्यकारी बोर्ड को दिए जानेवाले अधिकार और कर्तव्य तथा हर मंडल में संपादित कार्य व्यापार।

(ई) जैसा जब आवश्यक हो क्षेत्र का संविधान तथा उससे संबंधित तमाम मसले।

(उ) ट्रस्ट के कर्मचारियों और इसके द्वारा काम पर लगाए कलाकारों की भर्ती और ध्वनि-परीक्षण की विधि तथा ऐसे कर्मचारियों या कलाकारों की सेवा या नियुक्ति की शर्तें या प्रतिबंध।

(ऊ) हर क्षेत्रीय और मंडली दफ्तर के अलग फंड और खातों का रखरखाव।

(ए) स्टाफ काऊंसिलों का संविधान।

(ऐ) शिकायत बोर्ड लाइसेंसिंग बोर्ड और समितियों की कार्यप्रणाली।

(ओ) श्रोता-अनुसंधान संगठन का संविधान।

34. कठिनाइयों को दूर करने का अधिकार :

इस अधिनियम के प्रावधानों को कारगर रूप देने में यदि किसी कठिनाई का सामना करना पड़े तो केंद्रीय सरकार सरकारी गजट में आदेश प्रकाशित करके इस अधिनियम के अनुकूल ऐसे प्रावधान कर सकती है जो उपयुक्त लगें या कठिनाइयों को दूर करने में सहायक हों।

बशर्ते कि इस अधिनियम के लागू होने के दो वर्ष की समाप्ति के बाद इस धारा के अंतर्गत कोई भी ऐसा आदेश जारी नहीं किया जाएगा।

35. अंतर्वर्ती अधिकार :

1. केंद्रीय सरकार इस अधिनियम के आधार पर नियत तिथि से पूर्व कभी भी ऐसे कदम उठा सकती है या ऐसे आदेश जारी कर सकती है जो ट्रस्ट की स्थापना के लिए युक्तिसंगत या आवश्यक लगें।

2. ट्रस्ट इस नियम के आधार पर नियत तिथि के पश्चात् कभी भी ऐसे कदम उठा सकती है और आदेश जारी कर सकती है और नियम बना सकती है जो इस अधिनियम के प्रावधानों को लागू करने के लिए आवश्यक लगें।

3. विशेषकर तथा उपधारा (2) की सामान्य बातों से बिना पूर्वग्रह के ट्रस्ट निम्नलिखित खर्च करेगी :

(अ) एक-सा केडर संस्थापित करने की दृष्टि से आकाशवाणी और दूरदर्शन सभी मौजूदा कर्मचारियों की जाँच-परख करेगी।

(आ) केंद्रीय सरकार या मंत्रालय केडर या प्रतिनियुक्ति से संबंधित सरकारी कर्मचारियों को यह अधिकार देगी कि वे ट्रस्ट के साथ स्थायी रूप में सेवारत रहें या अपने मूल केडर या विभाग में वापस लौट जाएँ।

(इ) नियम बनाएगी तथा देयादेय के हस्तांतरण के लिए आकलन और व्यवस्था हेतु समितियों का गठन करेगी।

36. सद्भावनापूर्ण कार्रवाई का संरक्षण :

इस अधिनियम के दायरे में नेकनीयती से किए गए या किए जानेवाले किसी भी कार्य के संदर्भ में ट्रस्ट के या उसके किसी ट्रस्टी या ट्रस्ट के निर्देश में कार्यरत किसी भी व्यक्ति के विरुद्ध कोई दावा या कानूनी कार्रवाई नहीं की जा सकती।

37. ट्रस्टी आदि लोक सेवक होंगे :

ट्रस्ट द्वारा नियुक्त सभी ट्रस्टी और अधिकारी या दूसरे कर्मचारी भारतीय दंड संहिता की धारा 21 के अंतर्गत लोक-सेवक के रूप में समझे जाएँगे।

38. बचत :

उक्त अधिनियम में जैसाकि व्यवस्थित किया गया है कि ट्रस्ट या अन्य किसी व्यक्ति द्वारा जिसे इस अधिनियम के तहत विशेषाधिकार प्रदान किया गया है। खरीदे या अधिकृत वायरलैस, टेलिग्राफी के किसी भी उपकरण पर भारतीय वायरलैस, टेलिग्राफी अधिनियम, 1933 के प्रावधान और उसके नियम नहीं लागू होंगे।

उद्देश्य और औचित्य का वक्तव्य

भारत में प्रयोगात्मक प्रसारण 1923 से प्रारंभ हुआ तथा संगठित प्रसारण लगभग चार वर्ष बाद, लेकिन 1930 तक आकाशवाणी के अग्रदूत भारतीय राज्य प्रसारण सेवा का संगठन नहीं हुआ था। गत 50 वर्षों में प्रसारण का तंत्र यथेष्ट विस्तार के दौर से होकर गुजरा है। अब 84 आकाशवाणी स्टेशन हैं तथा 13 दूरदर्शन केंद्र हैं।

स्वतंत्रता के पश्चात् सैद्धांतिक तौर पर यह समझ बनी थी कि आकाशवाणी स्थायी तौर पर सरकारी विभाग न रहे, बल्कि इसे अंततः एक स्वायत्त निगम के रूप में संगठित किया जाय। हालाँकि, इस संदर्भ में प्रसारण और सूचना तंत्र की 1966 की चंदा समिति की सुस्पष्ट सिफारिश के बावजूद विभागीय स्तर अपरिवर्तित रहा। 1976 में जब दूरदर्शन के कार्य को आकाशवाणी से पृथक् किया गया, दूरदर्शन की स्थापना भी सरकारी विभाग के रूप में की गई।

आकाशवाणी, दूरदर्शन तथा दूसरे प्रचार तंत्रों पर सेंसर की शर्तों के नियंत्रण ने पिछले दिनों आकाशवाणी और दूरदर्शन की साख को क्षति पहुँचाई है। देश की एकता और अनेकता दोनों पर जोर देते हुए यदि प्रसारण के उद्देश्यों मुख्यतः जनता को सूचना देने, शिक्षा देने और मनोरंजन करने को पूर्णतः हासिल करना है तो भिन्न प्रकार के समझे जानेवाले रचनात्मक संगठन पर विभागीय नियंत्रण भी हितकारी नहीं होगा।

संविधान के अनुच्छेद 19 (1) (a) में घोषित भाषा और अभिव्यक्ति की स्वतंत्रता की भावना तो प्रसारण पर भी लागू होती है के अनुरूप सरकार द्वारा आकाश भारती विधेयक लाया जा रहा है। पुनर्गठित ढाँचे के माध्यम से जो विकेंद्रीकरण हिस्सेदारी और ग्रामीण विकास के प्रति आश्वस्त करेगा इस विधेयक का उद्देश्य दूरदर्शन की साख और रचनाशीलता को पुनः प्रतिष्ठित करने के लिए एक स्वायत्त और स्वतंत्र राष्ट्रीय प्रसारण की स्थापना है।

स्वतंत्र निर्माण कंपनियों तथा कम शक्ति के विशेषाधिकार स्टेशनों को क्षेत्रीय प्रसारण प्रणाली के हिस्से के रूप में प्रोत्साहित किया जाना चाहिए, ऐसा करने के लिए आकाशवाणी और दूरदर्शन को आकाश भारती के अंतर्गत एक साथ करने के लिए यह प्रस्तावित किया गया है।

आकाश भारती के उद्देश्यों को विधेयक की धारा 5 में स्पष्ट कर दिया गया है। जिन्हें इसके घोषणापत्र के रूप में समझा जाना चाहिए।

विधेयक में उल्लिखित प्रणाली के आधार पर मनोनयन समिति द्वारा प्रस्तुत सूची में से प्रधानमंत्री की सिफारिश पर ट्रस्टियों की नियुक्ति राष्ट्रपति द्वारा की जाएगी।

[बी. जी. वर्गीज कमेटी की रिपोर्ट]

परिशिष्ट-2

(क)
स्वायत्तता के सात चेहरे

1. स्वायत्तता सिर्फ 'रूप' या ढाँचे की परिकल्पना का नाम नहीं है, ऊपरी ढाँचा चाहे जैसा हो, किसी भी संस्थान का वास्तविक चरित्र तथा अन्य संस्थानों से उसके संबंध अंतर्वस्तु से संबंधित होते हैं। ऐसे स्वायत्त निगमों, जो सरकार के सीधे नियंत्रण से बाहर हों, के लिए सरकार ने विभिन्न कानून बनाए हैं। इनमें कुछ व्यावसायिक प्रकृति के हैं, कुछ कंपनी एक्ट के अंतर्गत चलते हैं, कुछ निगम हैं, कुछ आयोग हैं, कुछ सोसाइटियाँ हैं, तकरीबन 120 कंपनियाँ इसके अंतर्गत आती हैं। रेलवे, पोस्ट, टेलीग्राफ, आयुध कारखाने मूलतः व्यावसायिक हैं, उनके कर्मचारी सरकारी होते हैं। राज्य व्यापार निगम, एच.एम.टी., इंडियन टेलीफोन कंपनियों की तरह हैं। जीवन बीमा निगम, एयर लाइंस संसदीय (विशेष) कानूनों से बनी हैं। स्थिति यह है कि कंपनियों और निगमों में वस्तुतः कोई फर्क नहीं रह गया है। इनकी स्वायत्तता इनके विधि विधानों पर निर्भर है किंतु उतने से ही वह संभव नहीं होती। दरअसल, स्वायत्तता का स्तर सिर्फ इनके ढाँचों से तय नहीं होता बल्कि अन्य स्रोतों से तय होता है। कंपनी हो (पब्लिक सेक्टर) या निगम, नियंत्रण संसद का रहता है, मंत्री लोग जिम्मेदार होते हैं, महालेखाकार का दखल भी होता है वहाँ। अदालतें भी हस्तक्षेप कर सकती हैं। इस तरह इन संस्थानों की 'स्वायत्तता' घूम-फिरकर एक जैसी गोलमोल होती है, यद्यपि ऊपर से उनमें फर्क नजर आता है।

2. इजारेदाराना (मोनोपली) हालात में स्वायत्तता कठिन स्थिति है। किंतु वह स्पर्धात्मक स्थितियों में अधिक सुकर है। यही कुंजी है। सरकार की पब्लिक सेक्टर कंपनियों में कुछ इजारेदार कंपनियाँ हैं। कुछ अर्ध इजारेदार हैं। जैसे कोल इंडिया, हिंदुस्तान एअरोनौटिक्स, इंडियन एअर लाइंस आदि। कुछ स्पर्धावाली हैं जैसे माडर्न ब्रैड, अशोका होटल आदि जहाँ इजारेदार स्थिति हैं, वहाँ राज्य की जिम्मेदारी बढ़

जाती है। यहाँ सरकार को ही नीति बनानी होती है, लक्ष्य निर्धारित करने होते हैं, मूल्यांकन करना होता है। स्पर्धावाली कंपनियों में स्थिति दूसरी है। यहाँ बाजार की स्थिति बहुत-सी चीजें तय करती है, सरकार नहीं कर पाती। डबलरोटी के दाम बाजार की माँग और पूर्ति तय करेगी। इस तरह स्पर्धात्मक कंपनियों या निकायों में प्रबंधात्मक स्वायत्तता दिया जाना आसान होता है। इसका उदाहरण एअर लाइंस है। प्रेस यदि आजाद है तो इसलिए कि वहाँ स्पर्धा है।

3. स्वायत्तता 'मिली हुई' वस्तु नहीं होनी चाहिए, वह अर्जित की जानी चाहिए। पब्लिक सेक्टर में सरकार के हस्तक्षेप तभी बढ़ते हैं जब कंपनियाँ भारी नुकसान उठाने लगती हैं, कुप्रबंध की शिकार होती हैं। कुप्रबंधन बाहरी हस्तक्षेप को नियंत्रण देते हैं। किंतु जो कंपनियाँ लाभ में चलती हैं। जिनकी साख होती है, उनमें हस्तक्षेप कम किया जाता है। इसलिए यह कहा जा सकता है कि स्वायत्तता की मात्रा बहुत हद तक कंपनियों या संस्थानों की आंतरिक कार्यावस्था से भी जुड़ी है। कोई भी संस्थान कितना 'स्वायत्त' है यह इस बात से तय होता है कि वह कितने सुघड़ और सुचारु ढंग से चलता है।

4. स्वायत्तता दोतरफा होती है। एक संस्थान और दूसरे संस्थान के बीच दोतरफा। वह एक व्यावहारिक संस्कृति होती है। इसमें संस्थान के प्रबंधक की संस्कृति शामिल है, लोग ऐसा मानने की भूल करते हैं कि स्वायत्तता एक प्रकार की 'घोषणा' है वे समझते हैं कि किसी बाहरी अधिकार से 'मुक्ति' की घोषणा स्वायत्तता और स्वतंत्रता का पर्याय है। इसीलिए स्वायत्तता को प्रायः 'सरकार से स्वाधीनता, मात्र समझ लिया जाता है। स्वायत्तता के अन्य संदर्भ भी हैं, ऐसा भी देखने में आया कि किसी स्टेशन के डाइरेक्टर आकाशवाणी के हैडक्वार्टर से अधिक स्वायत्तता की इच्छा रखते थे, व्यक्ति (प्रोड्यूसर आदि) रचनात्मक स्वायत्तता चाहते थे तथा नीति निर्धारण में अधिक अधिकार इस तरह स्वायत्तता मूलतः-समूची भी होती है। वह प्रबंध के विकेंद्रण और सहभागिता तथा स्वातंत्र्य की भावना होती है।

5. स्वायत्तता की अवधारणा 'आत्यंतिक' अवधारणा नहीं है। वह उत्तरदायी होने से जुड़ी है। जब भी कोई 'स्वायत्त' होने की बात करे तो पूछा जाना चाहिए कि 'किससे स्वायत्तता', 'किसके लिए स्वायत्तता'। प्रायः स्वायत्तता सरकारों से ली जाती है जो संस्थान बनाती हैं। स्वायत्तता इसीलिए होती है कि कुछ निश्चित लक्ष्य पूरे किए जा सकें, ये लक्ष्य ही उसे 'उत्तरदायी' बनाते हैं। स्वायत्तता का अर्थ परम स्वातंत्र्य नहीं है।

6. राष्ट्रीय योजना की अवधारणावाले हमारे समाज में 'परम स्वायत्तता' अकल्पनीय है। योजना का अर्थ है कि देश एक निश्चित दिशा में जाना चाहता है, तो कोई भी संस्थान चाहे कितना भी स्वायत्त क्यों न हो, इस योजना विकास के लक्ष्यों को समर्पित होगा। यहाँ तक कि प्राइवेट सेक्टर को भी अबाध स्वतंत्रता नहीं

दी जा सकती। वे भी राष्ट्रीय योजना विकास के प्रभाव में रहती हैं, शिक्षा भी उसी के तहत चलती है। ऐसे में 'परम स्वायत्त' ब्रोडकास्टिंग व्यवस्था सोचना कठिन है।

7. 'स्वायत्तता' का स्वास्थ्य राष्ट्रीय वातावरण पर निर्भर करता है। राष्ट्रीय वातावरण का निर्माण करनेवाली राजनीति, संस्कृति, अर्थनीति ही अंततः स्वायत्तता को स्वास्थ्य देती है।

[बी.जी. वर्गीज कमेटी रिपोर्ट 1978]

(ख)
कार्य की स्वायत्तता

पैरा 99 : दूरदर्शन अपने समाचार कार्यकर्ता तैयार करने में यदि नाकाम रहा, अथवा वह अपने कर्मियों को आकर्षक तनख्वाहें नहीं दे पाया या कि वह कार्य की स्वायत्तता उन्हें नहीं दे पाया तो उसका कारण यही है कि जिन पर दूरदर्शन निर्भर करता है वे उसकी जरूरतों को समझते। यानी सूचना एवं प्रसारण मंत्रालय इन जरूरतों को नहीं समझता।

पैरा 101 : मंत्रालय के उच्च पदाधिकारी मंत्री को नीति देते हैं, जो स्वयं विशेषज्ञ नहीं होते और अनिश्चित काल के लिए मंत्री होते हैं, जो राजनीतिक उतार-चढ़ाव पर निर्भर होते हैं। यह संतोषजनक व्यवस्था नहीं है। खासकर सूचना एवं प्रसारण मंत्रालय जैसे संवेदनशील मंत्रालय के लिए चिंता का विषय यह है कि मंत्री को भी अ-विशेषज्ञ (नौकरशाहों) की सलाहों पर निर्भर रहना पड़ता है। वह भी अल्पावधि के लिए।

पैरा 112 : विपक्षी दलों की यह शाश्वत शिकायत रही है कि संसद में या बाहर उनकी पार्टियों के वे काम जो सत्तादल के विरुद्ध होते हैं, इन माध्यमों पर या तो कम दिखाए जाते हैं या नहीं दिखाए जाते। जब जनता पार्टी का शासन था तब कांग्रेस ने ऐसी ही शिकायतें दर्ज की थीं।

पैरा 112 (क) : हम दुनिया के सबसे बड़े प्रजातंत्र हैं। किंतु यह प्रजातंत्र युवा ही है। शासक दल और सरकार के बीच विभाजन की स्पष्ट एवं पक्की रेखा होनी चाहिए। दलगत हितों और जनहितों के बीच भी विभाजन रेखा पक्की होनी चाहिए।

पैरा 113 : चुनावी व्यवस्था के फलस्वरूप सांसद में बहुमतवाला दल ही शासक दल होता है। इस तरह एकाएक सत्ता में आ जाने के बाद शासक दल प्रायः स्वयं को 'राष्ट्र का प्रतिनिधि' समझने लगता है और सरकार नियंत्रित माध्यमों को सत्ता में बैठे लोगों की छवि बनाने की ओर ललक उठता है।

[पी.सी. जोशी कमेटी रिपोर्ट 1984]

(ग)

एक प्राधिकरण चाहिए

सेमिनार पी.सी. जोशी ग्रुप की रिपोर्ट के सूत्रीकरण से सहमत थी कि एक ऐसा ढाँचा हो सकता है जो सरकार के नियंत्रण से पूरी तरह स्वायत्त हो फिर भी रचनात्मकता पर बंधन लगानेवाला हो...किंतु इससे आगे के सूत्रीकरण को सेमिनार ने सहमति योग्य नहीं समझा। जो इस प्रकार हैं कि एक संस्थान ऐसा भी संभव है जो सरकार के ढाँचे के भीतर हो और फिर भी उसका ऐसा पुनःसंस्कार संभव है जो 'नव्यता' और रचनात्मकता को मदद दे जैसा कि अणु ऊर्जा विभाग और स्पेस रिसर्च सेंटर में संभव हुआ है।

नामीडिया की सेमिनारों ने प्रस्तावित किया कि एक प्राधिकरण 'टेलीविजन आथोरिटी ऑफ इंडिया' स्थापित किया जाना चाहिए। यह जनता का प्रयास होना चाहिए। इसमें पेशेवर विशेषज्ञ तथा राष्ट्रीय स्तर के उदार चरित के लोग होने चाहिए जिनके पास तकनीकी, वैज्ञानिक, सांस्कृतिक, कलात्मक, सौंदर्य शास्त्रात्मक ज्ञान हो। यही ढाँचा आदर्श हो सकता है। ऐसा प्राधिकरण न तो सरकार का दुश्मन हो सकता है और न दास।

[नामीडिया रिपोर्ट 1986]

(घ)

स्वायत्तता जरूरी नहीं

पैरा 19.3.01 : दो राज्यों ने स्वायत्तता के लिए आग्रह किया है। वे चाहते हैं कि ब्रॉडकास्टिंग व्यवस्था स्वायत्त हो। बहुत से बुद्धिजीवी भी सोचते हैं कि जनसंचार माध्यम स्वायत्त हो। वर्गीज कमेटी भी इसी विचार की थी...

पैरा 19.3.02 : हमने इन सुझावों को देखा और पाया कि इन ताकतवर माध्यमों को जनहित में इस्तेमाल किया जाना चाहिए। आधुनिकीकरण में इससे मदद की जानी चाहिए। वे लोगों में अज्ञान और अशिक्षा के अवरोधों को तोड़ सकते हैं...इन उद्देश्यों को ध्यान में रखते हुए हमने पाया कि इन जनसंचार माध्यमों पर केंद्र सरकार का ही नियंत्रण रहना चाहिए, जो संसद के प्रति जिम्मेदार रहेगी।

[सरकारिया कमेटी रिपोर्ट 1988]

परिशिष्ट-3

प्रसार भारती (भारतीय प्रसारण निगम)

विधान 1990

भारतीय प्रसारण निगम की, जिसका नाम प्रसार भारती होगा, स्थापना का उपबंध करने, उसके गठन, कृत्य तथा शक्तियाँ परिनिश्चित करने और उससे संबद्ध या उनके आनुषंगिक विषयों का उपबंध करने के लिए विधेयक

भारत गणराज्य के इकतालीसवें वर्ष की संसद द्वारा निम्नलिखित रूप में यह अधिनियमित हो :

अध्याय-1

1. प्रारंभिक :

1. इस विधान का संक्षिप्त नाम प्रसार भारती (भारतीय प्रसारण निगम) विधान 1990 है।

2. इसका विस्तार संपूर्ण भारत पर है।

3. यह उस तारीख को प्रवृत्त होगा, जो केंद्रीय सरकार अधिसूचना द्वारा नियत करे।

2. परिभाषाएँ :

इस अधिनियम में, जब तक कि संदर्भ से अन्यथा अपेक्षित न हो :

(क) 'आकाशवाणी' से ऐसे कार्यालय, केंद्र और अन्य स्थापन चाहे उनका जो भी नाम हो, अभिप्रेत है, जो नियत दिन के ठीक पूर्व, संघ के सूचना और प्रसारण मंत्रालय के आकाशवाणी महानिदेशालय के अंग थे या उसके अधीन थे;

(ख) 'नियत दिन' से धारा 3 के अधीन नियत तारीख अभिप्रेत है;

(ग) प्रसारण का अर्थ चिह्न, सिग्नल, लेखन, चित्र, बिंब, ध्वनियों के इक्लेट्रो मेग्नेटिक तरंगों द्वारा अंतरिक्ष या तार द्वारा संप्रेषित करना है जो जनता को प्रत्यक्ष या परोक्ष रूप में प्राप्त होता है, जिसे विविध रिले स्टेशन प्रसारित करते हैं, प्रसारित संचार की।

(घ) 'बोर्ड' का अर्थ 'प्रसार भारती बोर्ड' है।

(ङ) 'प्रसारण परिषद' से धारा 13 के अधीन स्थापित परिषद अभिप्रेत है।

(च) 'अध्यक्ष' से धारा 4 के अधीन नियुक्त निगम का अध्यक्ष अभिप्रेत है।

(छ) 'निगम' के धारा 3 के अधीन स्थापित 'प्रसार भारती' (भारतीय प्रसारण निगम) अभिप्रेत है।

(ज) 'दूरदर्शन' से अभिप्रेत हैं ऐसे कार्यालय केंद्र और अन्य स्थापन, चाहे उनका जो भी नाम हो, जो नियत दिन के ठीक पूर्व, केंद्रीय सूचना और प्रसारण मंत्रालय के महानिदेशालय, दूरदर्शन के अंग थे या उनके अधीन थे।

(झ) 'चयनित सदस्य' का अर्थ धारा 3 के अंतर्गत चुने गए सदस्य हैं।

(ञ) 'कायकारी सदस्य' का अर्थ धारा 4 के अंतर्गत नियुक्त कार्यकारी सदस्य हैं।

(ट) 'केंद्र' का अर्थ स्टूडियो या ट्रांसमीटरों या दोनों के सहित कोई टेलीकास्टिंग केंद्र है। इसके अंतर्गत रिले स्टेशन भी है।

(ठ) 'सदस्य' का अर्थ निगम का सदस्य है।

(ड) 'सदस्य' वित्त का अर्थ धारा 4 के अंतर्गत नियुक्त सदस्य (वित्त) है।

(ढ) सदस्य (कार्मिक) का अर्थ धारा 4 के अंतर्गत नियुक्त सदस्य (कार्मिक) है।

(त) 'नामनिर्दिष्ट शासक' से सूचना और प्रसारण मंत्रालय द्वारा धारा 9 के अधीन नामनिर्दिष्ट शासक अभिप्रेत है।

(थ) 'अव्यगत निधि' से कुछ स्कीमों के व्यय की पूर्ति करने के सृजित निधि अभिप्रेत है।

(द) 'अधिसूचना' से राजपत्र में प्रकाशित अधिसूचना अभिप्रेत है।

(ध) 'अंशकालिक सदस्य' से सदस्य बोर्ड का धारा 4 के अधीन नियुक्त अंशकालिक सदस्य अभिप्रेत है किंतु इसके अंतर्गत नामनिर्दिष्ट शासक नहीं हैं।

(न) 'विहित' से इस अधिनियम के अधीन बनाए गए नियमों द्वारा विहित अभिप्रेत है।

(प) 'भर्ती बोर्ड' से धारा 10 की उपधारा (1) के अधीन स्थापित बोर्ड अभिप्रेत है।

(फ) 'विनियम' से निगम द्वारा इस अधिनियम के अधीन बनाए गए विनियम

अभिप्रेत हैं।

(ब) 'स्टेशन' से स्टूडियो या ट्रांसमीटरों या दोनों के सहित कोई प्रसारण–स्टेशन अभिप्रेत है और इसके अंतर्गत रिले स्टेशन भी है।

(भ) 'पूर्णकालिक सदस्य' से कार्यकारी सदस्य (वित्त) या सदस्य (कार्मिक) अभिप्रेत है और इसके अंतर्गत अध्यक्ष भी हैं।

(म) 'वर्ष' से वित्तीय वर्ष अभिप्रेत है।

अध्याय-2
प्रसार भारती (भारतीय प्रसारण निगम)

3. निगम की स्थापना और गठन :

1. ऐसी तारीख से, जो केंद्रीय सरकार, अधिसूचना द्वारा, इस निमित्त नियत करे, इस अधिनियम के प्रयोजनों के लिए एक निगम स्थापित किया जाएगा जिसका नाम प्रसार भारती (भारतीय प्रसारण निगम) होगा।

2. निगम पूर्वोक्त नाम से शाश्वत उत्तराधिकार और सामान्य मुद्रावाला एक नियमित निकाय होगा जिसे जंगम और स्थावर दोनों प्रकार की पंक्ति का अर्जन, धारण और व्ययन करने की और संविदा करने की अभिव्यक्ति होगी और उक्त नाम से वह वाद लाएगा और उसके विरुद्ध वाद लाया जाएगा।

3. निगम का मुख्यालय नई दिल्ली में होगा और निगम भारत में अन्य स्थानों पर और केंद्रीय सरकार के पूर्वानुमोदन से भारत के बाहर कार्यालय, केंद्र या स्टेशन स्थापित कर सकेगा।

4. निगम के कार्यकलापों का साधारण अधीक्षण, निदेशन और प्रबंध सदस्य बोर्ड में निहित होगा जो सभी ऐसी शक्तियों का प्रयोग कर सकेगा और सभी ऐसे कार्य और बातें कर सकेगा जो इस अधिनियम के अधीन निगम द्वारा प्रयोग की जाय।

5. बोर्ड में निम्नलिखित होंगे, अर्थात् :

(क) अध्यक्ष (एक)

(ख) एक कार्यकारी सदस्य (एक)

(ग) सदस्य वित्त (एक)

(घ) सदस्य (कार्मिक) (एक)

(ङ) अंशकालिक सदस्य (छह)

(च) महानिदेशक–आकाशवाणी (पदेन) (एक)

(छ) महानिदेशक—दूरदर्शन (पदेन) (एक)

(ज) सूचना एवं प्रसारण मंत्रालय द्वारा नामित मंत्रालय का प्रतिनिधि (एक)

(झ) निगम के कर्मचारियों के प्रतिनिधि, जिनमें से एक इंजीनियरिंग स्टाफ के बीच से, और दूसरा प्रतिनिधि शेष कर्मचारियों के बीच से (दो)

6. निगम उतनी समितियाँ स्थापित कर सकेगा जितनी उसके कृत्यों, शक्तियों और कर्तव्यों के दक्षतापूर्ण पालन, प्रयोग और निर्वाहन के लिए आवश्यक हों।

परंतु प्रत्येक समिति के सभी सदस्य सदस्य होंगे और किसी ऐसी समिति के किसी ऐसे सदस्य को, जो सदस्य नहीं है, केवल भाग लेने का अधिकार होगा किंतु उसे मतदान करने का अधिकार नहीं होगा।

7. निगम ऐसी रीति से और ऐसे प्रयोजनों के लिए जो विनिमयों द्वारा उपबंधित किए जाएँ, किसी ऐसे व्यक्ति को अपने साथ सहयोजित कर सकेगा जिसकी सहायता या सलाह इस अधिनियम के उपबंध में से किसी का अनुपालन करने में आवश्यक हो और इस प्रकार सहयुक्त व्यक्ति को सदस्य बोर्ड के ऐसे विचार-विमर्श में, जो उन प्रयोजनों से सुसंगत हो जिनके लिए वह सहयुक्त किया गया है, भाग लेने का अधिकार होगा किंतु उसे मतदान करने का अधिकार नहीं होगा।

8. सदस्य बोर्ड का या उपधारा (7) के अधीन उसके द्वारा स्थापित किसी समिति का कोई कार्य या कार्यवाही केवल इस कारण से अविधिमान्य नहीं हो जाएगी, कि :

(क) बोर्ड या ऐसी समिति में कोई रिक्ति या उसके गठन में कोई त्रुटि है : या

(ख) या ऐसी समिति के सदस्य के रूप में कार्य करनेवाले किसी व्यक्ति की नियुक्ति से कोई त्रुटि है : या

(ग) बोर्ड या ऐसी समिति की प्रक्रिया में कोई ऐसी अनियमितता है जिससे मामले के गुणागुण पर प्रभाव न पड़ता हो।

4. अध्यक्ष और सदस्यों की नियुक्ति :

1. अध्यक्ष और अन्य सदस्य ऐसी समिति की सिफारिश पर भारत के राष्ट्रपति द्वारा नियुक्त किए जाएँगे, जिसमें निम्नलिखित होंगे :

(क) राज्यसभा का सभापति,

(ख) प्रेस परिषद अधिनियम; 1978 की धारा 4 के अधीन स्थापित भारतीय प्रेस परिषद का अध्यक्ष; और

(ग) भारत के राष्ट्रपति का एक नामित।

2. किसी सदस्य की नियुक्ति केवल इस कारण अविधिमान्य नहीं हो जाएगी कि उपधारा (1) के अधीन नियुक्त समिति में कोई रिक्ति है या उसके गठन में

कोई त्रुटि है।

3. अध्यक्ष और अंशकालिक, समस्त सार्वजनिक जीवन में ख्यातिवाले व्यक्ति होंगे; कार्यकारी सदस्य ऐसा व्यक्ति होगा जिसके पास प्रशासन, प्रबंध, प्रसारण शिक्षा, साहित्य, संस्कृति, कला, संगीत, नाट्यशास्त्र, पत्रकारिता जैसे विषयों में विशेष ज्ञान या व्यावहारिक अनुभव है, सदस्य (वित्त) ऐसा व्यक्ति होगा जिसके पास वित्तीय विषयों में विशेष ज्ञान या व्यावहारिक अनुभव है, और सदस्य (कार्मिक) ऐसा व्यक्ति होगा जिसके पास कार्मिक प्रबंध और प्रशासन में विशेष ज्ञान और व्यावहारिक अनुभव है।

5. कार्यकारी सदस्य की शक्तियाँ और कृत्य :

1. अध्यक्ष निगम के ऐसे कृत्यों का पालन व ऐसी शक्तियों का प्रयोग और ऐसे कर्तव्यों का निर्वहन करेगा जो बोर्ड उसे प्रत्यायोजित करे।

2. कार्यकारी सदस्य निगम का मुख्य कार्यकारी होगा और अध्यक्ष के नियंत्रण और पर्यवेक्षण के अधीन रहते हुए सदस्य बोर्ड की ऐसी शक्तियों का प्रयोग और ऐसे कृत्यों का निर्वहन करेगा जो वह उसे प्रत्यायोजित करे।

6. अध्यक्ष और अन्य सदस्यों की पदावधि सेवा की शर्तें आदि :

1. अध्यक्ष अंशकालिक सदस्य होगा और अपने कार्यभार ग्रहण करने के दिन से छह साल तक के लिए पदभार ग्रहण करेगा।

2. कार्यकारी सदस्य, सदस्य (वित्त) तथा सदस्य (कार्मिक) पूर्णकालिक सदस्य होंगे। हर सदस्य छह साल तक पदभार ग्रहण करेगा या तब तक जब तक वह 62 वर्ष का नहीं हो जाता। इन दोनों व्यवस्थाओं में से जो भी पहले हो।

3. अंशकालिक सदस्यों की पदावधि छह वर्ष होगी किंतु ऐसे सदस्यों का एक-तिहाई हर दूसरे वर्ष के अवसान पर सेवा निवृत्त हो जाएगा।

4. चुने गए सदस्यों की पदावधि दो वर्ष या तब तक होगी जब तक वह निगम से सेवानिवृत्त नहीं हो जाता।

5. भारत का राष्ट्रपति, निगम की स्थापना के पश्चात् यथाशक्य शीघ्र आदेश द्वारा उस समय नियुक्त अंशकालिक सदस्यों में से कुछ सदस्यों की पदावधि कम करने के लिए ऐसा उपबंध कर सकेगा जो वह ठीक समझे जिससे कि अंशकालिक सदस्य के रूप में पद धारण करनेवाले सदस्यों का एक-तिहाई उसके पश्चात् प्रत्येक दूसरे वर्ष में जो सेवानिवृत्त हो जाय।

6. जहाँ अध्यक्ष या किसी अन्य सदस्य का पद धारण करनेवाले किसी व्यक्ति की पदावधि समाप्त होने के पूर्व कोई रिक्ति चाहे किसी भी कारण से हुई हो वहाँ

ऐसी रिक्ति को आकस्मिक-रिक्ति समझा जाएगा और ऐसी रिक्ति को भरने के लिए नियुक्त किया गया व्यक्ति उस पदावधि की अनवसित अवधि के लिए पद धारण करेगा जिसके लिए उसका पद-पूर्ववर्ती यदि ऐसी रिक्ति न हुई होती तो धारण करता।

7. पूर्णकालिक सदस्य निगम के कर्मचारी होंगे वे ऐसे वेतनों और भर्ती के हकदार होंगे, छुट्टी, पेंशन (यदि कोई है) भविष्य-निधि और अन्य विषयों की बाबत सेवा की ऐसी शर्तों के अधीन होंगे जो विहित की जाएँ।

परंतु उनकी नियुक्ति के पश्चात् उनके वेतनों और भत्तों तथा सेवा की शर्तों में उनके लिए अलाभप्रद कोई फेरफार नहीं किया जाएगा।

8. अंशकालिक सदस्य ऐसे भत्तों के हकदार होंगे जो विहित किए जाएँ।

7. अध्यक्ष और सदस्यों का हटाया जाना और निलंबन :

1. उपधारा (3) के उपबंधों के अधीन रहते हुए अध्यक्ष या कोई अन्य सदस्य पूर्णकालिक या कोई अंशकालिक सदस्य अपने पद से कदाचार के आधार पर राष्ट्रपति के आदेश द्वारा तभी हटाया जाएगा जब उच्चतम न्यायालय राष्ट्रपति द्वारा उसे किए गए निर्देश पर, ऐसी प्रक्रिया के अनुसरण में जिसका उच्चतम न्यायालय नियमों द्वारा उपबंध करे, जाँच की जाने पर यह रिपोर्ट दे दे कि, यथास्थिति अध्यक्ष या अन्य पूर्णकालिक शासक या अंशकालिक शासक को ऐसे आधार पर हटा देना चाहिए।

2. राष्ट्रपति, उच्चतम न्यायालय का अनुमोदन प्राप्त करने के पश्चात् अध्यक्ष या अन्य सदस्य को, जिसके बारे में उपधारा (1) के अधीन उच्चतम न्यायालय को निर्देश किया गया है पद से ऐसे निर्देश पर, उच्चतम न्यायालय की रिपोर्ट की प्राप्ति पर राष्ट्रपति के आदेश पारित करने तक निलंबित कर सकेगा।

3. राष्ट्रपति, उपधारा (1) में किसी बात के होते हुए भी, आदेश द्वारा अध्यक्ष या अन्य पूर्णकालिक सदस्य, सदस्य को आदेश द्वारा उसके पद से हटा सकेगा यदि ऐसा अध्यक्ष या ऐसा अन्य पूर्णकालिक सदस्य।

(क) दिवालिया न्यायनिर्णीत किया गया है; या

(ख) अपनी पदावधि के दौरान अपने पद के कर्तव्यों से बाहर किसी वैतनिक नियोजन में लगा हुआ है; या

(ग) राष्ट्रपति की राय में शारीरिक या मानसिक दौर्बल्य के कारण पद पर बने रहने के अयोग्य है।

परंतु राष्ट्रपति, आदेश द्वारा, किसी अंशकालिक शासक को पद से हटा सकेगा यदि वह दिवालिया न्यायनिर्णीत किया गया है या जहाँ वह राष्ट्रपति की राय में शारीरिक और मानसिक दौर्बल्य के कारण पद पर बने रहने के अयोग्य है।

4. यदि अध्यक्ष या कोई अन्य पूर्णकालिक सदस्य, ('पदेन' को छोड़कर) निगम या भारत सरकार या किसी राज्य सरकार द्वारा या उसकी ओर से की गई संविदा

या करार में किसी प्रकार के संबद्ध या हितबद्ध है या हो जाता है अथवा उसके लाभ में या उससे उद्भूत होनेवाले किसी फायदे उपलब्धि में कोई लाभ किसी नियमित कंपनी के सदस्य से भिन्न रूप में और अन्य सदस्यों के साथ मिलकर किसी प्रकार से भाग लेता है तो वह, उपधारा (1) के प्रयोजनों के लिए कदाचार का दोषी समझा जाएगा।

5. यदि कोई अंशकालिक सदस्य निगम द्वारा या उसकी ओर से की गई किसी संविदा या करार में किसी प्रकार से संबद्ध हो जाता है तो वह उपधारा (1) के प्रयोजनों के लिए, कदाचार का दोषी समझा जाएगा।

6. अध्यक्ष या कोई अन्य सदस्य भारत के राष्ट्रपति को लिखित में सूचना देकर अपना पद त्याग सकेगा और ऐसा त्यागपत्र स्वीकार कर लिए जाने पर अध्यक्ष या ऐसे अन्य सदस्य के बारे में यह समझा जाएगा कि उसने अपना पद रिक्त कर दिया है।

8. बोर्ड के अधिवेशन :

1. बोर्ड के अधिवेशन ऐसे समय और स्थानों पर होंगे और वे अपने अधिवेशनों में कामकाज (जिसके अंतर्गत अधिवेशनों में गणपूर्ति भी है) के बारे में प्रक्रिया के ऐसे नियमों का पालन करेगा जिनका विनियमों द्वारा उपबंध किया जाय।

परंतु प्रत्येक वर्ष में कम-से-कम छः अधिवेशन लेने होंगे किंतु एक अधिवेशन और दूसरे अधिवेशन के बीच में तीन मास से अधिक का अंतर नहीं होगा।

2. यदि सदस्य बोर्ड के लगातार तीन अधिवेशनों से अध्यक्ष की अनुमति के बिना अनुपस्थित रहता है तो यह समझा जाएगा कि शासक ने अपना पद रिक्त कर दिया है।

3. अध्यक्ष बोर्ड के अधिवेशनों की अध्यक्षता करेगा और यदि वह किसी कारण से किसी अधिवेशन में हाजिर होने में असमर्थ है तो कार्यपालक सदस्य और दोनों की अनुपस्थिति में ऐसे अधिवेशन में उपस्थित सदस्यों द्वारा निर्वाचित कोई अन्य शासक अधिवेशन की अध्यक्षता करेगा।

4. बोर्ड अधिवेशन में उठनेवाले सभी प्रश्नों का विनिश्चय उपस्थित और मतदान करनेवाले सदस्यों के मतों की बहुसंख्या से होगा और मत बराबर होने की दशा में अध्यक्ष को या उसकी अनुपस्थिति में अध्यक्षता करनेवाले व्यक्ति को द्वितीय या निर्णायक मत देने का अधिकार होगा।

9. निगम के अधिकारी और अन्य कर्मचारी :

1. ऐसे नियंत्रण, निर्वचनों और शर्तों के अधीन रहते हुए, जो विहित की जाएँ

निगम भर्ती के बोर्ड से परामर्श करके अधिकारियों और कर्मचारियों को नियुक्त कर सकेगा जो आवश्यक हो।

2. ऐसे अधिकारियों और कर्मचारियों की भर्ती की पद्धतियाँ और उनसे संबद्ध सभी अन्य विषयों तथा ऐसे अधिकारियों और अन्य कर्मचारियों की सेवा की शर्तें ऐसी होंगी जिनका विनियमों द्वारा उपबंध किया जाय।

10. भर्ती बोर्ड की स्थापना :

1. निगम नियत दिन के पश्चात् यथाशीघ्र और ऐसी रीति से तथा ऐसी शर्तों और निर्बंधनों के अधीन रहते हुए, जो विहित किए जाएँ : धारा 9 के प्रयोजनों के लिए एक या अधिक बोर्ड स्थापित कर सकेगा जिनमें सभी व्यक्ति ऐसे होंगे जो निगम के शासक अधिकारी और अन्य कर्मचारी न हों। केंद्र सरकार के संयुक्त सचिव के वेतनमान के समान वेतनमान वाले कर्मचारी की नियुक्ति के लिए भर्ती बोर्ड में निगम-अध्यक्ष, जो पदेन सरकार तथा नामित एवं चुने सदस्य शामिल होंगे।

11. विद्यमान कर्मचारियों की सेवा का निगम को अंतरण :

1. जहाँ केंद्रीय सरकार ने किन्हीं ऐसे कृत्यों का, जो धारा 12 के अधीन नियम के कृत्य हैं, संपादन करना समाप्त कर दिया है वहाँ केंद्रीय सरकार के लिए यह विधिपूर्ण होगा कि वह आदेश द्वारा और ऐसी तारीख या तारीखों से, जो आदेश में विनिर्दिष्ट की जाएँ, ऐसे किन्हीं अधिकारियों और कर्मचारियों को जो आकाशवाणी या दूरदर्शन में सेवारत हैं और उन कृत्यों का संपादन करने में लगे हुए हैं, निगम को अवतरित कर दें।

परंतु इस धारा के अधीन कोई आदेश आकाशवाणी या दूरदर्शन में किसी ऐसे अधिकारी या अन्य कर्मचारी के बारे में नहीं किया जाएगा जिसने निगम को अपना अंतरण किए जाने या केंद्रीय सरकार की प्रस्थापना की बाबत, निगम का कर्मचारी न बनने का अपना आशय ऐसे समय के भीतर प्रज्ञापित कर दिया है जो सरकार द्वारा इसे निर्मित विनिर्दिष्ट किया जाय।

2. उपधारा (1) के उपबंध भारतीय सूचना सेवा, केंद्रीय सचिवालय सेवा या किसी अन्य सेवा को या आकाशवाणी तथा दूरदर्शन बाह्य काडरों के ऐसे व्यक्तियों को भी जो नियत दिन से ठीक पूर्व आकाशवाणी या दूरदर्शन से कार्य कर रहे हैं, लागू होंगे।

परंतु जहाँ कोई ऐसा सदस्य, उपधारा (1) में निर्दिष्ट समय के भीतर अपना ऐसा आशय कि वह निगम का कर्मचारी नहीं बनना है और प्रति नियुक्ति पर बना रहना चाहता है, संसूचित करना चाहता है वहाँ उसे ऐसे निबंधनों और शर्तों के अनुसार,

जो विहित की जाएँ, प्रतिनियुक्त पर बने रहने के लिए अनुज्ञात किया जा सकेगा।

3. उपधारा (1) के अधीन कोई आदेश करते समय केंद्रीय सरकार यथाशक्य उन कृत्यों पर, जिनका संपादन करना, यथास्थिति, आकाशवाणी या दूरदर्शन ने समाप्त कर दिया है या समाप्त कर देता है और उन क्षेत्रों पर जिनमें ऐसे कृत्यों का संपादन किया गया है या किया जा रहा है, विचार करेगी।

4. उपधारा (1) के अधीन किए गए किसी आदेश द्वारा अंतरित कोई अधिकारी या अन्य कर्मचारी अंतरण की तारीख से ही केंद्रीय सरकार का कर्मचारी नहीं रह जाएगा और निगम का कर्मचारी ऐसे पदनाम से ही जाएगा जो निगम अवधारित करे और उपधारा (5), उपधारा (6) और उपधारा (7) के उपबंधों के अधीन रहते हुए; पारिश्रमिक और सेवा की अन्य शर्तों की बाबत जिनके अंतर्गत पेंशन, छुट्टी और भविष्यनिधि आदि इस अधिनियम के अधीन निगम द्वारा बनाए गए विनियमों से शासित होगा तथा जब तक उसका नियोजन निगम द्वारा समाप्त नहीं कर दिया जाता है तब तक वह निगम का अधिकारी या अन्य कर्मचारी बना रहेगा।

5. प्रत्येक अधिकारी या अन्य कर्मचारी, जिसे उपधारा (1) के अधीन किए गए किसी आदेश द्वारा अंतरित किया गया है, अंतरण की तारीख से छह माह के भीतर अपने इस विकल्प का प्रयोग लिखित रूप से करेगा कि वह–

(क) उस वेतनमान से, जो अंतरण की तारीख के ठीक पूर्व आकाशवाणी या दूरदर्शन के अधीन उसके द्वारा धारित पद को लागू करना था या उस वेतनमान से, जो निगम के अधीन उस पद को, जिस पर उसे अंतरित किया गया है, लागू है शासित होगा।

परंतु किसी अधिकारी या अन्य कर्मचारी द्वारा खंड (क) के अधीन प्रयुक्त विकल्प निगम के अधीन केवल उस पद की बाबत लागू होगा जिस पर ऐसे अधिकारी या कर्मचारी को अंतरित किया गया है और निगम के अधीन किसी उच्चतर पद पर नियुक्त होने पर केवल उस वेतनमान का पात्र होगा जो उस उच्चतर पद को लागू हो।

परंतु यह और कि यदि अपने अंतरण की तारीख के ठीक पूर्व ऐसा कोई अधिकारी या अन्य कर्मचारी सरकार के अधीन या तो किसी छुट्टी से हुई रिक्ति में या विनिर्दिष्ट अवधि की किसी अन्य रिक्ति में किसी उच्चतर पद पर कार्य कर रहा है, तो अंतरण होने पर उसका वेतन ऐसी रिक्ति की अनवसित अवधि के लिए संरक्षित किया जाएगा और तत्पश्चात् वह उस वेतनमान का, जो सरकार के अधीन उस पद को लागू है जिस पर वह प्रतिवर्तित होता या उस वेतनमान का, जो निगम के अधीन उस पद को लागू है जिस पर उसे अंतरित किया गया है, इन दोनों में से जिसके लिए भी वह अपने विकल्प का प्रयोग करे, हकदार होगा।

परंतु यह और भी कि जब कोई अधिकारी या अन्य कर्मचारी जो संघ सूचना

और प्रसारण मंत्रालय या उसके किसी संलग्न या अधीनस्थ कार्यालयों में सेवा कर रहा है, ऐसे किसी अन्य अधिकारी या कर्मचारी के, जो उस विभाग या कार्यालय में ऐसे अंतरण के पूर्व उससे ज्येष्ठ था, निगम को अंतरित किए जाने के पश्चात् उस विभाग या कार्यालय में किसी उच्च पद पर कार्य करने के लिए प्रोन्नत किया गया है, तो वह अधिकारी या अन्य कर्मचारी, जिसे ऐसे उच्चतर पद पर कार्य करने के लिए प्रोन्नत किया गया है, निगम को अंतरित किए जाने पर केवल उस वेतनमान का, जो उस पद को लागू है जिसे वह, यदि प्रोन्नत न हुई होती तो, धारित करता या उस वेतनमान का जो निगम के अधीन उस पद को लागू है जिस पर अंतरित किया गया है, इन दोनों में से जिसके लिए भी वह अपने विकल्प का प्रयोग करे, हकदार होगा।

6. उपधारा (1) या उपधारा (2) के अधीन किए गए किसी आदेश द्वारा अंतरित कोई भी अधिकारी या अन्य कर्मचारी–

(क) विनियमों में ही विनिर्दिष्ट किए जानेवाले ऐसे प्राधिकारी के जो निगम के अधीन वैसी ही या समतुल्य नियुक्ति करने के लिए सक्षम हो अधीनस्थ प्राधिकारी द्वारा न तो पदच्युत किया जाएगा और न पद से हटाया जाएगा। (ख) तब तक न पदच्युत किया जाएगा, न पद से हटाया जाएगा और न अवनत किया जाएगा जब तक कि ऐसी जाँच नहीं कर ली जाती जिसमें उसे उसके विरुद्ध आरोपों से अवगत करा दिया हो और उन दोषारोपों से अवगत करा दिया गया हो और उन दोषारोपों के संबंध में सुनवाई का युक्तियुक्त अवसर दे दिया गया हो।

परंतु जहाँ ऐसी जाँच के पश्चात् उस पर ऐसी कोई शास्ति अधिरोपित करना प्रस्थापित हो, वहाँ ऐसी जाँच के दौरान दिए गए साक्ष्य के आधार पर ऐसी शास्ति आरोपित की जा सकेगी और ऐसे व्यक्ति को प्रस्थापित शास्ति की बाबत अभ्यावेदन करने का अवसर देना आवश्यक नहीं होगा।

परंतु यह और कि खंड (ख)–

(i) वहाँ लागू नहीं होगा जहाँ कोई अधिकारी या अन्य कर्मचारी ऐसे आचार के आधार पर पदच्युत किया गया.या पद से हटाया गया या अवनत किया गया है जिसके लिए आपराधिक आरोप पर वह सिद्ध दोष ठहराया गया है; या

(ii) वहाँ लागू नहीं होगा जहाँ किसी अधिकारी या अन्य कर्मचारी को पदच्युत करने या पद से हटाने या अवनत करने की शक्ति रखनेवाले किसी प्राधिकारी का समाधान हो जाता है कि किसी कारण से, जो उस प्राधिकारी द्वारा लेखबद्ध किया जाएगा, युक्तियुक्त रूप से यह साध्य नहीं है कि ऐसी जाँच की जाय।

7. यदि उपधारा (6) में निर्दिष्ट किसी अधिकारी या अन्य कर्मचारी की बाबत ऐसा कोई प्रश्न उठता है कि उस उपधारा में यथानिर्दिष्ट, जाँच करना युक्तियुक्त रूप में साध्य है या नहीं तो उस पर प्राधिकारी का विनिश्चिय अंतिम होगा जो उसे

पदच्युत करने या पद से हटाने या अवनत करने के लिए सशक्त है।

12. निगम के कृत्य और शक्तियाँ :

1. इस अधिनियम के उपबंधों के अधीन रहते हुए, निगम का यह प्राथमिक कर्तव्य होगा कि वह जनता को जानकारी देने, शिक्षित करने और उसका मनोरंजन करने के लिए और रेडियो तथा टेलीविजन पर प्रसारण का संतुलित विकास सुनिश्चित करने के लिए रेडियो और टेलीविजन पर सार्वजनिक प्रसारण सेवा का संगठन और संचालन करे।

व्याख्या : संदेह निवारण के लिए यह घोषित किया जाता है कि इस खंड की व्यवस्थाएँ 1805 के भारतीय टेलीग्राम एक्ट की व्यवस्थाओं के पूरक के तौर पर होंगी न कि उच्छेदक के रूप में।

2. निगम अपने कृत्यों के निर्वहन में निम्नलिखित उद्देश्यों से मार्गदर्शन प्राप्त करेगा, अर्थात् :

(क) देश की एकता और अखंडता तथा संविधान में दिए गए लोकतंत्रात्मक मूल्यों को अक्षुण्ण रखना।

(ख) नागरिक के इस अधिकार को सुरक्षित रखना कि उसे सार्वजनिक हित के सभी राष्ट्रीय या अंतर्राष्ट्रीय विषयों की स्वतंत्र, सत्य और निष्पक्ष जानकारी प्राप्त हो और जानकारी को उचित तथा संतुलित रूप से प्रस्तुत करना जिसके अंतर्गत परस्पर विरोधी विचारों को अपनी कोई राय या विचार-धारा का समर्थन किए बिना प्रस्तुत करना भी है।

(ग) शिक्षा और साक्षरता का प्रसार, कृषि, ग्रामीण-विकास, पर्यावरण, स्वास्थ्य और परिवार-कल्याण, विज्ञान और प्रौद्योगिक क्षेत्रों की ओर विशेष रूप से ध्यान देना।

(घ) समुचित कार्यक्रमों का प्रसारण करके देश को विभिन्न क्षेत्रों की भिन्न-भिन्न संस्कृतियों और भाषाओं को पर्याप्त समाचार देना।

(ङ) क्रीड़ा और खेलकूद के पर्याप्त समाचार देना जिससे कि अच्छी स्पर्धा और खेलकूद की भावना को प्रोत्साहन दिया जा सके।

(च) युवकों की विशेष आवश्यकताओं को ध्यान में रखकर समुचित कार्यक्रम देना।

(छ) महिलाओं की स्थिति और समस्याओं के संबंध में जानकारी देना और राष्ट्रीय-चेतना जाग्रत करना, तथा महिलाओं की उन्नति के लिए विशेष ध्यान देना।

(ज) सामाजिक न्याय को प्रोत्साहन देना तथा शोषण, असमानता और छुआछूत जैसी बुराइयों का प्रतिरोध करना, तथा समाज के दुर्बल वर्गों के कल्याण को अग्रसर करना।

(झ) श्रमजीवी वर्गों के अधिकारों की रक्षा करना और उनके कल्याण को अग्रसर करना।

(ञ) ग्रामीण और जनता के दुर्बल वर्गों तथा सीमावर्ती पिछड़े और दूरस्थ क्षेत्रों के निवासियों की सेवा करना।

(ट) अल्पसंख्यकों और जनजाति समुदायों की विशेष आवश्यकताओं को ध्यान में रखकर समुचित कार्यक्रम देना।

(ठ) बालकों, अंधों, वृद्धों, अपंग तथा अन्य निर्बल वर्ग के लोगों के हितों की रक्षा करने के लिए विशेष उपाय करना।

(ड) ऐसी रीति से प्रसारण करके राष्ट्रीय अखंडता का संवर्धन करना जिससे भारत की भाषाओं के संपर्क को सुकर बनाया जा सके, और प्रत्येक राज्य की भाषा में प्रादेशिक प्रसारण सेवाओं के संवितरण को सुकर बनाया जा सके।

(ढ) समुचित प्रौद्योगिकी का चयन करके तथा उच्च क्वालिटी की ग्रहणशीलता सुनिश्चित करके और उपलक्ष्य प्रसारण फ्रीक्वेंसियों का सर्वोत्तम उपयोग करके व्यापक प्रसारण समाचार देने की व्यवस्था करना; और

(ण) यह सुनिश्चित करने की दृष्टि से अनुसंधान और विकास क्रियाकलापों का संवर्धन करना जिससे रेडियो और टेलीविजन प्रसारण प्रौद्योगिकी को सतत रूप में अद्यतन बनाया जा सके।

(त) पारेषण के अतिरिक्त चैनल स्थापित करके विभिन्न स्तरों पर प्रसारण सुविधाओं का विस्तार करना।

3. विशिष्टता, और पूर्वगामी उपबंधों की व्यापकता पर प्रतिकूल प्रभाव डाले बिना, निगम निम्नलिखित कार्य करने के लिए ऐसे उपाय कर सकेगा, जो वह ठीक समझे, अर्थात्—

(क) यह सुनिश्चित करना कि कार्यक्रमों की व्यवस्था करने और उन्हें प्रस्तुत करने के लिए प्रसारण का संचालन लोक-सेवा के रूप में हो रहा है।

(ख) रेडियो और टेलीविजन के लिए समाचार संग्रह की पद्धति स्थापित करना।

(ग) प्रसारण के लिए खेलकूद आयोजनों और सार्वजनिक रुचि की अन्य घटनाओं, फिल्मों, सीरियलों, अवसरों, अधिवेशनों, समारोहों या प्रासंगिक बातों की बाबत कार्यक्रमों और अधिकारों या विशेषाधिकारों को क्रय करने या अन्यथा अर्जित करने के लिए बातचीत करना और सेवाओं के लिए ऐसे कार्यक्रमों, अधिकारों या विशेषाधिकारों के आवंटन की प्रक्रिया स्थापित करना।

(घ) ऐसे कार्यक्रम, श्रोता अनुसंधान, बाजार या तकनीकी सेवा समय-समय पर करना या कराना जो ऐसे व्यक्तियों को और ऐसी रीति से तथा ऐसे निर्बंधनों और शर्तों के अधीन रहते हुए दिया जाय जो निगम ठीक समझें।

(ङ) ऐसी अन्य सेवाओं की व्यवस्था करना, जो विनियमों द्वारा विनिर्दिष्ट की

जाएँ।

4. उपधारा (2) और उपधारा (3) की कोई बात निगम की केंद्रीय सरकार की ओर से विदेश सेवा के प्रसारण और केंद्रीय सरकार द्वारा व्ययों की प्रतिपूर्ति के लिए किए गए ठहरावों के आधार पर भारत के बाहर के संगठनों द्वारा बनाए गए प्रसारणों के अनुश्रवण का प्रबंध करने के निवारित नहीं करेगी।

5. इस उपखंड में घोषित लक्ष्यों को आगे बढ़ाने के लिए पर्याप्त समय निर्धारण के उद्देश्य हो, केंद्र सरकार विज्ञापन प्रसारण के लिए किए जानेवाले अधिकतम समय सीमा निर्धारित करने की अधिकारिणी होगी।

6. निगम किसी सिविल दायित्व के अधीन केवल इस कारण नहीं होगा कि वह इस धारा के किसी उपबंध का पालन करने में असफल रहा है।

7. निगम को विज्ञापनों और ऐसे कार्यक्रमों के लिए या उनकी बाबत जो विनियमों द्वारा विनिर्दिष्ट किए जाएँ फीस या अन्य सेवा प्रभार अवधारित और उद्गृहीत करने की शक्ति होगी।

बशर्ते कि इस उपखंड के अंतर्गत एकत्रित फीस समय-समय पर सरकार द्वारा निर्धारित सीमा का पालन करे।

13. संसदीय समिति :

1. इस समिति में लोकसभा से 15 तथा राज्यसभा से 7 चुने सदस्य होंगे जो अनुपातिक-प्रणाली से चुने जाएँगे, या समिति इस विधान के तहत निगम के कार्यों की निगरानी करेगी खासकर धारा 12 के लक्ष्यों के अनुपालन के संदर्भ में निगरानी करेगी तथा संसद को रिपोर्ट देगी।

2. समिति लोकसभा के स्पीकर द्वारा निर्धारित नियमों के अनुसार काम करेगी।

14.1. एक प्रसारण परिषद होगी जो धारा 15 के संदर्भ में शिकायतें प्राप्त करेगी एवं विचार करेगी तथा निगम को उसके कामों में धारा 12 के अनुसार काम करने की सलाह देगी।

2. परिषद का रूप यों होगा : (क) भारत के राष्ट्रपति द्वारा एक अध्यक्ष तथा दस सदस्य नियुक्त किए जाएँगे, ये विभिन्न क्षेत्रों में प्रमुख विद्वान् होंगे।

(ख) परिषद में चार सांसद होंगे, दो लोकसभा के स्पीकर नामित करेंगे, दो राज्यसभा के अध्यक्ष नामित करेंगे।

3. प्रसारण परिषद का अध्यक्ष पूर्णकालिक सदस्य होगा और प्रत्येक अन्य सदस्य अंशकालिक होगा तथा अध्यक्ष या अंशकालिक सदस्य उस तारीख से जिसको वह अपना पद ग्रहण करता है तीन वर्ष की अवधि तक उस रूप में पद धारण करेगा।

4. प्रसारण परिषद उतनी प्रादेशिक परिषदें गठित कर सकेगी जितनी वह परिषद

की उसकी कृत्यों के निर्वहन में सहायता करने के लिए आवश्यक समझें।

5. प्रसारण परिषद का अध्यक्ष, ऐसे वेतन और भत्तों का हकदार होगा और छुट्टी, पेंशन (यदि कोई हो), भविष्य निधि और अन्य विषयों की बाबत सेवा की ऐसी शर्तों के अधीन होगा जो विहित की जाएँ।

परंतु वेतन तथा भत्तों के अन्य सदस्य और उपधारा (4) के अधीन गठित प्रादेशिक परिषदों के सदस्य ऐसे भत्तों के हकदार होंगे जो विहित किए जाएँ।

6. अन्य सदस्य एवं क्षेत्रीय परिषद सदस्य भी उपधारा (4) के अनुसार ही मत प्राप्त करेंगे।

15. प्रसारण परिषद की अधिकारिता और उसके द्वारा अनुसरण की जानेवाली प्रक्रिया :

1. प्रसारण परिषद निम्नलिखित से परिवाद ग्रहण करेगी और उन पर विचार करेगी, अर्थात् :

(i) कोई व्यक्ति या व्यक्तियों का समूह जो यह अधिकथित करता है कि कोई कार्यक्रम या प्रसारण या निगम का कार्यक्रम किन्हीं विनिर्दिष्ट मामलों में या साधारण तौर पर उन उद्देश्यों के अनुरूप नहीं है जिनके लिए निगम स्थापित किया गया है।

(ii) कोई व्यक्ति (निगम के किसी अधिकारी या कर्मचारी से भिन्न) जो यह दावा करता है कि निगम के किसी कार्यक्रम/प्रसारण की बाबत उसके साथ किसी रीति से न्यायपूर्ण या अनुचित व्यवहार किया गया है, जिसके अंतर्गत उसकी एकांतता का अवांछित अतिक्रमण, दुर्व्यपदेशन, या तोड़-मरोड़ है या उद्देश्यपूर्णता का अभाव है।

2. उपधारा (1) के अधीन कोई परिवाद ऐसी रीति और ऐसी अवधि के भीतर किया जाएगा जो विनियमों द्वारा विनिर्दिष्ट की जाय।

3. प्रसारण परिषद उसके द्वारा प्राप्त परिवादों के निपटाने के लिए ऐसी प्रक्रिया का अनुसरण करेगी जो वह ठीक समझे।

4. यदि परिवाद पूर्णतः या भागतः न्यायोचित पाया जाता है तो प्रसारण परिषद कार्यपालक सदस्य को समुचित कार्रवाई करने के लिए सलाह देगी।

5. यदि कार्यपालक सदस्य प्रसारण की सिफारिश स्वीकार करने में असमर्थ है, तो वह ऐसी सिफारिश को शासक-बोर्ड के समक्ष उस पर उसके विनिश्चय के लिए रखेगी।

6. यदि बोर्ड भी प्रसारण परिषद की सिफारिश को स्वीकार करने में असमर्थ है; तो वह उसके लिए अपने कारण अभिलिखित करेगा तदनुसार प्रसारण परिषद को सूचित करेगा।

7. उपधारा (5) एवं (6) के बावजूद, जरूरी होने पर परिषद लिखित कारण रिकार्ड करके निगम को अपनी सिफारिशें प्रसारित करने को कह सकती है।

अध्याय-3

आस्तियाँ, वित्त और लेखा

16. केंद्रीय सरकार की कुछ आस्तियों, दायित्वों आदि का निगम को अंतरण :

नियत दिन से ही–

(क) समस्त संपत्ति और आस्तियाँ जिनके अंतर्गत अव्यगत निधि भी है। जो आकाशवाणी या दूरदर्शन या दोनों के प्रयोजन के लिए उस दिन के ठीक पूर्व केंद्रीय सरकार में निहित थीं, निगम को अंतरित हो जाएगी।

(ख) आकाशवाणी या दूरदर्शन दोनों के या प्रयोजनों के लिए या उनके संबंध में ऐसे दिन के ठीक पूर्व केंद्रीय सरकार द्वारा या उसके साथ या उसके लिए उपगत सभी ऋण, बाध्यताएँ और दायित्व, की गई सभी संविदाएँ और किए जाने वाले सभी विषयों और बातों के बारे में यह समझा जाएगा कि वे निगम द्वारा या उसके साथ या उसके लिए उपगत है, की गई है और की जानेवाली है।

(ग) ऐसे दिन के ठीक पूर्व आकाशवाणी या दूरदर्शन या दोनों के संबंध में केंद्रीय सरकार को शोध्य सभी धनराशियों के बारे में यह समझा जाएगा कि वे निगम को शोध्य हैं।

(घ) आकाशवाणी या दूरदर्शन या दोनों से संबंधित किसी विषय के लिए ऐसे दिन के ठीक पूर्व केंद्रीय सरकार द्वारा या उसके विरुद्ध संस्थित किए जा सकने वाले सभी वाद और अन्य विधिक कार्यवाहियाँ निगम द्वारा या उसके विरुद्ध जारी रखी जा सकेंगी या संस्थित की जा सकेंगी।

17. केंद्रीय सरकार द्वारा अनुदान आदि :

निगम को इस अधिनियम के अधीन अपने कृत्यों का दक्ष निर्वहन करने में समर्थ बनाने के प्रयोजनों के लिए केंद्रीय सरकार, संसद द्वारा, विधि द्वारा इस निमित्त किए गए सम्यक् विनियोग के पश्चात् प्रत्येक वित्तीय वर्ष–

(1) प्रसारण रिसीवर अनुज्ञप्ति फीस के आगम, उसमें से संग्रहण प्रभार घटाकर; और

(2) ऐसी अन्य धनराशियाँ जो सरकार आवश्यक समझे, साधारण पूँजी, सहायता, अनुदान या उधार के रूप में निगम को संदत्त कर सकेगी।

18. निगम की निधि :

1. निगम की अपनी निधि होगी और निगम की सभी प्राप्तियाँ (जिनके अंतर्गत निगम को धारा 15 के अधीन अंतरित रकमें भी हैं) निधि में जमा की जाएँगी और निगम द्वारा सभी संदाय उसमें से किए जाएँगे।

2. निधि का सभी धन किसी एक या अधिक राष्ट्रीयकृत बैंकों में ऐसी रीति से जमा किया जाएगा जो निगम विनिश्चित करे।

3. निगम इस अधिनियम के अधीन अपने कृत्यों का पालन करने के लिए ऐसी राशि व्यय कर सकेगा जो वह ठीक समझे और ऐसी राशि को निगम की निधि में से संदेय व्यय माना जाएगा।

स्पष्टीकरण–

इस धारा के प्रयोजनों के लिए, 'राष्ट्रीय-कृत बैंक' से बैंककारी कंपनी (उपक्रमों का अर्जन और अंतरण) अधिनियम, 1970 की पहली अनुसूची में विनिर्दिष्ट कोई तत्स्थानी नया बैंक या बैंककारी कंपनी (उपक्रमों का अर्जन और अंतरण) अधिनियम, 1980 की पहली अनुसूची में विनिर्दिष्ट कोई तत्स्थानी नया बैंक अभिप्रेत हैं।

19. धन का विनिधान :

निगम अपने धन का विनिधान केंद्रीय सरकार की या किसी राज्य सरकार की प्रतिभूतियों में या ऐसी अन्य रीति से कर सकेगा जो विहित की जाएँ।

20. निगम का बजट :

1. प्रत्येक वर्ष के आरंभ के पूर्व निगम आगामी वर्ष के दौरान अपने क्रियाकलापों के कार्यक्रम का एक विवरण तथा उनके बारे में वित्तीय प्राक्कलन तैयार करेगा।

2. उपधारा (1) में तैयार किया गया विवरण प्रत्येक वर्ष के प्रारंभ के कम-से-कम तीन मास पूर्व केंद्रीय सरकार को उसके अनुमोदन के लिए प्रस्तुत किया जाएगा।

3. निगम का विवरण और वित्तीय प्राक्कथन, जो उपधारा (1) में निर्दिष्ट है, केंद्रीय सरकार के अनुमोदन से निगम द्वारा पुनरीक्षित किया जा सकेगा।

21. निगम के लेखे और लेखा-परीक्षा :

1. निगम उचित लेखा और अन्य सुसंगत अभिलेख रखेगा और लेखाओं का वार्षिक विवरण ऐसे प्रारूप में और ऐसी रीति से तैयार करेगा जो विहित की जाएँ।

2. निगम के लेखाओं की परीक्षा भारत के नियंत्रक-महालेखापरीक्षक द्वारा ऐसे अंतरालों पर की जाएगी जो उसके द्वारा विनिर्दिष्ट किए जाएँ और ऐसी लेखा-परीक्षा

के संबंध में उपगत कोई व्यय निगम द्वारा नियंत्रक-महालेखापरीक्षक को संदेय होगा।

3. नियंत्रक-महालेखापरीक्षक को और निगम के लेखाओं की परीक्षा से संबंधित उसके द्वारा नियुक्त किसी व्यक्ति को ऐसी लेखा-परीक्षा के संबंध में वही अधिकार और विशेषाधिकार तथा प्राधिकार होंगे जो नियंत्रक-महालेखापरीक्षक को सरकारी लेखाओं की परीक्षा के संबंध में होते हैं और विशिष्टतया उसे बहियों, लेखाओं, संबंध वाउचरों और अन्य दस्तावेजों तथा कागजपत्रों के पेश किए जाने की मांग करने का और प्राधिकरण के किसी कार्यालय का निरीक्षण करने का अधिकार होगा।

4. भारत के नियंत्रक-महालेखापरीक्षक या उसके द्वारा इस निमित्त नियुक्त किसी अन्य व्यक्ति द्वारा निगम के यथा प्रमाणित लेखे और उन पर लेखा-परीक्षा की रिपोर्ट सहित प्रतिवर्ष केंद्रीय सरकार को भेजे जाएँगे और केंद्रीय सरकार उन्हें संसद के प्रत्येक सदन के समक्ष रखवाएगी।

22. निगम का कर के दायित्वाधीन न होना :

आय-कर अधिनियम 1961 में या आय कर, या आय, लाभ या अभिलाभ पर किसी अन्य कर से संबंधित तत्समय प्रवृत्त किसी अन्य अधिनियम में किसी बात के होते हुए भी, निगम निम्नलिखित के बारे में आय-कर, या अन्य कर का संदाय करने के दायित्वाधीन नहीं होगा, अर्थात् :

(क) निगम की निधि से प्रोद्भूत या उद्भूत कोई आय, लाभ या अभिलाभ या ऐसी निधि में प्राप्त कोई रकम; और

(ख) निगम द्वारा व्युत्पन्न कोई आय, लाभ या अभिलाभ अथवा उसके द्वारा प्राप्त कोई रकम।

अध्याय-4
प्रकीर्ण

23. निर्देश देने की केंद्रीय सरकार की शक्ति :

1. केंद्रीय सरकार, समय-समय पर निगम को जब भी ऐसे अवसर आएँ, ऐसे निर्देश दे सकेगी जो वह राज्य की कानून व्यवस्था में सुरक्षा, संप्रभुता, एकता और अखंडता के हित में समझें जिसमें उससे यह अपेक्षा की जाती हो कि वह निर्देश विनिर्दिष्ट विषय का प्रसारण न करें या निर्देश में विनिर्दिष्ट किसी लोक महत्त्व के किसी विषय का प्रसारण करे।

2. जहाँ निगम उपधारा (1) के अधीन जारी किए गए निर्देश के अनुसरण में कोई विशेष प्रसारण करता है वहाँ निगम द्वारा ऐसे प्रसारण के साथ यदि निगम ऐसी वांछा करे, इस तथ्य की घोषणा की जा सकेगी कि ऐसे प्रसारण ऐसे निर्देश के अनुसरण में किया गया है।

3. उपधारा (1) के अधीन जारी किए गए प्रत्येक निर्देश की एक प्रति संसद के प्रत्येक सदन के समक्ष रखी जाएगी।

24. सरकार जहाँ आवश्यक समझती है, वहाँ वह निगम से सूचना प्राप्त कर सकती है।

25. संसद को प्रतिवेदन देना तथा बोर्ड के खिलाफ कार्रवाई :

1. धारा 23 के अंतर्गत आदेशित दिशाओं में अनुपालन में बोर्ड लगातार गलती करता है या धारा 24 के तहत माँगी गई सूचना देने में असफल रहता है, ऐसी स्थिति में केंद्र सरकार एक प्रतिवेदन तैयार कर सकती है और सिफारिश या जरूरी कार्रवाई (जिसे सदन उचित समझे) के लिए दोनों सदनों में रख सकती है।

2. संसद की सिफारिश पर राष्ट्रपति, बोर्ड को, अधिकतम छह महीने के लिए अधिकारच्युत कर सकता है तथा बोर्ड जवाबों तथा आपत्तियों को सुन सकता है।

3. उपधारा (2) के तहत सूचना-प्रकाशन पर (क) अधिकारच्युत होने की तिथि के दिन से ही बोर्ड के सभी सदस्य कार्यालय छोड़ देंगे, (ख) वे तमाम काम और कर्तव्य, जो इस विधान के तहत बोर्ड के सदस्य निभाते थे फिर दोबारा बोर्ड के बनने तक ऐसे लोगों द्वारा निभाए जाएँगे जिन्हें राष्ट्रपति आदेश दें।

4. उपधारा (2) के तहत अधिकारच्युत करनेवाले आदेश में लिखित अवधि के समाप्त होने पर राष्ट्रपति फिर से नई नियुक्तियाँ करके बोर्ड बना सकता है तथा ऐसी स्थिति में जिस व्यक्ति ने धारा (क) की उपधारा (3) के तहत कार्यालय छोड़ा है, वह पुनर्नियुक्ति के अयोग्य नहीं समझा जाएगा।

बशर्ते कि राष्ट्रपति इस उपधारा के तहत, अधिकारच्युत करने के कार्यकाल के खत्म होने के पहले ही कार्रवाई करे।

5. उपधारा (2) के तहत जारी सूचना को केंद्र सरकार ही देगी तथा दोनों सदनों से प्रत्येक सदन के सम्मुख अपना पूर्ण प्रतिवेदन रखेगी।

26. यह घोषित किया जाता है कि प्रसारण परिषद या धारा 13 के तहत सदस्यता ग्रहण करने से कोई व्यक्ति सांसद होने के अयोग्य नहीं होगा।

27. भारतीय दंड-संहिता की धारा 21 के आशय के भीतर, बोर्ड का अध्यक्ष, उसके सदस्य, निगम के कर्मचारी, प्रसारण परिषद के सदस्य, क्षेत्रीय परिषदों या भर्ती

बोर्ड के तमाम सदस्य लोक-सेवक कहलाएँगे।

28. सद्भावनापूर्वक की गई कार्रवाई के स्थिर संरक्षण :

कोई भी वाद या अन्य विधिक कार्य ही, किसी भी ऐसी बात के बारे में, जो इस अधिनियम या इसके अधीन बनाए गए किन्हीं नियमों या विनियमों के अनुसरण में सद्भावपूर्वक की गई या की जाने के लिए आशायित है, निगम के विरुद्ध या निगम के अध्यक्ष, किसी अन्य शासक या किसी अधिकारी या किसी अन्य कर्मचारी के विरुद्ध या प्रसारण परिषद या भर्ती बोर्ड के सदस्य के विरुद्ध न होगी।

29. निगम के आदेशों और अन्य लिखितों का अधिप्रमाणीकरण :

निगम के सभी आदेश और विनिश्चय अध्यक्ष या निगम द्वारा इस निमित्त प्राधिकृत किसी अन्य शासक के हस्ताक्षर से अधिप्रमाणित होंगे और निगम द्वारा निष्पादित सभी अन्य लिखित कार्यपालक शासक के या निगम द्वारा इस निमित्त प्राधिकृत उसके किसी अधिकारी के हस्ताक्षर से अधिप्रमाणित होंगे।

30. शक्तियों का प्रत्योजन :

निगम साधारण या विशेष आदेश द्वारा अध्यक्ष या किसी अन्य शासक का निगम के किसी अन्य अधिकारों की, ऐसी शर्तों और परिसीमाओं के यदि कोई हो, अधीन रहते हुए, जो उसमें विनिर्दिष्ट की जाय, इस अधिनियम के अधीन अपनी ऐसी शक्तियों और कर्तव्यों का प्रत्योजन कर सकेगा जो वह आवश्यक समझे।

31. वार्षिक रिपोर्ट :

1. निगम प्रत्येक कलैण्डर वर्ष में ऐसे प्रारूप में और ऐसे समय के भीतर जो विहित किया जाय, वार्षिक रिपोर्ट तैयार करेगा। जिसमें पूर्ववर्ती वर्ष के दौरान उसके क्रियाकलापों का पूरा विवरण जिनमें प्रसारण परिषद द्वारा की गई सिफारिशों और दिए गए सुझाव और उन पर की गई कार्यवाही ही है, दिया जाएगा और उसकी प्रतियाँ केंद्रीय सरकार को भेजी जाएँगी और वह सरकार उसे सदन के प्रत्येक सदन के समक्ष रखवाएगी।

2. हर वर्ष प्रसारण परिषद, एक बार दिए गए रूप में एवं समय में वार्षिक रिपोर्ट तैयार करेगी जिसमें वह अपने पिछले वर्ष के कामों का तमाम ब्यौरा देगी जिसकी प्रक्रिया केंद्र सरकार को जाएगी जो प्रत्येक सदन के पटल पर रखेगी।

32. नियम बनाने की शक्ति :

1. केंद्रीय सरकार इस अधिनियम के उपबंधों को क्रियान्वित करने के लिए, अधिसूचना द्वारा, नियम बना सकेगी।

2. विशिष्टतया और पूर्वगामी शक्ति की व्यापकता पर प्रतिकूल प्रभाव डाले बिना ऐसे नियम निम्नलिखित सभी या किसी विषय के लिए उपबंध कर सकेंगे, अर्थात् :

(क) धारा 6 की उपधारा 5 के अधीन अध्यक्ष और पूर्णकालीन शासकों के वेतन और भत्ते तथा उनकी छुट्टी, पेंशन (यदि कोई हो), भविष्य-निधि तथा अन्य विषयों के बारे में सेवा की शर्तें;

(ख) धारा 6 की उपधारा 6 के अधीन अंशकालिक शासकों को संदेय भत्ते और सेवा की अन्य शर्तें;

(ग) यह नियंत्रण निबंधन और शर्तें जिनके अधीन रहते हुए नियम धारा 9 की उपधारा 1 के अधीन अधिकारियों और अन्य कर्मचारियों की नियुक्ति कर सकेगा;

(घ) वह रीति जिससे तथा वे शर्तें और निबंधन जिनके अधीन रहते हुए धारा 10 की उपधारा 1 के अधीन भर्ती बोर्ड की स्थापना की जा सकेगी;

(ङ) धारा 10 की उपधारा 2 के अधीन भर्ती बोर्डों के सदस्यों की अर्हताएँ और सेवा की अन्य शर्तें तथा उनकी पदावधि;

(च) वे निबंधन और शर्तें जिनके अनुसार धारा 11 की उपधारा 2 के अधीन प्रतिनियुक्ति विनियमित की जा सकेगी;

(छ) धारा 13 की उपधारा 5 के अधीन, प्रसारण परिषद के अध्यक्ष का वेतन और भत्ते और उसकी छुट्टी, पेंशन (यदि कोई) हो भविष्य-निधि तथा अन्य विषयों के बारे में सेवा शर्तें;

(ज) यह रीति जिसमें निगम धारा 18 के अधीन अपने धन का विनिधान कर सकेगा;

(झ) वह प्रारूप जिसमें और वह रीति जिससे धारा 20 के उपधारा 1 के अधीन लेखाओं का वार्षिक विवरण तैयार किया जाएगा;

(ञ) यह प्रारूप जिसमें और वह समय जिसके भीतर निगमधारा 27 के अधीन वार्षिक रिपोर्ट तैयार कर सकेगा;

(ट) वह प्रारूप और समयावधि जिसमें निगम तथा परिषद धारा 31 के तहत अपनी वार्षिक रिपोर्ट तैयार करेगी;

(ठ) कोई अन्य विषय जो विहित किया जाना है या विहित किया जाय।

33. विनियम बनाने की शक्ति :

1. निगम इस अधिनियम के अधीन अपने कृत्यों का पालन करने में अपने को समर्थ बनाने के लिए ऐसे विनियम, अधिसूचना द्वारा, बना सकेगा जो इस अधिनियम और उसके अधीन बनाए गए नियमों से असंगत न हो।

2. पूर्वगामी शक्ति की व्यापकता पर प्रतिकूल प्रभाव डाले बिना, ऐसे नियम निम्नलिखित सभी या किन्हीं विषयों के लिए उपबंध कर सकेंगे, अर्थात्–

(क) वह रीति जिससे और वे प्रयोजन जिनके लिए निगम किसी व्यक्ति को धारा 3 की उपधारा 7 के अधीन अपने साथ सहयोजित कर सकेगी;

(ख) वे समय और वे स्थान जहाँ शासक बोर्ड के अधिवेशन होंगे और ऐसे अधिवेशनों में अनुसरित की जानेवाली प्रक्रिया और धारा 8 की उपधारा 1 के अधीन शासक बोर्ड के अधिवेशनों के कामकाज का संव्यवहार करने के लिए आवश्यक गणपूर्ति;

(ग) धारा 9 की उपधारा 2 के अधीन निगम के अधिकारियों और अन्य कर्मचारियों की भर्ती की पद्धतियाँ और सेवा की शर्तें;

(घ) धारा 11 की उपधारा 4 के अधीन निगम के किसी अधिकारी या अन्य कर्मचारी के संबंध में पारिश्रमिक और सेवा की अन्य शर्त, जिनके अंतर्गत पेंशन, छुट्टी और भविष्य-निधि भी है;

(ङ) धारा 11 की उपधारा 6 के खंड (क) में निर्दिष्ट कुछ नियुक्तियाँ करने के लिए सक्षम प्राधिकारी;

(च) वे सेवाएँ जो निगम द्वारा धारा 12 की उपधारा 3 के अधीन खंड (च) के अधीन प्रदान की जाएँगी;

(छ) धारा-1 ख की उपधारा 6 के अधीन विज्ञापनों और अन्य कार्यक्रमों की बाबत फीसों और अन्य सेवा प्रभारों का अवधारण और उद्ग्रहण;

(ज) वह रीति जिसमें और वह अवधि जिसके भीतर धारा 14 की उपधारा 2 के अधीन परिवाद किए जा सकेंगे;

(झ) कोई अन्य विषय जिसकी बाबत निगम की राय में इस अधिनियम के अधीन अपने कृत्यों का पालन करने के लिए उपलब्ध करना आवश्यक है;

परंतु खंड (ग) और खंड (घ) के अधीन विनिमय केवल केंद्रीय सरकार के पूर्वानुमोदन से ही बनाए जाएँगे।

34. नियमों और विनियमों का संसद के समक्ष रखा जाना :

इस अधिनियम के अधीन बनाया गया प्रत्येक नियम और प्रत्येक विनियम बनाए जाने के पश्चात् यथाशीघ्र संसद के प्रत्येक सदन के समक्ष, जब हम सत्र में

हों, कुल तीस दिन की अवधि के लिए रखा जाएगा। यह अवधि एक सत्र में अथवा दो या अधिक आनुक्रमिक सत्रों में पूरी हो सकेगी। यदि उस सत्र के या पूर्वोक्त आनुक्रमिक सत्रों के ठीक बाद के सत्र के अवसान के पूर्व दोनों सदन उस नियम या विनियम में कोई परिवर्तन करने के लिए सहमत हो जाएँ तो तत्पश्चात् वह ऐसे परिवर्तित रूप में ही प्रभावी होगा। यदि उक्त अवसान के पूर्व दोनों सदन सहमत हो जाएँ कि वह नियम या विनियम नहीं बनाया जाना चाहिए तो तत्पश्चात् वह निष्प्रभाव हो जाएगा। किंतु नियम या विनियम के ऐसे परिवर्तित या निष्प्रभाव होने से उसके अधीन पहले की गई किसी बात की विधिमान्यता पर प्रतिकूल प्रभाव नहीं पड़ेगा।

35. कठिनाइयाँ दूर करने की शक्ति :

यदि इस अधिनियम के उपबंधों को प्रभावी करने में कोई कठिनाई उत्पन्न होती है तो केंद्रीय सरकार राजपत्र में प्रकाशित आदेश द्वारा, उस कठिनाई को दूर करने के लिए ऐसे उपबंध बना सकेगी, जो इस अधिनियम के उपबंधों से असंगत न हो और जिन्हें वह आवश्यक समझे।

परंतु ऐसा कोई आदेश नियत दिन से तीन वर्ष की अवधि के अवसान के पश्चात् नहीं किया जाएगा।

परिशिष्ट-4

The Prasar Bharati (Broadcasting Corporation of India) Act, 1990

(as amended by Ordinance 1997)

Arrangement of Clauses

Chapter I
Preliminary

1. Short title, extent and commencement.
2. Definitions.

Chapter II
Prasar Bharati (Broadcasting Corporation of India)

3. Establishment and composition of Corporation.
4. Appointment of Chairman and other Members.
5. Powers and functions of Executive Member.
6. Term of Office, conditions of service etc. of Chairman and other Members.
7. Removal and suspension of Chairman and Members.
8. Meetings of Board.
9. Officers and other employees of Corporation.
10. Establishment of Recuritment Boards.
11. Transfer of service of existing employees to Corporation.

12. Functions and Powers of Corporation.

** 13. Omitted.

** 14. Omitted.

** 15. Omitted.

Chapter III
Assets, Finances and Accounts

16. Transfer of certain assets, liabilities, etc. of Central Government to Corporation.
17. Grants, etc. by Central Government.
18. Fund of Corporation.
19. Investment of Money.
20. Annual financial Statement of the Corporation.
21. Accounts and audit of Corporation.
22. Corporation not liable to be Taxed.

Chapter IV
Miscellaneous

23. Power of Central Government to give directions.
24. Power of Central Government to Obtain information.
25. Report to Parliament in certain matters and recommendations as to action against the Board.

** 26. Omitted.

27. Chairman, Members, etc. to be public servants.
28. Protection of action taken in good faith.
29. Authentication of Orders and other Instruments of Corporation.
30. Delegation of Powers.
31. Annual Report.
32. Power to make rules.
33. Power to make regulations.
34. Rules and regulations to be laid before Parliament.
35. Power to remove difficulties.

** Omitted by Prasar Bharati (Broadcasting Corporation of India) Amendment Ordinance, 1997

The Prasar Bharati (Broadcasting Corporation of India) Act, 1990

An Act

to Provide for the establishment of a Broadcasting Corporation for India, to be known as Prasar Bharati, to define its composition, functions and powers and to provide for matters connected therewith or incidental thereto.

Chapter I
Preliminary

Short title, extent and commencement.

1. (1) This act may be called the Prasar Bharati (Broadcasting Corporation of India) Act, 1990.

(2) It extends to the whole of India.

(3) It shall come into force on such date as the Central Government may, by notification, appoint.

Definitions.

* 2. In this act, unless the context otherwise requires,–

(a) 'Akashvani' means the office, stations and other establish-

---

* Substituted by Prasar Bharati (Broadcasting Corporation of India) Amendment Ordinance, 1997

ments, by whatever name called, which immediately before the appointment day, formed part of or were under the Director General, All India Radio of the Union Ministry of Information and Broadcasting.

(b) 'appointed day' means the date appointed under section 3;

(c) 'Board' means the Prasar Bharati Board;

(d) 'broadcasting' means broadcasting by the Prasar Bharati;

(e) 'Chairman' means the Chairman of the Corporation appointed under section 4;

(f) 'Corporation' means the Prasar Bharati (Broadcasting Corporation of India) established under section 3;

(g) 'Doordarshan' means the offices, kendras and other establishments, by whatever name called, which, immediately before the appointed day, formed part of or were under the Directorate General, Doordarshan of the Union Ministry of Information and Broadcasting;

(h) 'elected Member' means a Member elected under section 3;

(i) 'Executive Member' means the Executive Member appointed under section 4:

(j) 'kendra' means any telecasting centre with studios or transmitters or both and includes a relay station;

(k) 'Member' means a Member of the Board;

(l) 'Nominated Member' means the Member nominated by the Union Ministry of Information and Broadcasting under section 3;

(m) 'Non-Lapsable Fund' means the Fund created from the commercial revenues of Akashvani and Doordarshan to meet expenditure on certain schemes;

(n) 'notification' means a notification published in the Official Gazette;

(o) 'Part-time Member' means a Part-time Member of the Board appointed under section 4, but does not include an *ex-officio* Member, the Nominated Member or an elected Member.

(p) 'Prescribed' means prescribed by rules made under this Act;

(q) 'Recruitment Board' means a board established under the subsection (l) of section 10;

(r) 'regulations' means regulations made by the Corporation under this Act;

(s) 'station' means any broadcasting station with studios or transmitters or both and includes a relay station;

(t) 'year' means the financial year.

Chapter II
Prasar Bharati (Broadcasting Corporation of India)

Establishment and Composition of Corporation.

3. (1) With effect from such date as the Central Government may by notification appoint in this behalf, there shall be established for the purposes of this Act a Corporation to be known as the prasar Bharati (Broadcasting Corporation of India).

(2) The Corporation shall be a body corporate by the name aforesaid, having perpetual succession and a common seal with power to acquire, hold and dispose of property, both movable and immovable, and to contract, and shall by the said name sue and be sued.

(3) The headquarters of the Corporation shall be at New Delhi and the Corporation may establish offices, kendras or stations at other places in India and, with the previous approval of the Central Government, outside India.

(4) The general superintendence, direction and management of the affairs of the Corporation shall vest in the Prasar Bharati Board which may exercise all such powers and do all such acts and things as may be exercised or done by the Corporation under this Act.

* (5) The board shall consist of—

(a) a Chairman;

(b) one Executive Member;

(c) Six Part-time Members;

(d) one Executive Director (Finance), *ex-officio;*

(e) one Executive Director (Personnel), *ex-offico;*

(f) Director-General (Akashvani), *ex-officio;*

(g) Director-General (Doordarshan), *ex-officio;*

(h) one representative of the Union Ministry of information and Broadcasting, to be nominated by that Ministry; and

---

* Substituted by Prasar Bharati (Broadcasting Corporation of India) Amendment Ordinance, 1997

(i) two representatives of the employees of the Corporation, of whom one shall be elected by the engineering staff from amongst themselves and one shall be elected by the other employees from amongst themselves.

(6) The Corporation may appoint such committees as may be necessary for the efficient performance, exercise and discharge of its functions, powers and duties :

** {..................}

(7) The corporation may associate with itself, in such manner and for such purposes as may be provided by regulations, any person whose assistance or advice it may need in complying with any of the provisions of this Act and a person so associated shall have the right to take part in the discussions of the Board relevant to the purposes for which he has been associated, but shall not have the right to vote.

(8) No act or proceeding of the Board or of any committee apointed by it under subsection (6) shall be invalidated merely by reason of—

(a) any vacancy in, or any defect in the constitution of, the Board or such committee; or

(b) any defect in the appointment of a person acting as a Member or a member of such committee; or

(c) any irregularity in the procedure of the Board or such committee not affecting the merits of the case.

Appointment of Chairman and other Members.

4. (1) The Chairman and the other Members, except the *ex-officio* Members, the Nominated Member and the elected Members shall be appointed by the President of India on the recommendation of a committee consisting of—

(a) the Chairman of the Council of States, who shall be the Chairman of the Committee;

(b) the Chairman of the Press Council of India established under section 4 of the Press Council Act, 1978; and

(c) one nominee of the President of India.

** Omitted by Prasar Bharati (Broadcasting Corporation of India) Amendment Ordinance, 1997

(2) No appointment of a Member shall be invalidated merely by reason of any vacancy in, or any defect in the constitution of, the committee appointed under sub-section (l).

* (3) The Chairman and the Part-time Members shall be persons of eminence in public life; the Executive Member shall be a person having special knowledge or practical experience in respect of such matters as administration, management, broadcasting, education, literature, culture, arts, music, dramatics or journalism.

(4) The recommendations made by the committee constituted under sub-section (1) Shall be binding for the purposes of appointments under this section.

Powers and functions of Executive Member.

5. The Executive Member shall be the Chief Executive of the Corporation and shall, subject to the control and supervision of the Board, exercise such powers and discharge such functions of the Board as it may delegate to him.

Term of office, conditions of service, etc., of Chairman and other Members.

* 6. (1) The Chairman shall be Part-time Member and shall hold office for a term of a six years from the date on which he enters upon his office.

(2) The Executive Member shall be a Whole-time Member and shall hold office for a term of six years from the date on which he enters upon his office.

(3) The term of office of Part-time Members shall be six years.

(4) The term of office of an elected Member shall be six years or till he ceases to be an employee of the Corporation, whichever is earlier.

(5) The Executive Member shall be the employee of the Corporation and as such shall be entitled to such salaries and allowances and shall

---

* Substituted by Prasar Bharati (Broadcasting Corporation of India) Amendment Ordinance, 1997

* Substituted by Prasar Bharati (Broadcasting Corporation of India) Amendment Ordinance, 1997

be subject to such conditions of service in respect of leave, pension (if any), provident fund and other matters as may be prescribed :

(6) The Chairman shall be entitled to such allowances, honorarium and other facilities as may be prescribed.

(7) Part-time Members shall be entitled to such allowances as may be prescribed.

(8) The Chairman, the Executive Member and other Members except *ex-officio* Members shall not be eligible for re-appointment.

(9) No person having any commercial interest, direct or indirect, in any broadcasting, advertising or programme producing agency shall be eligible for appointment as a Chairman, Executive Member or Part-time Member.

Removal of Suspension of Chairman and Members.

7. (1) Subject to the provisions of sub-section (3), the Chairman or any other Member, except an *ex-officio* Member, the Nominated Member and elected Member shall only be removed from his office by order of the President of India on the ground of misbehaviour after the Supreme court, on a reference being made to it by the President has, on inquiry held in accordance with such procedure as the Supreme Court may by rules provide, reported that the Chairman or such other member, as the case may be, ought, on such ground, be removed.

(2) The President may suspend from office the Chairman or other Member, except an *ex-officio* Member, the Nominated Member or an elected Member, in respect of whom a reference has been made to the Supreme Court under sub-section (1) antil the president has passed orders on receipt of the report of the Supreme Court on such reference.

* (3) Notwithstanding anything contained in sub-section (1), the President may, by order, remove the Chairman, Executive Member or any Part-time Member from his office if such Chairman, Executive Member or such Part-time Member—

(a) Ceases to be a citizen of India; or

(b) is adjudged an insolvent; or

---

* Substituted by Prasar Bharati (Broadcasting Corporation of India) Amendment Ordinance, 1997

(c) is convicted of any offence involving moral turpitude; or

(d) is, in the opinion of the President, unfit to continue in office by reason of infirmity of body or mind :

Provided that the President may, by order, remove the Chairman from his office if he engages during his term of office in any paid employment out side the duties of his office.

(4) If the Chairman of the *{Executive Member} is or becomes in any way concerned or interested in any contract or agreement made by or on behalf of the corporation or the Government of India or the Government of a State or, participates in any way in the profit thereof, or in any benefit or emolument arising therefrom than as a member, and in common with other members of an incorporated company, he shall, for the purposes of subsection (1), be deemed to be guilty of misbehaviour.

(5) If a Part time Member is, or becomes in any way concerned of interested in any contract, or agreement made by or on behalf of the Corporation, he shall, for the purposes of sub-section (1), be deemed to be guilty of misbehaviour.

(6) The Chairman or any other Member may resign his office by giving notice thereof in writing to the President of India and on such resignation being accepted, the Chairman or other Member shall be deemed to have vacated his office.

Meetings of Board.

8. (1) The Board shall meet at such times and places and shall observe such rules of procedure in regard to the transaction of business at its meeting (including the quorum at meetings) as may be provided by regulations :

Provided that there shall not be less than six meetings every year but three months shall not intervene between one meeting and the next meeting.

(2) A Member shall be deemed to have vacated his office if he absents himself for three consecutive meetings of the Board without the leave of the Chairman.

---

* Substituted by Prasar Bharati (Broadcasting Corporation of India) Amendment Ordinance, 1997

(3) The Chairman shall preside at the meetings of the Board and if for any reason is unable to attend any meeting, the Executive Member and in the absence of both, any other Member elected by the members present at such meeting, shall preside at the meeting.

(4) All questions which come up before may meeting of the Board shall be decided by a majority of the votes of the Members present and voting and, in the event of an equality of votes, the Chairman, or in his absence, the person presiding, shall have and exercise a second or casting vote.

Officers and other employees of Corporation.

9. (1) Subject to such control, restrictions and conditions as may be prescribed, the corporation may appoint, after cosultation with the Recruitment Board, the Director-General (Akashvani), the Director-General (Doordarshan) ***{the Executive Director (Finance), the Executive Director (Personnel)} and such other officers and other employees as may be necessary.

(2) The method of recruitment of such officers and employees and all other matters connected therewith and the conditions of service of such officers and other employees shall be such as may be provided by regulations.

Establishment of Recruitment Boards.

10. *(1) The Corporation shall, as soon as may be, after the appointed day and in such manner and subject to such conditions and restrictions as may be prescribed, establish for the purposes of section 9, one or more Recruitment Boards.

Provided that the Union Public Service Commission shall continue to discharge its functions relating to recruitment of officers and employees of the Corporation which was being discharged immediately before the appointed day till the recruitment Board is constituted for such

*** Inserted by Prasar Bharati (Broadcasting Corporation of India) Amendment Ordinance, 1997

* Substituted by Prasar Bharati (Broadcasting Corporation of India) Amendment Ordinance, 1997

categories of officers and employees of the Corporation.

(2) The qualification and other conditions of service of the members constituting the Recruitment Board and the period for which such members shall hold office, shall be such as may be prescribed.

Transfer of service of existing employees to Corporation.

11. (1) Where the Central Government has ceased to perform any functions which under section 12 are the functions of the Corporation, it shall be lawful for the Central Government to transfer, by order and with effect from such date or dates as may be specified in the order, to the Corporation any of the officers or other employees serving in the Akashvani or Doordarshan and engaged in the performance of those functions :

Provided that no order under this sub-section shall be made in relation to any officer or other employee in the Akashvani or Doordarshan who has, in respect of the proposal of the Central Government to transfer such officer or other employee to the Corporation, intimated within such time as may be specified in this behalf by the Central Government, his intention of not becoming an employee of the Corporation.

*(2) the provisions of sub-section (1) shall not apply to any of the officers or employees not borne on the cardres of Akashvani and Doordarshan :

Provided that officers from the Indian Information Service, Central Secretariat Service, Central Secretariat Stenographers' Service, Central Secretariat Clerical Service borne on the cadre of the Ministry of Information and Broadcasting, equal in number of their cadre posts borne on the strength of Akashvani and Doordarshan immediately before the appointed day may be absorbed by the Corporation after following such procedure as may be prescribed.

Provided further that the members of Indian Information Service and other services working in Akashvani and Doordarshan immediately before the appointed day and not borne on the cadres of Akashvani and Doordarshan shall be deemed to be on deputation on such terms and conditions and till such time as may be finalised by the Corporation in

* Substituted by Prasar Bharati (Broadcasting Corporation of India) Amendment Ordinance, 1997

consultation with the respective cadre controlling authorities.

(3) In making an order under sub-section (1), the Central Government shall, as far as may be, take into consideration the functions which the Akashvani or, as the case may be, Doordarshan has ceased or ceases to perform and the area in which such functions have been or are performed.

(4) An officer or other employee transferred by an order under subsection (1) Shall, on and from the date of transfer, cease to be an employee of the Central Government and become an employee of the Corporation with such designation as the Corporation may determine and shall, subject to the provisions of sub-sections (5) and (6), be governed by such regulations as may be made as respects remuneration and other conditions of service including pension, leave and provident fund and shall continue to be an officer or other employee of the Corporation unless and until his employment is terminated by the Corporation.

(5) Every officer or other employee transferred by an order made under sub-section (1) shall, within six months from the date of transfer, exercise his option, in writing to be governed—

(a) by the scale of pay applicable to the post held by him in the Akashvani or Doordarshan immediately before the date of transfer or by the scale applicable to the post under the Corporation to which he is transferred;

(b) by the leave, provident fund, retirement or other terminal benefits admissible to employees of the central Government in accordance with the rules or orders of the Central Government, as amended from time to time, or the leave, provident fund or other terminal benefits admissible to the employees of the Corporation under the regulations, and such option once exercised under this Act shall be final :

Provided that the option exercised under clause (a) by an officer or other employee shall be applicable only in respect of the post under the corporation to which such officer or other employee is transferred and on appointment to a higher post under the corporation he shall be eligible only for the scale of pay applicable to such higher post :

Provided further that if immediately before the date of his transfer any such office or other employee is officiating in a higher post under the Government either in a leave vacancy or any other vacancy of a specified duration, his pay on transfer shall be protected for the unexpired period of such vacancy and thereafter he shall be entitled to the scale of pay applicable to the post under the Government to which he would have reverted or to the scale of pay applicable to the post under the Corporation to which he is transferred, whichever he may opt :

**{..........}

(6) No officer or other employee transferred by an order made under-sub-section (1) or sub-section (2),—

(a) shall be dismissed or removed by an authority subordinate to that competent to make a similar or equivalent appointment under the Corporation as may be specified in the regulations;

(b) shall be dismissed or removed or reduced in rank except after an inquiry in which he has been informed of the charges against him and given a reasonable opportunity of being heard in respect of those charges :

Provided that where it is proposed after such inquiry to impose upon him any such penalty, such penalty may be imposed on the basis of evidence adduced during such inquiry and it shall not be necessary to give such person an opportunity of making representation on the proposed penalty :

Provided further that clause (b) shall not apply where an officer or other employee is dismissed or removed or reduced in rank on the ground of conduct which has led to his conviction on a criminal charge.

Functions and Powers of Corporation.

12. *(1) Subject to the provisions of this Act, it shall be the primary duty of the Corporation to organise and conduct public service broadcasting to inform, educate and entertain the public.

(2) The Corporation shall, in the discharge of its functions, be guided by the following objectives, namely—

(a) upholding the unity and integrity of the country and the values enshrined in the Constitution;

** Omitted by Prasar Bharati (Broadcasting Corporation of India) Amendment Ordinance, 1997

* Substituted by Prasar Bharati (Broadcasting Corporation of India) Amendment Ordinance, 1997

(b) Safeguarding the citizen's right to be informed freely, truthfuly and objectively on all matters of public interest, national or international, and presenting a fair and balanced flow of information including contrasting views without advocating any opinion or ideology of its own;

(c) paying special attention to the fields of education and spread of literacy, agriculture, rural development environment, health and family welfare and science and technology.

(d) providing adequate coverage to the diverse cultures and languages of the various regions of the country by broadcasting appropriate programmes;

(e) providing adequate coverage to sports and games so as to encourage healthy competition and the spirit of sportsmanship;

(f) providing appropriate programmes keeping in view the special needs of the youth;

(g) informing and stimulating the national consciousness in regard to the status and problems of women and paying special attention to the upliftiment of women;

(h) promoting social justice and combating exploitation, inequality and such evils as untouchability and advancing the welfare of the weaker sections of the society;

(i) safeguarding the rights of the working classes and advancing their welfare;

(j) serving the rural and weaker sections of the people and those residing in border regions, backward or remote areas;

(k) providing suitable programmes keeping in view the special needs of the minorities and tribal communities;

(l) taking special steps to protect the interests of children the bling the aged, the handicapped and other vulnerable sections of the people;

(m) promoting national integration by broadcasting in a manner that facilitates communication in the languages in India; and facilitating the distribution of regional broadcasting services in every State in the languages of that State;

(n) providing comprehensive broadcast coverage through the choice of appropriate technology and the best utilisation of the *{broadcast

* Substituted by Prasar Bharati (Broadcasting Corporation of India) Amendment Ordinance, 1997

frequencies made available for public service broadcasting} and ensuring high quality reception;

(o) promoting research and development activities in order to ensure that radio and television broadcast technology are constantly updated; and

(p) expanding broadcasting facilities by establishing additional channels of transmission at various levels.

(3) in particular, and without prejudice to the generality of the foregoing provisions, the Corporation may take such steps as it thinks fit—

(a) to ensure that broadcasting is conducted as a public service to provide and produce programmes;

(b) to establish a system for the gathering of news for radio and television;

(c) to negotiate for purchase of, or otherwise acquire, programmes and rights or privileges in respect of sports and other events, films, serials, occasions, meetings, functions or incidents of public interest, for broadcasting. **{........}

(d) to establish and maintain a library or libraries of radio, television and other materials;

(e) to conduct or commission, from time to time, programmes, audience research, market or technical service, which may be released to such persons and in such manner and subject to such terms and conditions the Corporation may think fit;

(f) to provide such other services as may be specified by regulations.

(4) Nothing in sub-sections (2) and (3) shall prevent the Corporation from managing on behalf of the Central Government and that Government the broadcasting of External Services and monitoring of broadcasts made by organization outside India on the basis of arrangements made for reimbursement of expenses by the Central Government.

*(5) In order to achieve its objectives the Corporation may

---

* Substituted by Prasar Bharati (Broadcasting Corporation of India) Amendment Ordinance, 1997

** Ommitted by Prasar Bharati (Broadcasting Corporation of India) Amendment Ordinance, 1997

formulate its own programme and advertisement codes, fix such limits on broadcasting of advertisements as considered necessary to ensure that adequate time is made available for the promotion of the objectives of the Prasar Bharati.

Explanation—For the removal of doubts it is hereby declared that the programme and advertisement codes or limits on broadcasting of advertisement shall be in addition to and not in derogation of any programme and advertisement codes or limits on broadcasting of advertisements specified by or under any other law for the time being in force.

(6) The corporation shall be subject to no civil liability on the ground merely that it failed to comply with any of the provisions of this section.

(7) The Corporation shall have power to determine and levev fees and other **{.........} charges for or in respect of the advertisements and such programmes as may be specified by regulations :

**{.............}

13. **{...........}

14. **{...........}

15. **{...........}

Chapter III
Assets, Finances and Accounts

Transfer of certain assets, liabilities, etc. of Central government to corporation.

16. As from the appointed day,—

*(a) all property and assets which immediately before that day vested in the Central Government for the purpose of Akashvani or Doordarshan or both shall stand transferred to the Corporation on perpetual lease on payment of a nominal fee of rupee one per annum.

** Substituted by Prasar Bharati (Broadcasting Corporation of India) Amendment Ordinance, 1997

** Omitted by Prasar Bharati (Broadcasting Corporation of India) Amendment Ordinance, 1997

*(aa) the Non-lapsable Fund which immediately before that day vested in the Central Government for the purpose of Akashvani or Doordarshan or both shall stand transferred to the Corporation.

(b) all debts, obligations and liabilities incurred, all contracts entered into and all matters and things engaged to be done by, with or for the Central Government immediately before such day for or in connection with the purposes of Akashvani or Doordarshan or both shall be deemed to have been incurred, entered into and engaged to be done by, with or for the Corporation;

(c) all sums of money due to the Central Government in relation to the Akashvani or Doordarshan or both immediately before such day shall be deemed to be due to the Corporation;

(d) all suits and other legal proceedings instituted or which could have been instituted by or against the Central Government immediately before such day for any matter in relation to the Akashvani or Doordarshan or both may be continued or instituted by or against the Corporation.

Grants, etc., by Central Government.

17. For the purposes of enabling the Corporation of discharge its functions efficiently under this Act, the Central government may, after due appropriation made by Parliament by law in this behalf, pay to the Corporation in each financial year—

(i) the proceeds of the broadcast receiver licence fees, if any, as reduced by the collection charges; and

(ii) such other sums of money as that Government considers necessary, by way of equity, grant-in-aid or loan.

Fund of Corporation.

18. (1) The Corporation shall have its own fund and all the receipts of the Corporation (including the amounts which stand transferred to the Corporation under section 16) shall be credited to the Fund and all payments by the Corporation shall be made therefrom.

---

* Substituted by Prasar Bharati (Broadcasting Corporation of India) Amendment Ordinance, 1997

(2) All moneys belonging to the Fund shall be deposited in one or more nationalised banks in such manner as the Corporation may decide.

(3) The Corporation may spend such sums as it thinks fit for performing its functions under this Act and such sums shall be treated as expenditure payable out of the Fund of the Corporation.

Explanation—For the purposes of this section,'nationalised bank' means a corresponding new bank specified in the First Schedule to the Banking Companies (Acquisition and Transfer of Undertaking) Act, 1970 or a corresponding new bank specified in the First Schedule to the Banking Companies (Acquisition and Transfer of Undertakings) Act, 1980;

Investment of Moneys.

19. The Corporation may invest its moneys in the securities of the Central Government or any State Government or in such other manner as may be prescribed.

Annual Financial Statement of the Corporation.

20. (1) The Corporation shall prepare, in each financial year, an Annual Financial Statement for the next financial year showing separately—

(a) the expenditure which is proposed to be met from the internal resources of the Corporation; and

(b) the sums required from the Central Government to meet other expenses, and distinguishing—

(i) revenue expenditure from other expenditure; and

(ii) non-plan expenditure from plan expenditure.

(2) The Annual Financial Statement shall be prepared in such form and forwarded at such time to the Central Government for its approval as may be agreed to by that Government and the Corporation.

Accounts and Audit of Corporation.

21. (1) The Corporation shall maintain proper accounts and other relevant records and prepare an annual statement of accounts in such form and in such manner as may be prescribed.

(2) The accounts of the Corporation shall be audited by the Controller and Auditor-General of India at such intervals as many be specified by him and any expenditure incurred in connection with such audit shall be payable by the Corporation to the Controller and Auditor-General.

(3) The Controller and Auditor-General and any person appointed by him in connection with the audit of the accounts of the Corporation shall have the same rights and privileges and authority in connection with such audit as the Controller and Auditor-General has in connection with the audit of Government accounts and, in particular, shall have the right to demand the production of books, accounts, connected vouchers and other documents and papers and to inspect any of the office of the Corporation.

(4) The accounts of the Corporation as certified by the Controller and Auditor-General of India or any other person appointed by him in this behalf together with the audit report thereon shall be forwarded annually to the Central Government and that Government shall cause the same to be laid before each House of Parliament.

Corporation not Liable to be Taxed.

22. Notwithstanding anything contained in the Income-tax Act, 1961, or any other enactment for the time being in force relating to income-tax or any other tax on income, profits or gains, the Corporation shall not be liable to pay any income-tax or any other tax in respect of—

(a) any income, profits or gains, accuring or arising out of the Fund of the Corporation or any amount received in that Fund; and

(b) any income, profits or gains, derived or any amount received, by the Corporation.

Chapter IV
Miscellaneous

Power of Central Government to give directions.

23. (1) The Central Government may from time to time as and when occasion arises, issue to the Corporation such directions as it-may think

necessary in the interests of the sovereignty, unity and integrity of India or the security of the State or preservation of public order requiring it not to make a broadcast on a matter specified in the direction or to make a broadcast on any matter or public importance specified in the direction.

(2) Where the Corporation makes a broadcast in pursuance of the direction issued under-section (1), the fact that such broadcast has been made in pursuance of such direction may also be announced along with such broadcast, if the Corporation so desires.

(3) A copy of every direction issued under sub-section (1) shall be laid before each House of Parliament.

Power of Central Government to Obtain Information.

24. The Central Government may require the Corporation to furnish such information as that Government may consider necessary.

Report to Parliament in certain matters and recommendations as to action against the Board.

*25. (1) Where the Board persistently makes default in complying with any directions issues under section 23 or fails to supply the information required under section 24, the Central Government shall give a reasonable opportunity to the Board to show cause as to why it should not be superseded and shall consider the objections, if any, of the Board.

(2) The Central Government after considering the objections if any of the Board, may propose to supersede the Board and if it so proposes, shall prepare a report and lay it before each House of Parliament while it is in session for a total period of thirty day which may be comprised in one session or in two or more successive sessions.

(3) If, before the expiry of the session immediately following the session or the successive session referred in subsection (2), both Houses agree to supersede the Board the President may by notification supersede the Board for such period not exceeding six months, as may be specified in the notification.

---

* Substituted by Prasar Bharati (Broadcasting Corporation of India) Amendment Ordinance, 1997

(4) Upon the publication of the notification under sub-section (3),—

(a) all the Members shall, as from the date of supersession, vacate their offices as such;

(b) all the powers, functions and duties which may, be or under the provisions of this Act be exercised or discharged by or on behalf of the Board, shall, until the Board is reconstituted under this Act, be exercised and discharged by such person or persons as the President may direct.

(5) On the expiration of the period of supersession specified in the notification issued under the sub-section (3), the President may reconstitute the Board by fresh appointments, and in such a case any person who had vacated his office under clause (a) of sub-section (4) shall not be disqualified for appointment.

Provided that the President may, at any time before the expiration of the period of supersession, take action under this sub-section.

(6) The Central Government shall cause the notification issued under sub-section (3) and a full report of the action taken under this section to be laid before each House of Parliament.

26. ** (...)

Chairman, Members, etc., to be public servants.

*27. The Chairman and every other Member, every officer or other employee of the Corporation and every member of a Committee thereof, and every member of a Recruitment Board shall be deemed to be a public servant within the meaning of section 21 of the Indian Penal Code, 1860.

protection of action taken in good faith.

*28. No suit or other legal proceeding shall lie against the Corporation, the Chairman or any Member or officer or other employee thereof or a member of a Recruitment Board for anything which is in good faith done or intended to be done in pursuance of this Act or of any rules or

---

** Omitted by Prasar Bharati (Broadcasting Corporation of India) Amendment Ordinance, 1997

* Substituted by Prasar Bharati (Broadcasting Corporation of India) Amendment Ordinance, 1997

regulations made thereunder.

Authentication of Orders and other Instruments of Corporation.

29. All orders and decisions of the Corporation shall be authenticated by the signature of the Chairman or any other Member authorised by the Corporation in this behalf and all other instruments executed by the corporation shall be authenticated by the signature of the Executive Member or by any office of the corporation authorised by him in this behalf.

Delegation of Powers.

30. The Corporation may, be general of special order, delegate to the Chairman or any other member or to any officer of the Corporation, subject to such conditions and limitations, if any, as may be specified therein, such of its powers and duties under this Act as it may deem fit.

Annual Report.

*31. The Corporation shall prepare once in every year, in such form and within such time as may be prescribed, an annual report giving a full account of its activities during the previous year and copies thereof shall be forwarded to the Central Government and that Government shall cause the same to be laid before each House of Parliament.

Power to make rules.

32. (1) The Central Government may, by notification, make rules for carrying out the provisions of this Act.

(2) In particular, and without prejudice to generality of the foregoing power, such rules may provide for all or any of the following matters, namely—

(a) the salaries and allowances and conditions of service in respect of leave, pension (if any), provident fund and other matters in relation to the *{Executive Member under sub-section (5) of section 6.}

---

*/ Substituted by Prasar Bharati (Broadcasting Corporation of India) Amendment Ordinance, 1997

*(b) the allowances payable to and facilities admissible to the Chairman under sub-section (6) of section 6;

*(ba) the allowances payable to the part-time members under sub-section (7) of section 6;

(c) the control, restricitions and conditions subject to which the Corporation may appoint officers and other employees under sub-section (1) of section 9;

(d) the manner in which and the conditions and restrictions subject to which a Recruitment Board may be established under sub-section (1) of section 10;

(e) the qualifications and other conditions of service of the members of a Recruitment Board and their period of office under sub-section (2) of section 10;

*(f) the procedure for absorption of officers under sub-section (2) of section 11;

** (...)

(g) the manner in which the Corporation may invest its moneys under section 19;

(h) the form and the manner in which the annual statement of accounts shall be prepared under sub-section (1) of section 21;

(i) the form in which, and the time within which, the Corporation shall prepare their annual report under section 31;

(j) any other matter which is required to be, or may be, prescribed.

Power to make regulations.

33. (1) The Corporation may, by notification, make regulations not inconsistent with this Act and the rules made thereunder for enabling it to perform its functions under this Act.

(2) Without prejudice to the generality of the foregoing power such regulations may provide for all or any of the following matters, namely—

(a) the manner in which and the purposes for which the Corporation may associate with itself any person under sub-section (7) of section 3;

---

* Substituted by Prasar Bharati (Broadcasting Corporation of India) Amendment Ordinance, 1997

** Omitted by Prasar Bharati (Broadcasting Corporation of India) Amendment Ordinance, 1997

(b) the times and places at which meetings of the Board shall be held and, the procedure to be followed and the quorum necessary for the transaction of the business at a meeting of the Board under sub-section (1) of section 8;

(c) the methods of recruitment and conditions of service of officers and other employees of the Corporation under sub-section (2) of section 9;

(d) the remuneration and other conditions of service, including pension, have and provident fund in relation to an officer or other employee of the Corporation under sub-section (4) of section 11;

(e) the authority competent to make certain appointments referred to in clause (a) of sub-section (6) of section 11;

(f) the services which may be provided by the Corporation under clause (f) of sub-section (3) of section 12;

(g) the determination and levy of fees and other service charges in respect of advertisements and other programmes under sub-section (7) of section 12;

** {...}

(h) any other matter in respect of which provision is, in the opinion of the Corporation, necessary for the performance of its functions under this Act.

Provided that the regulations under clause (c) or clause (d) shall be made only with the prior approval of the Central Government.

Rules and regulations to be laid before Parliament

34. Every rule and every regulation made under this Act shall be laid as soon as may be after it is made, before each House of Parliament, while it is in session for a total period of thirty days which may be comprised in one session or in two or more successive sessions, and if, before the expiry of the session immediately following the session or the successive sessions aforesaid, both Houses agree in making any modification in the rule or regulation, or both Houses agree that the rule or regulation should not be made, the rule or regulation shall thereafter has

** Omitted by Prasar Bharati (Broadcasting Corporation of India) Amendment Ordinance, 1997

effect only in such modified form or be of no effect, as the case may be; so, however, that any such modification or annulment shall be without prejudice to the validity of anything previously done under that rule or regulation.

Power to remove difficulties.

35. If any difficulty arises in giving effect to provisions of this Act, the Central Government may, by order, published in the official Gazette, make such provisions, not inconsistent with the provisions of this Act, as it may deem necessary, for the removal of the difficulty.

Provided that no such order shall be made after the expiry of a period of three years from the appointed day.

परिशिष्ट-5

1997 का विधेयक संख्यांक 71

प्रसारण विधेयक, 1997

खंडों का क्रम

अध्याय-1

प्रारंभिक

खंड

1. संक्षिप्त नाम, विस्तार और प्रारंभ।
2. परिभाषाएँ।

अध्याय-2

भारतीय प्रसारण प्राधिकरण

3. प्राधिकरण की स्थापना और संरचना।
4. अध्यक्ष और सदस्यों का हटाया जाना और निलंबन।
5. प्राधिकरण का अधिवेशन।
6. प्राधिकरण का महासचिव और अन्य अधिकारी।

अध्याय-3

प्राधिकरण के कृत्य

7. प्राधिकरण के कृत्य।

अध्याय-4

अनुज्ञप्तियाँ

8. अनुज्ञप्ति के बिना प्रसारण सेवा पर प्रतिषेध।
9. प्राधिकरण द्वारा दी जानेवाली अनुज्ञप्तियाँ।
10. अनुज्ञप्ति की शर्तें।
11. अनुज्ञप्ति की अवधि।
12. अनुज्ञप्तियों के लिए पात्रता और निर्बंधन।
13. उपग्रह प्रसारण सेवाओं के लिए अनुज्ञप्ति प्रदान करना।
14. सीधे गृह सेवाओं के लिए अनुज्ञप्ति प्रदान करना।
15. उपग्रह प्रसारण और सीधे गृह सेवाओं के लिए विशेष उपबंध।
16. स्थलीय प्रसारण सेवाओं के लिए अनुज्ञप्ति प्रदान करना।
17. स्थानीय परिदान सेवाओं के लिए अनुज्ञप्ति प्रदान करना।
18. अनुज्ञप्ति का प्रवर्तन।

अध्याय-5

वित्त, लेखा और लेखा परीक्षा

19. प्राधिकरण की निधियाँ, लेखा, बजट और लेखापरीक्षा।
20. वार्षिक रिपोर्ट।

अध्याय-6

प्रकीर्ण

21. अपराध और दंड।
22. कतिपय विदेशी उपग्रह प्रसारण सेवा के लिए विशेष उपबंध।
23. कतिपय घटनाओं का सीधा प्रसारण करने के अनन्य अधिकारों का प्रतिषेध।
24. प्राधिकरण की प्रक्रिया और शक्तियाँ।
25. केंद्रीय सरकार की शक्तियाँ।
26. जानकारी प्राप्त करने, जाँच करके साक्ष्य आदि लेने की प्राधिकरण की शक्तियाँ।
27. अध्यक्ष, सदस्यों आदि का लोक सेवक होना।
28. सद्भावपूर्वक की गई कार्रवाई के लिए संरक्षण।

29. शक्तियों का प्रत्यायोजन।
30. अन्य विधियों का लागू होना वर्जित न होना।
31. नियम बनाने की शक्ति।
32. विनियम बनाने की शक्ति।
33. नियमों और विनियमों का संसद के समक्ष रखा जाना।
34. कठिनाइयों को दूर करने की शक्ति।
35. निरसन और व्यावृत्ति।

अनुसूची

1997 का विधेयक संख्यांक 71

[दि ब्रॉडकास्टिंग बिल, 1997 का हिंदी अनुवाद]

प्रसारण विधेयक, 1997

भारत में प्रसारण सेवाओं को सुकर बनाने और विनियमित करने के प्रयोजन के लिए भारतीय प्रसारण प्राधिकरण के रूप में ज्ञात एक स्वतंत्र प्राधिकरण की स्थापना का उपबंध करने के लिए और उससे संबंधित या उसके आनुषंगिक विषयों का उपबंध करने के लिए

विधेयक

भारत गणराज्य के अड़तालीसवें वर्ष में संसद द्वारा निम्नलिखित रूप में यह अधिनियमित हो—

अध्याय-1

प्रारंभिक

1. (1) इस अधिनियम का संक्षिप्त नाम प्रसारण अधिनियम 1997 है।

(2) इसका विस्तार संपूर्ण भारत पर है।

(3) यह उस तारीख को प्रवृत्त होगा जो केंद्रीय सरकार, राजपत्र में अधिसूचना द्वारा, नियत करे।

2. इस अधिनियम में, जब तक कि संदर्भ से अन्यथा अपेक्षित न हो,—

(क) 'आकाशवाणी' का वही अर्थ है जो उसका प्रसार भारती (भारतीय प्रसारण निगम) अधिनियम, 1990 की धारा 2 के खंड (क) में है;

(ख) 'नियत दिन' से धारा 3 के अधीन नियत तारीख अभिप्रेत है;

(ग) 'प्राधिकरण' से धारा 3 के अधीन स्थापित भारतीय प्रसारण प्राधिकरण अभिप्रेत है;

(घ) 'आधारी सेवा' से सेवा का ऐसा सोपान अभिप्रेत है जिसके लिए अभिदाय सेवा के किसी अन्य सोपान तक पहुँचने के लिए अपेक्षित है;

(ङ) 'प्रसारण सेवा' से ऐसी सेवा अभिप्रेत है जिसके द्वारा चिह्न या संकेत पारेषित किए जाते हैं, चाहे वे गोपित हों या नहीं, जिसमें समाविष्ट है—

(i) कोई कार्यक्रम जो दृश्य प्रतिबिंबों के रूप में चाहे गतिमान हो या स्थिर, प्राप्त किए जाने योग्य हो या प्राप्त किया गया या संप्रदर्शित किया गया हो;

(ii) कोई ध्वनि कार्यक्रम जो प्राप्त किए जाने के लिए हो; या

(iii) कोई कार्यक्रम जो दृश्य प्रतिबिंब (चाहे गतिमान हो या स्थिर) और ध्वनि दोनों का मिश्रण हो, जो प्राप्त किए जाने या प्राप्त किए जाने और संप्रदर्शित किए जाने के लिए हो,

ऐसे व्यक्तियों द्वारा जो उस सेवा को, यथास्थिति, प्राप्त करने या प्राप्त करने और पारेषित करने के लिए, उस सेवा के परिदान के साधनों का ध्यान रखे बिना उचित उपस्कर रखते हों;

(च) 'केबल टेलीविजन सेवा' से एम एम डी एस का उपयोग किए बिना स्थानीय परिदान सेवा अभिप्रेत है और 'केबल टेलीविजन प्रचालक' का तदनुसार अर्थ लगाया जाएगा;

(छ) 'अध्यक्ष' से धारा 3 की उपधारा (4) के अधीन नियुक्त प्राधिकरण का अध्यक्ष अभिप्रेत है;

(ज) 'चैनल' से किसी कार्यक्रम के पारेषण के लिए उपयोग किया गया आवृत्तियों का कोई सेट अभिप्रेत है;

(झ) 'कूटवाचक' से किसी गोपित चैनल या किसी संपीडित अंकीय चैनल के कूटवाचन के लिए, उसकी बोधगम्य ग्राह्यता सुकर बनाने के लिए, कोई उपस्कर अभिप्रेत है;

(ञ) 'दूरदर्शन' का वही अर्थ है जो उसका प्रसार भारती (भारतीय प्रसारण निगम) अधिनियम, 1990 की धारा 2 के खंड (ज) में है;

(ट) 'सीधे-गृह सेवा' से ऐसी सेवा अभिप्रेत है जो स्थानीय परिदान प्रणाली की सहायता के बिना उपभोक्ता के परिसरों के लिए सीधे प्रसारण सेवा के वितरण के लिए कू बैंड उपग्रह प्रणाली का उपयोग करती है;

(ठ) 'गोपित' से अभिप्रेत है अप्राधिकृत व्यक्तियों द्वारा बोधगम्य ग्राह्यता

का निवारण करने के प्रयोजन के लिए वैद्युत रूप से या अन्यथा अभिक्रियित;

(ड) 'आवृत्ति' से प्रसारण सेवा के पारेषण के लिए उपयोग की गई वैद्युत चुंबकीय तरंगों की आवृत्ति अभिप्रेत है;

(ढ) 'विदेशी उपग्रह प्रसारण सेवा' से किसी विदेश से पारेषित ऐसी उपग्रह प्रसारण सेवा अभिप्रेत है जो भारत में प्राप्त करने योग्य है;

(ण) 'मुक्त प्रसार के लिए प्रसारण सेवा' से ऐसी प्रसारण सेवा अभिप्रेत है जो अभिदाय फीस के संदाय के बिना जनता को सामान्य रूप से उपलब्ध प्रसारण साधित्र द्वारा प्राप्त किए जाने के लिए उपलब्ध कराई गई हो;

(त) 'विदेशी उपग्रह प्रणाली' से भारतीय उपग्रह प्रणाली से भिन्न उपग्रह प्रणाली अभिप्रेत है;

(थ) 'भारतीय उपग्रह प्रणाली' से इंटरनेशनल टेलिकम्यूनिकेशन यूनियन (अंतरराष्ट्रीय दूर-संचार संघ) द्वारा भारतीय प्रशासन को आबंटित कक्षीय स्लाट में उपग्रह प्रणाली अभिप्रेत है;

(द) 'अनुज्ञप्ति' से इस अधिनियम के अधीन प्राधिकरण द्वारा जारी की गई अनुज्ञप्ति अभिप्रेत है;

(ध) 'अनुज्ञप्ति सेवा' से प्राधिकरण द्वारा अनुज्ञप्त प्रसारण सेवा अभिप्रेत है;

(न) 'स्थानीय परिदान सेवा' से बहुत से अभिदाताओं द्वारा एक साथ प्राप्त किए जाने के लिए केबल या एम एम डी एस या 'स्थानीय परिदान प्रणाली' के नाम से दोनों के मिश्रण का उपयोग करते हुए भू पारेषण प्रणाली द्वारा कार्यक्रमों के वितरण के लिए सेवा अभिप्रेत है;

(प) 'सदस्य' से धारा ३ की उपधारा (३) में निर्दिष्ट प्राधिकरण का, यथास्थिति, कोई अंशकालिक सदस्य या कोई पदेन सदस्य अभिप्रेत है और इसके अंतर्गत अध्यक्ष है;

(फ) 'एम एम डी एस' से अभिप्रेत है कोई भू बेतार पारेषण प्रणाली जो भारत सरकार के बेतार सलाहकार द्वारा राजपत्र में अधिसूचित की गई आवृत्तियों पर कार्यक्रमों के बहु-बिंदु बहु-चैनल के लिए उपयोग की जाती हो;

(ब) 'अधिसूचना' से अभिप्रेत है राजपत्र में प्रकाशित अधिसूचना और 'अधिसूचित' पद का तदनुसार अर्थ लगाया जाएगा;

(भ) 'अनुज्ञात सेवा' से अभिप्रेत है विदेशी उपग्रह चैनल जो भारत में ग्रहण किए जाने के लिए प्राधिकरण द्वारा अनुज्ञात की गई हो;

(म) 'विहित' से इस अधिनियम के अधीन बनाए गए नियमों द्वारा विहित

अभिप्रेत है;

(य) 'प्राइवेट संचार' से अभिप्रेत है,–

(i) दो या अधिक व्यक्तियों के बीच कोई संचार जो प्राइवेट या घरेलू प्रकृति का हो;

(ii) किसी कारबार सरकारी अभिकरण या अन्य संगठन का, कारबार अभिकरण या संगठन के प्रचालन के प्रयोजन के लिए, कोई आंतरिक संचार; और

(iii) ऐसी अन्य परिस्थितियों में, जो विहित की जाएँ, संचार;

(यक) प्रसारण सेवा के संबंध में 'कार्यक्रम' से अभिप्रेत है,–

(i) कोई विषय जिसका प्रयोजन जनता का मनोरंजन करना, उन्हें शिक्षा देना या सूचना देना है;

(ii) कोई विज्ञापन या प्रायोजित विषय, चाहे वह वाणिज्यिक प्रकार का हो या नहीं,

किंतु इसके अंतर्गत ऐसा कोई विषय नहीं है जो पूर्ण रूप से किसी प्राइवेट संचार से संबंधित या संसक्त है;

(यख) 'कार्यक्रम मानक' से ऐसा मानक अभिप्रेत है जो प्राधिकरण द्वारा अनुज्ञप्त सेवाओं या अनुज्ञात सेवाओं से संबंधित कार्यक्रमों की अंतर्वस्तु या परिदान के संबंध में अवधारित किया गया हो;

(यग) 'सार्वजनिक सेवा प्रसारणकर्ता' से कोई ऐसा निकाय अभिप्रेत है जो सार्वजनिक सेवा प्रसारण के प्रयोजन के लिए संसद के किसी अधिनियम द्वारा सृजित किया गया हो;

परंतु यह कि प्रसार भारती अधिनियम, 1990 के प्रारंभ तक सार्वजनिक सेवा प्रसारणकर्ता से, यथास्थिति, आकाशवाणी या दूरदर्शन अभिप्रेत होगा;

(यघ) 'विनियम' से इस अधिनियम के अधीन प्राधिकरण द्वारा बनाए गए विनियम अभिप्रेत हैं;

(यङ) 'उपग्रह प्रसारण सेवा' से ऐसी कोई सेवा अभिप्रेत है, जो किसी उपग्रह का प्रयोग करते हुए स्थानीय परिदान सेवा के लिए प्रयुक्त किसी प्रणाली की सहायता से अथवा उसके बिना ही प्राप्त की जाती है, किंतु इसके अंतर्गत सीधे गृह सेवा नहीं है;

(यच) 'उपग्रह रेडियो प्रसारण सेवा' से श्रव्य कार्यक्रमों का उपबंध करने के लिए कोई उपग्रह प्रसारण सेवा अभिप्रेत है;

(यछ) 'उपग्रह टेलीविजन प्रसारण सेवा' से श्रव्य के साथ या उसके बिना ही दृश्य कार्यक्रमों का उपबंध करने के लिए कोई उपग्रह प्रसारण सेवा

अभिप्रेत है;

(यज) 'महासचिव' से धारा 6 की उपधारा (1) के अधीन नियुक्त महासचिव अभिप्रेत है;

(यझ) 'सेवा प्रदाता' से प्रसारण सेवा का कोई प्रदाता अभिप्रेत है;

(यञ) 'केंद्र' से स्टूडियो या ट्रांसमीटरों या दोनों के सहित कोई प्रसारण केंद्र अभिप्रेत है और इसके अंतर्गत कोई रिले केंद्र है;

(यट) किसी सेवा के 'अभिदाता' से कोई ऐसा व्यक्ति अभिप्रेत है जो कोई सेवा उसके द्वारा उपदर्शित स्थान पर किसी अन्य व्यक्ति को उसे आगे पारेषित किए बिना ही, प्राप्त करता है;

(यठ) 'अभिदाय फीस' से अभिदाता द्वारा दिए गए प्रतिफल का कोई रूप अभिप्रेत है;

(यड) 'स्थलीय प्रसारण सेवा' से ऐसी सेवा अभिप्रेत है जो ग्राउंड ट्रांसमीटर का उपयोग करते हुए प्रदान की जाती है, किंतु इसके अंतर्गत स्थानीय परिदान सेवा नहीं है;

(यढ) 'स्थलीय रेडियो प्रसारण सेवा' से श्रव्य कार्यक्रमों का उपबंध करने के लिए कोई स्थलीय प्रसारण सेवा अभिप्रेत है;

(यण) 'स्थलीय टेलीविजन प्रसारण सेवा से श्रव्य के साथ या उसके बिना ही दृश्य कार्यक्रमों का उपबंध करने के लिए कोई स्थलीय प्रसारण सेवा अभिप्रेत है;

(यत) 'सेवा सोपान' से ऐसी स्थानीय परिदान सेवा या सीधे गृह सेवा का कोई प्रवर्ग अभिप्रेत है जिसके लिए सेवा प्रदाता द्वारा कोई पृथक् दर प्रभारित की जाती है;

(यथ) उपग्रह प्रसारण या सीधे गृह सेवा के प्रति निर्देश से 'उपरिसंपर्क' से किसी भूकेंद्र से उपग्रह को कार्यक्रम पारेषण का उपरिसंपर्क अभिप्रेत है;

(यद) 'बेतार सलाहकार' से भारत सरकार का बेतार सलाहकार अभिप्रेत है;

(यध) 'वर्ष' से वित्तीय वर्ष अभिप्रेत है।

अध्याय-2

भारतीय प्रसारण प्राधिकरण

3.(1) ऐसी तारीख से, जो केंद्रीय सरकार, अधिसूचना द्वारा, इस निमित्त नियत करे, इस अधिनियम के प्रयोजनों के लिए भारतीय प्रसारण प्राधिकरण के नाम से ज्ञात एक प्राधिकरण की स्थापना की जाएगी।

(2) प्राधिकरण, पूर्वोक्त नाम का शाश्वत उत्तराधिकार और सामान्य मुद्रावाला निगमित निकाय होगा जिसे जंगम और स्थावर दोनों ही प्रकार की संपत्ति का अर्जन, धारण और व्ययन करने की और संविदा करने की शक्ति होगी तथा उक्त नाम से वह वाद लाएगा या उस पर वाद लाया जाएगा।

(3) प्राधिकरण में निम्नलिखित सदस्य होंगे, अर्थात्–

(क) अध्यक्ष;

(ख) ग्यारह से अनधिक अंश-कालिक सदस्य जो केंद्रीय सरकार द्वारा अध्यक्ष के परामर्श से नियुक्त किए जाएँगे;

(ग) सूचना और प्रसारण मंत्रालय का प्रभारी भारत सरकार का सचिव, पदेन,

(घ) दूर-संचार विभाग का प्रभारी भारत सरकार का सचिव, पदेन;

(ङ) महासचिव, पदेन।

(4) अध्यक्ष, समिति की सिफारिश पर भारत के राष्ट्रपति द्वारा नियुक्त किया जाएगा, जो निम्नलिखित से मिलकर बनेगी,–

(क) राज्यसभा का सभापति, जो समिति का अध्यक्ष होगा;

(ख) भारत सरकार के सूचना और प्रसारण मंत्रालय का प्रभारी मंत्री, और

(ग) प्रेस परिषद अधिनियम, 1978 की धारा 4 के अधीन स्थापित भारतीय प्रेस परिषद का अध्यक्ष।

(5) सदस्य की कोई नियुक्ति केवल इस आधार पर अविधिमान्य नहीं होगी कि उपधारा (4) के अधीन नियुक्त समिति में कोई रिक्ति है या उसके गठन में कोई त्रुटि है।

(6) अध्यक्ष ऐसे विशिष्ट व्यक्तियों में से नियुक्त किया जाएगा जिन्हें प्रशासन, विधि, कारबार-प्रबंध, प्रसारण कार्यक्रम, प्रसारण इंजीनियरी, सूचना प्रबंध, पत्रकारिता, और संचार के किसी क्षेत्र में पंद्रह वर्ष से अधिक का अनुभव है।

(7) अध्यक्ष पूर्णकालिक सदस्य होगा और उस तारीख से, जिसको वह अपना पद ग्रहण करता है पाँच वर्ष की अवधि तक या पैंसठ वर्ष की आयु प्राप्त करने तक, इसमें जो भी पूर्वतर हो, पद धारण करेगा और पुनर्नियुक्ति के लिए पात्र नहीं होगा।

(8) अंशकालिक सदस्य लोक जीवन के ऐसे विशिष्ट व्यक्तियों में से होंगे जिन्हें शिक्षा, साहित्य, क्रीड़ा, संस्कृति, कला, फिल्म, संगीत, नाट्य, प्रसारण कार्यक्रम, सूचना प्रबंध, संचार, विधि, वित्त, प्रशासन, पत्रकारिता और कारबार प्रबंध के किसी क्षेत्र में ज्ञान और अनुभव है।

(9) कोई अंशकालिक सदस्य अपना पद ग्रहण करने की तारीख से तीन

वर्ष की अवधि के लिए पद धारण करेगा और दूसरी अवधि के लिए पुनर्नियुक्ति का पात्र होगा।

(10) अध्यक्ष को संदेय वेतन और भत्ते औ!र सेवा की अन्य शर्तें ऐसी होंगी जो विहित की जाएँ।

(11) अंशकालिक सदस्यों को संदेय भत्ते वे होंगे, जो विहित किए जाएँ।

(12) कोई व्यक्ति, जिसका किसी प्रसारण अभिकरण में प्रत्यक्ष या अप्रत्यक्ष कोई हित है अध्यक्ष या अंशकालिक सदस्य के रूप में नियुक्ति के लिए पात्र नहीं होगा।

(13) प्राधिकरण की कोई कार्य या कार्यवाही केवल इस आधार पर अविधिमान्य नहीं होगी कि--

(क) प्राधिकरण में या ऐसी समिति में कोई रिक्ति है या उसके गठन में कोई त्रुटि है; या

(ख) प्राधिकरण के सदस्य के रूप में कार्य करनेवाले किसी व्यक्ति की नियुक्ति में कोई त्रुटि है; या

(ग) प्राधिकरण की प्रक्रिया में ऐसी अनियमितता है जिससे मामलों के गुणागुण पर कोई प्रभाव नहीं पड़ता है।

4. (1) राष्ट्रपति, अध्यक्ष या किसी अंशकालिक सदस्य को, उसी रीति से और उन्हीं आधारों पर उसके पद से हटा सकेंगे या निलंबित कर सकेंगे, जिनका उपबंध संविधान के अनुच्छेद 317 के अधीन संघ लोक सेवा आयोग के अध्यक्ष या किसी अन्य सदस्य के हटाए जाने या निलंबित करने के लिए किया गया है :

परंतु किसी अंशकालिक सदस्य को उसके पद से इस आधार पर नहीं हटाया जाएगा कि वह उसकी पदावधि के दौरान उसके पद के कर्तव्यों से बाहर किसी सवेतन नियोजन में लगा हुआ है।

(2) अध्यक्ष या कोई अन्य अंशकालिक सदस्य, भारत के राष्ट्रपति को इसके लिए लिखित में सूचना देकर अपना पद त्याग सकेगा और ऐसा त्यागपत्र स्वीकार किए जाने पर, यह समझा जाएगा कि अध्यक्ष या अन्य सदस्य ने अपना पद रिक्त कर दिया है।

5. (1) प्राधिकरण ऐसे समयों और स्थानों पर अधिवेशन करेगा और अपने अधिवेशनों में कारबार के संव्यवहार में प्रक्रिया के ऐसे नियमों का पालन करेगा, जो विनियमों द्वारा उपबंधित किए जाएँ :

परंतु प्रत्येक वर्ष कम से कम आठ अधिवेशन होंगे किंतु एक अधिवेशन से अगले अधिवेशन के बीच दो माह से अधिक का अंतराल नहीं होगा।

(2) प्राधिकरण के अधिवेशन में गणपूर्ति कुल सदस्य संख्या की पचास

प्रतिशत होगी।

(3) किसी सदस्य ने अपना पद रिक्त कर दिया समझा जाएगा यदि वह अध्यक्ष से छुट्टी लिए बिना ही प्राधिकरण के लगातार तीन अधिवेशनों में अनुपस्थित रहता है।

(4) अध्यक्ष, प्राधिकरण के अधिवेशनों की अध्यक्षता करेगा और यदि वह किसी कारण से किसी अधिवेशन की अध्यक्षता करने में असमर्थ है तो ऐसे अधिवेशन में उपस्थित सदस्यों द्वारा निर्वाचित कोई अन्य सदस्य अधिवेशन की अध्यक्षता करेगा।

(5) प्राधिकरण के किसी अधिवेशन में उसके समक्ष आनेवाले सभी प्रश्नों का विनिश्चय उपस्थित और मत देनेवाले सदस्यों के बहुमत से किया जाएगा और मत बराबर होने की दशा में, अध्यक्ष का या उसकी अनुपस्थिति में अध्यक्षता करने वाले व्यक्ति का, द्वितीय या निर्णायक मत होगा।

6. (1) केंद्रीय सरकार, प्राधिकरण को भारत सरकार के सचिव की पंक्ति के पाँच अधिकारियों का एक पैनल उपलब्ध कराएगी और प्राधिकरण उनमें से एक महासचिव के रूप में नियुक्त करेगा।

(2) महासचिव, प्राधिकरण का मुख्य कार्यपालक अधिकारी होगा और प्राधिकरण की ऐसी शक्तियों का प्रयोग तथा ऐसे कृत्यों का निर्वहन करेगा, जो उसे प्राधिकरण द्वारा प्रत्यायोजित किए जाएँ।

(3) प्राधिकरण उतने अधिकारियों और अन्य कर्मचारियों की नियुक्ति, जितने वह इस अधिनियम के अधीन अपने कृत्यों के दक्षतापूर्ण निर्वहन के लिए आवश्यक समझे, ऐसी रीति से कर सकेगा जो विनियमों द्वारा उपबंधित की जाय।

(4) प्राधिकरण के अधिकारियों और अन्य कर्मचारियों को संदेय वेतन और भत्ते तथा उनकी सेवा की अन्य शर्तें वे होंगी जो विनियमों द्वारा अवधारित की जाएँ।

अध्याय-3

प्राधिकरण के कृत्य

7.(1) प्राधिकरण के निम्नलिखित कृत्य होंगे, अर्थात्—

(i) बेतार सलाहकार द्वारा भारत सरकार को प्रसारण सेवाओं के

प्रयोजनों के लिए समनुदिष्ट ऐसी आवृत्तियों या आवृत्तियों के बैंड की आवृत्ति योजना को कार्यान्वित करना;

(ii) प्रसारण सेवाओं के लिए अनुज्ञप्तियाँ देना;

(iii) यह सुनिश्चित करना कि प्रसारण सेवाओं का व्यापक रेंज भारत में सर्वत्र उपलब्ध है;

(iv) प्रसारण सेवाओं की व्यवस्था में उचित और प्रभावी प्रतियोगिता सुनिश्चित करना;

(v) उच्च क्वालिटी की सेवाओं की व्यवस्था सुनिश्चत करना और विविध पसंद और रुचियों को आकर्षित करने के लिए कार्यक्रमों का व्यापक रेंज प्रस्तुत करना;

(vi) विनियमों द्वारा कार्यक्रम कोड और मानक अवधारित करना;

(vii) कोड, इस अधिनियम और इसके अधीन बनाए गए नियमों और विनियमों के उपबंधों के अतिक्रमण के लिए और अनुज्ञप्ति की शर्तों के अतिक्रमण के लिए शिकायतें प्राप्त करना और ऐसे उपचारी उपाय करना जो वह आवश्यक समझे;

(viii) उपधारा (2) के खंड (क) के उपखंड (i) और उपखंड (ii) में निर्दिष्ट औचित्यपूर्ण शिकायतों पर विचार करना और उनके संबंध में विनिश्चय करना;

(ix) उपधारा (2) के खंड (ख), खंड (ग) और खंड (घ) में निर्दिष्ट मानक शिकायतों पर विचार करना और उनके संबंध में विनिश्चय करना·

(x) विनियमों के द्वारा अभिग्रहण की उचित क्वालिटी सुनिश्चित करने के लिए तकनीकी और अन्य क्वालिटी मानक निर्धारित करना,

(xi) ऐसे अन्य कृत्यों का पालन करना, जो विहित किए जाएँ।

(2) प्राधिकरण निम्नलिखित के संबंध में सलाह देने के लिए एक विशेषज्ञ समिति या समितियाँ नियुक्त कर सकेगा—

(क) निम्नलिखित के परिवर्जन के संबंध में अनुसरण की जानेवाली पद्धति—

(i) किसी व्यक्ति के प्रति कार्यक्रमों में अनुचित और नावाजिब बर्ताव;

(ii) ऐसे कार्यक्रमों में सम्मिलित सामग्री को अभिप्राप्त करने में या उसके संबंध में गोपनीयता का अनधिकृत अतिलंघन;

(ख) कार्यक्रमों में हिंसा के चित्रण के संबंध में अनुसरण की जानेवाली पद्धति;

(ग) कार्यक्रमों में यौनाचरण के चित्रण के संबंध में अनुसरण की जानेवाली पद्धति;

(घ) साधारणतया कार्यक्रमों के लिए पसंद और शिष्टाचार के मानक;

(3) प्राधिकरण कार्यक्रमों का मानिटर करने और साधारणतया ऐसे कार्यक्रमों में हिंसा और यौनाचरण के चित्रण तथा उनमें पालन किए गए पसंद और शिष्टाचार के मानकों के संबंध में रिपोर्ट करने के लिए एक विशेषज्ञ समिति या समितियाँ नियुक्त कर सकेगा और ऐसी रिपोर्ट में निम्नलिखित किसी एक या दोनों का निर्धारण सम्मिलित हो सकेगा, अर्थात्–

(i) कार्यक्रमों में हिंसा या यौनाचरण के चित्रण में या उनके द्वारा पालन किए गए पसंद और शिष्टाचार के मानकों में जनसाधारण के रुख; और

(ii) ऐसे कार्यक्रमों में हिंसा या यौनाचरण के चित्रण या ऐसे कार्यक्रमों में पसंद और शिष्टाचार के मानकों का पालन करने में किसी असफलता के बारे में विशिष्ट प्रवर्गों के व्यक्तियों के रुख या व्यवहार के संबंध में कोई प्रभाव या संभाव्य प्रभाव।

अध्याय-4

अनुज्ञप्तियाँ

8. इस अधिनियम के प्रारंभ के पश्चात् कोई भी व्यक्ति धारा 9 की उपधारा (1) में विनिर्दिष्ट सेवाओं में से कोई भी सेवा इस अधिनियम के उपबंधों के अनुसार अनुज्ञप्ति अभिप्राप्त किए बिना प्रदान नहीं करेगा।

9.(1) प्राधिकरण निम्नलिखित प्रसारण सेवाओं के लिए अनुज्ञप्तियाँ दे सकेगा, अर्थात्–

(क) स्थलीय रेडियो प्रसारण;

(ख) स्थलीय टेलीविजन प्रसारण;

(ग) उपग्रह रेडियो प्रसारण;

(घ) उपग्रह टेलीविजन प्रसारण;

(ङ) सीधा गृह प्रसारण;

(च) स्थानीय परिदान सेवाएँ;

(छ) ऐसी अन्य सेवाएँ, जो विहित की जाएँ।

(2) प्राधिकरण आगे स्थलीय प्रसारण सेवाओं को सदृश और अंकीय में तथा राष्ट्रीय, प्रादेशिक, स्थानीय, निर्बंधित स्थानीय सेवाओं या किसी अन्य समरूप सेवा में भी इस धारा के अधीन अनुज्ञप्तियों और धारा 12

के अधीन उनके संचयन के निवारण के प्रयोजनों के लिए वर्गीकृत कर सकेगा।

(3) इस धारा की कोई बात लोक सेवा प्रसारक को लागू नहीं होगी : परंतु ऐसा लोक सेवा प्रसारक इस अधिनियम के सभी अन्य उपबंधों का पालन करेगा।

10.(1) अनुज्ञप्ति निम्नलिखित शर्तों के अधीन रहते हुए दी जाएगी, अर्थात्–

(i) अनुज्ञप्तिधारी यह सुनिश्चित करेगा कि अनुज्ञप्तिधारी के कार्यक्रम में ऐसी कोई बात सम्मिलित नहीं है जो अच्छी पसंद या शिष्टाचार का अतिवर्तन करती है या जिससे यह संभाव्यता है कि वह अपराध करने के लिए प्रोत्साहित या उदीप्त करेगी या अव्यवस्था फैलाएगी या जनता की भावना के लिए संतापकारी होगी;

(ii) अनुज्ञप्तिधारी यह सुनिश्चित करेगा कि उसके कार्यक्रमों में दिए गए समाचार सम्यक् यथार्थता और निष्पक्षता सहित प्रस्तुत किए जाते हैं;

(iii) अनुज्ञप्तिधारी यह सुनिश्चित करेगा कि सामाजिक या राजनीतिक मुद्दों या लोकनीति से संबंधित विषय की बाबत, सम्यक् निष्पक्षता बनाई रखी जाती है;

(iv) अनुज्ञप्तिधारी यह सुनिश्चित करेगा कि निम्नलिखित के परिवर्जन की दृष्टि से धार्मिक कार्यक्रमों के संबंध में सम्यक् उत्तरदायित्व बरता जाता है–

(क) धार्मिक भावनाओं का अनुचित उपयोग; और

(ख) किसी विशिष्ट क्षेत्र या धार्मिक संप्रदाय के व्यक्तियों के धार्मिक विचार और विश्वास के प्रति अपराध;

(v) अनुज्ञप्तिधारी यह सुनिश्चित करेगा कि राष्ट्रीय अखंडता, धार्मिक सौहार्द, वैज्ञानिक दृष्टिकोण और भारतीय संस्कृति के मूल्यों की अभिवृद्धि करने के लिए सम्यक् महत्त्व दिया जाता है;

(vi) अनुज्ञप्तिधारी यह सुनिश्चित करेगा कि वह समय, जो प्राधिकरण द्वारा अवधारित किया जाय, निम्नलिखित के प्रसारण के लिए निश्चित किया जाता है,–

(क) बच्चों के कार्यक्रम, शैक्षिक कार्यक्रम, विकास संबंधी कार्यक्रम और भारतीय (प्रादेशिक या स्थानीय) मूल के कार्यक्रम;

(ख) स्वतंत्र प्रस्तुतिकरण की विविधता का रेंज; और

(vii) अनुज्ञप्तिधारी प्राधिकरण द्वारा निर्धारित कार्यक्रम मानकों और कोडों का अनुसरण करेगा;

(viii) अनुज्ञप्तिधारी ऐसी अनुज्ञप्ति फीस का ऐसी रीति से संदाय करेगा जो प्राधिकरण द्वारा बनाए गए विनियमों द्वारा अवधारित की जाय;

(ix) अनुज्ञप्तिधारी स्थानीय या प्रादेशिक प्रसारण सेवाओं के नेटवर्क को प्राधिकरण के पूर्व अनुमोदन के बिना कार्यान्वित नहीं करेगा;

(x) प्राधिकरण, अनुज्ञप्तिधारी को सुनवाई का उचित अवसर देकर अनुज्ञप्ति की शर्तों में परिवर्तन कर सकेगा; और

(xi) ऐसी अन्य शर्तें, जो विनियमों द्वारा अवधारित की जाएँ।

(2) सीधे गृह सेवा या स्थानीय परिदान सेवा के लिए दी गई अनुज्ञप्ति उपधारा (1) में निर्दिष्ट शर्तों के अतिरिक्त निम्नलिखित शर्तों के अधीन रहते हुए होगी, अर्थात्–

(i) अनुज्ञप्तिधारी एक सोपान आधारित सेवा की व्यवस्था करेगा जिसमें निम्नलिखित सम्मिलित हो सकेगा–

(क) प्रत्येक अनुज्ञात सेवा के लिए स्थलीय प्रसारण सेवाओं की ऐसी न्यूनतम संख्या और प्रकार, जो विनियमों द्वारा अवधारित किया जाय; और

(ख) लोक सेवा प्रसारक की प्रसारण सेवाओं की ऐसी न्यूनतम संख्या और प्रकार, जो विनियमों द्वारा अवधारित किया जाय;

(ii) अनुज्ञप्तिधारी वितरण के प्रयोजनों के लिए अपने परिदान पैकेज में केवल अनुज्ञप्त या अनुज्ञात सेवाएँ सम्मिलित करेगा;

(iii) अनुज्ञप्तिधारी अपने कार्यक्रमण की व्यवस्था करने के लिए प्रणाली की कुल चैनल क्षमता में से उतने चैनलों से अधिक चैनलों का उपयोग नहीं करेगा, जो विनियमों द्वारा अवधारित किए जाएँ : परंतु ऐसे कार्यक्रम, जो ऊपर उपखंड (iii) में निर्दिष्ट हैं, कार्यक्रम मानकों और कोडों तथा ऐसी अन्य शर्तों के अधीन रहते हुए होंगे जिनकी प्राधिकरण द्वारा अन्य प्रसारण सेवाओं के लिए अपेक्षा की जाय।

11.(1) प्रत्येक प्रवर्ग के लिए अनुज्ञप्ति की अवधि ऐसी अवधि होगी जो दस वर्ष से अधिक नहीं होगी और जो प्राधिकरण द्वारा विनियमों द्वारा अवधारित की जाय।

(2) अनुज्ञप्ति अंतरणीय नहीं होगी।

(3) अनुज्ञप्तिधारी का दिवालिया या उसकी मृत्यु हो जाने की दशा में अनुज्ञप्ति के सामान्य पर्यवसान से पूर्व व्यपगत हो जाएगी।

12.(1) अनुसूची के भाग 1 में विनिर्दिष्ट कोई भी व्यक्ति इस अधिनियम के अधीन अनुज्ञप्ति प्रदान किए जाने के लिए पात्र नहीं होगा।

(2) किसी भी व्यक्ति को किसी प्रवर्ग की सेवाओं के लिए किसी प्रवर्ग की सेवा के लिए विहित संख्या से अधिक अनुज्ञप्तियाँ नहीं दी जाएँगी।

स्पष्टीकरण—इस उपधारा के प्रयोजन के लिए, प्रवर्ग वही होगा जो धारा 9 में निर्दिष्ट है।

(3) किसी भी व्यक्ति को अनुसूची के भाग 2 में विनिर्दिष्ट किसी एक प्रवर्ग की सेवाओं से अधिक सेवाओं के लिए अनुज्ञप्ति प्रदान नहीं की जाएगी।

(4) समाचारपत्र और प्रसारण सेवा के बीच क्रास-मीडिया स्वामित्व पर ऐसे निर्बंधन होंगे जो अनुसूची के भाग 3 में विहित किए गए हैं।

(5) केंद्रीय सरकार, राजपत्र में अधिसूचना द्वारा, अनुसूची में वर्णित निगमित निकाय या कंपनियों में धारित हित या अंश पर किसी सीमा को उपांतरित कर सकेगी।

(6) इस धारा के प्रयोजन के लिए, 'व्यक्ति' के अंतर्गत अनुसूची के भाग 4 के पैरा 3 में निर्दिष्ट संबंधित व्यक्ति है।

13.(1) ऐसा कोई भी व्यक्ति जो उपग्रह प्रसारण अनुज्ञप्ति अभिप्राप्त करना चाहता है, प्राधिकरण को ऐसे प्ररूप में आवेदन करेगा जो विनियमों द्वारा विनिर्दिष्ट किया जाय।

(2) यदि प्राधिकरण का यह समाधान हो जाता है कि अपीलार्थी ने—

(क) किसी भारतीय उपग्रह प्रणाली या किसी विदेशी उपग्रह प्रणाली पर प्रेषग्राहियाँ (ट्रांसपोडर) अर्जित कर ली हैं;

(ख) प्रस्तावित सेवाएँ प्रदान करने के प्रयोजन के लिए भारत सरकार के बेतार सलाहकार से ट्रांसपोडर्स के संबंध में तकनीकी अनापत्ति अभिप्राप्त कर ली है; और

(ग) इस अधिनियम और इसके अधीन बनाए गए नियमों और विनियमों के अधीन अधिकथित अन्य सभी शर्तें पूरी कर दी हैं,

तो वह ऐसे व्यक्ति को ऐसी फीस के संदाय पर जो विनियमों द्वारा अवधारित की जाय, उपग्रह प्रसारण सेवाओं के लिए अनुज्ञप्ति प्रदान कर सकेगा :

परंतु यदि प्राधिकरण अनुज्ञप्ति प्रदान करने से इंकार करता है तो वह ऐसे इंकार करने से पूर्व आवेदक को सुने जाने का अवसर प्रदान करेगा :

परंतु यह और कि ऐसा व्यक्ति जो इस अधिनियम के प्रारंभ के ठीक पूर्व भारत में प्राप्त की जानेवाली विदेशी उपग्रह प्रसारण सेवा प्रदान कर रहा है, ऐसे प्रारंभ से एक माह की अवधि तक और यदि उसने एक माह की उक्त अवधि के भीतर अनुज्ञप्ति प्रदान किए जाने के लिए कोई आवेदन किया है और यदि ऐसा आवेदन उस प्ररूप में है

और उसमें वे प्रविष्टियाँ अंतर्विष्ट हैं जो विनियमों द्वारा विनिर्दिष्ट की जाएँ, तो ऐसे आवेदन के निपटारे तक बिना अनुज्ञप्ति के ऐसी सेवा प्रदान करता रह सकेगा।

14.(1) प्राधिकरण सीधे-गृह सेवा अनुज्ञप्ति प्रदान करने के लिए बोलियाँ आमंत्रित करेगा और अनुज्ञप्ति सबसे ऊँची बोली बोलनेवाले को प्रदान की जाएगी यदि वह ऐसी अनुज्ञप्ति अभिप्राप्त करने के लिए सभी शर्तों को पूरा कर देता है।

(2) प्राधिकरण उतनी संख्या में अनुज्ञप्तियाँ प्रदान कर सकेगा जो दो से कम नहीं होंगी और जो विहित की जाएँ।

15.(1) धारा 13 और धारा 14 के प्रयोजनों के लिए, बेतार सलाहकार—

(i) भारतीय उपग्रह प्रणाली या किसी विदेशी उपग्रह प्रणाली पर उपग्रह प्रसारण सेवाओं या सीधे गृह सेवाओं के अनुज्ञापन के लिए तकनीकी अनापत्ति देगा परंतु ऐसी अनापत्ति तकनीकी या सुरक्षा आधारों पर नामंजूर की जा सकेगी;

(ii) ऐसे मामलों में, जिनमें सेवाओं के प्रचालन विदेशी उपग्रह प्रणाली के साथ अनुज्ञात हैं, ऐसी सेवाओं के पुनर्अनुज्ञापन या नवीकरण के लिए तकनीकी अनापत्ति देने के समय, भारतीय उपग्रह प्रणाली के साथ उनके प्रचालनों के लिए पूर्विकता देगा।

(2) अनुज्ञप्तिधारी उपग्रह प्रसारण सेवाओं या सीधे गृह सेवाओं के उपरि संपर्क को केवल भारत से कार्यान्वित करेगा :

परंतु देश के बाहर से उपरि संपर्क ऐसे मानदंडों के अधीन रहते हुए, जो विनियमों द्वारा अवधारित किए जाएँ, देश के बाहर होनेवाली जीवंत घटनाओं के कवरेज के लिए इन सेवाओं की बाबत अनुज्ञात किया जा सकेगा :

परंतु यह और कि प्राधिकरण इस अधिनियम के प्रारंभ के ठीक पूर्व भारत में देश के बाहर से प्राप्त होनेवाली उपग्रह प्रसारण सेवाओं के ऐसे समय तक, ऐसी अतिरिक्त अनुज्ञप्ति फीस के संदाय पर जो ठीक समझे, उपरि संपर्क के बने रहने की भी अनुज्ञा दी जा सकेगी जो भारत में आवश्यक उपरि संपर्क सुविधाओं का अंतरण या सृजन करने के लिए उचित रूप से आवश्यक हो।

16.(1) प्राधिकरण स्थलीय प्रसारण सेवा अनुज्ञप्ति प्रदान करने के लिए बोलियाँ आमंत्रित कर सकेगा और अनुज्ञप्ति सबसे ऊँची बोली बोलने वाले को प्रदान की जाएगी यदि वह ऐसी अनुज्ञप्ति अभिप्राप्त करने के लिए सभी शर्तों को पूरा कर देता है।

(2) उपधारा (1) में किसी बात के होते हुए भी, प्राधिकरण ऐसी संस्थाओं को जो स्थलीय प्रसारण सेवाओं द्वारा अधिसूचित की जाएँ, निर्बंधित बोलियों के माध्यम से और ऐसी अनुज्ञप्ति फीस के संदाय पर, जो विनियमों द्वारा अवधारित की जाय, अनुज्ञप्तियाँ प्रदान कर सकेगा :

परंतु इस उपधारा के अधीन कोई संस्था तब तक अधिसूचित नहीं की जाएगी जब तक कि उस संस्था का उद्देश्य शिक्षा, सामुदायिक सेवा, पर्यावरण संरक्षण या स्वास्थ्य के बारे में जागरूकता प्रदान करने का न हो :

परंतु यह और कि इस उपधारा के अधीन अनुज्ञप्ति ऐसे निर्बंधित क्षेत्र के लिए, जो विनियमों द्वारा अवधारित की जाय, प्रदान की जा सकेगी।

(3) बेतार सलाहकार, स्थलीय प्रसारण सेवा अनुज्ञप्ति प्रदान करने के प्रयोजन के लिए प्राधिकरण को ऐसी आवृत्तियाँ या आवृत्तियाँ बैंड, जो प्राधिकरण के परामर्श से अवधारित की जाएँ, समनुदेशित करेगा।

17.(1) प्राधिकरण, प्रत्येक दूर-संचार सर्किल के लिए जो केंद्रीय सरकार द्वारा निश्चित की जाएगी, स्थानीय परिदान सेवा के लिए दो अनुज्ञप्तियाँ प्रदान करेगा :

परंतु प्राधिकरण इस उपधारा के प्रयोजन के लिए दूर-संचार सर्किल को तकनीकी या प्रशासनिक आधार पर निर्बंधित या विस्तारित कर सकेगा।

(2) प्राधिकरण स्थानीय परिदान सेवा अनुज्ञप्ति प्रदान करने के लिए बोलियाँ आमंत्रित करेगा और अनुज्ञप्ति सबसे ऊँची बोली बोलनेवाले को प्रदान की जाएगी यदि वह ऐसी अनुज्ञप्ति अभिप्राप्त करने के लिए सभी शर्तों को पूरा कर देता है और ऐसी अन्य कानूनी अनापत्तियाँ अभिप्राप्त कर लेता है जो ऐसी अनुज्ञप्ति अभिप्राप्त करने के लिए आवश्यक हैं।

(3) बेतार सलाहकार, प्राधिकरण से परामर्श करने के पश्चात्, स्थानीय परिदान सेवा के लिए जहाँ-जहाँ यह अपेक्षित है, एम एम डी एस के लिए आवृत्तियाँ समनुदेशित करेगा।

(4) प्राधिकरण, सामूहिक स्वामित्वाधीन गैर-वाणिज्यिक प्रतिष्ठानों को अपने सदस्यों के अनन्य उपयोग के लिए केबल टेलीविजन सेवाएँ प्रदान कराने के प्रयोजन के लिए अनुज्ञप्ति अभिप्राप्त करने से छूट प्रदान करेगा।

(5) केंद्रीय सरकार, अधिसूचना द्वारा, स्थानीय परिदान सेवा के किसी अनुज्ञप्तिधारी को अपने केबल नेटवर्क को रखने और उनका अनुरक्षण करने के संबंध में ऐसे अधिकार और बाध्यताएँ प्रदान कर सकेगी जो भारतीय तार अधिनियम, 1885 के भाग 3 के अधीन तार प्राधिकरण को उपलब्ध हैं।

18.(1) प्राधिकरण अनुज्ञप्ति के किसी निर्बंधन के भंग की दशा में अनुज्ञप्तिधारी को सुनवाई का अवसर प्रदान करने के पश्चात् निम्नलिखित कार्रवाई कर सकेगा, अर्थात्–

(क) अनुज्ञप्ति धारक को भूल सुधार का प्रसारण करने या क्षमायाचना करने या उस प्रोग्राम की पुनरावृत्ति न करने का निदेश देना या

(ख) शास्ति अधिरोपित करना जो पचास लाख रुपए तक हो सकेगी; या

(ग) अनुज्ञप्ति को विपिर्दिष्ट अवधि के लिए निलंबित करना; या

(घ) अनुज्ञप्ति की अवधि को कम करना; या

(ङ) अनुज्ञप्ति को प्रतिसंहृत करना।

(2) कोई व्यथित व्यक्ति प्राधिकरण की किसी कार्रवाई के विरुद्ध अपील तीस दिन के भीतर अधिकारिता रखनेवाले उच्च न्यायालय में कर सकेगा।

स्पष्टीकरण–इस उपधारा के प्रयोजन के लिए उस कार्रवाई की विषय-वस्तु के संबंध में जिसके विरुद्ध अपील की जाती है, 'अधिकारिता रखनेवाले उच्च न्यायालय' से ऐसा उच्च न्यायालय अभिप्रेत है जिसकी अधिकारिता के भीतर व्यथित व्यक्ति सामान्यतः निवास करता है या कारबार करता है, या अभिलाभ के लिए व्यक्तिगत रूप से काम करता है।

अध्याय-5

वित्त, लेखा और लेखापरीक्षा

19.(1) अनुज्ञप्ति फीस के आगमों को भारत की संचित निधि में जमा किया जाएगा।

(2) प्रसारण प्राधिकरण को, उसके कृत्यों के प्रभावी रूप से निर्वहन के लिए सक्षम बनाने के लिए, केंद्रीय सरकार इस निमित्त विधि द्वारा संसद से सम्यक् विनियोग के पश्चात् प्रत्येक वित्तीय वर्ष में ऐसी राशि का, जो सरकार सहायता अनुदान के रूप में आवश्यक समझती है, प्राधिकरण को संदाय कर सकेगी।

(3) प्राधिकरण के पास अपनी स्वयं की निधि होगी और प्राधिकरण की सभी प्राप्तियाँ निधि में जमा की जाएँगी तथा प्राधिकरण द्वारा सभी

भुगतान उसमें से किए जाएँगे। निधि से संबंधित सभी धन एक या अधिक राष्ट्रीयकृत बैंकों में ऐसी रीति में जमा किया जाएगा जो प्राधिकरण विनिश्चय करे और प्राधिकरण ऐसी राशि खर्च कर सकेगी जो वह इस अधिनियम के अधीन अपने कृत्य का पालन करने के लिए ठीक समझे।

(4) प्राधिकरण, प्रत्येक वर्ष ऐसे रूप में और ऐसे समय पर अगले वित्तीय वर्ष के लिए निम्नलिखित दर्शित करते हुए एक बजट तैयार करेगा जो विहित किया जाय–

(क) व्यय, जिसकी पूर्ति प्राधिकरण के आंतरिक स्रोतों में से करने का प्रस्ताव है; और

(ख) अन्य व्यय की पूर्ति के लिए केंद्रीय सरकार से अपेक्षित राशि और उसकी प्रतियाँ केंद्रीय सरकार को भेजी जाएँगी।

(5) प्राधिकरण समुचित लेखा और अन्य सुसंगत अभिलेख रखेगा तथा ऐसे प्ररूप में और ऐसी रीति में एक वार्षिक लेखा विवरण तैयार करेगा जो विहित किए जाएँ।

(6) प्राधिकरण के लेखाओं की, भारत के नियंत्रक और महालेखापरीक्षक द्वारा ऐसे अंतराल पर लेखापरीक्षा की जाएगी जो उसके द्वारा विहित किया जाय और ऐसी लेखापरीक्षा की बाबत उपगत ऐसे व्यय प्राधिकरण द्वारा नियंत्रक और महालेखा परीक्षक को संदेय होगा।

(7) नियंत्रक महालेखापरीक्षक, प्राधिकरण के लेखाओं की परीक्षा करने के संबंध में उसके द्वारा नियुक्त किसी व्यक्ति को वे अधिकार और विशेषाधिकार तथा प्राधिकार होंगे जो नियंत्रक और महालेखापरीक्षक को सरकारी लेखाओं की लेखापरीक्षा करने के संबंध में हैं और विशिष्ट रूप से बहियों, लेखाओं, संबंधित वाउचरों और अन्य दस्तावेजों तथा कागज-पत्रों की माँग करने का तथा प्राधिकरण के कार्यालय का निरीक्षण करने का अधिकार होगा।

(8) भारत के नियंत्रक और महालेखापरीक्षक द्वारा या इस निमित्त उसके द्वारा नियुक्त किसी अन्य व्यक्ति द्वारा यथाप्रमाणित प्राधिकरण के लेखाओं सहित उसकी लेखापरीक्षा रिपोर्ट केंद्रीय सरकार को वार्षिक रूप से भेजी जाएगी और सरकार उसे संसद के दोनों सदनों के समक्ष रखवाएगी।

20. (1) प्राधिकरण, केंद्रीय सरकार को प्रत्येक वित्तीय वर्ष के अंत में, पूर्ववर्ती वित्तीय वर्ष के दौरान अपने कार्यकलापों के बारे में एक रिपोर्ट देगा जिसमें, प्राधिकरण की कार्यवाहियों और नीतियों से संबंधित ऐसी

जानकारी अंतर्विष्ट होगी जो सरकार समय-समय पर विहित करे।

(2) केंद्रीय सरकार, ऐसी प्रत्येक रिपोर्ट की प्रति संसद के समक्ष रखवाएगी।

अध्याय-6

प्रकीर्ण

21. ऐसा कोई व्यक्ति जो अधिनियम के उपबंधों के उल्लंघन में अनुज्ञप्त और अननुज्ञात सेवा प्रदान, वितरित या प्राप्त करता है, या ऐसी सेवा के पारेषण को किसी भी रीति में दुष्प्रेरित करता है या उसमें सहायता करता है जिसके अंतर्गत अपने मालिक के लिए अभिदाय संगृहीत करना है, ऐसी सेवा के लिए विज्ञापन जारी करता है, डिकोडर या डिश एंटीना का व्यवहार करता है या उनका वितरण करता है, तो वह अवैध प्रसारण का अपराध करने का दोषी होगा और दोषसिद्धि पर ऐसे कारावास से, जिसकी अवधि पाँच वर्ष तक की हो सकेगी, या जुर्माने से, जो दस लाख रुपए तक का हो सकेगा और पश्चात्‌वर्ती अपराध के लिए यह जुर्माना पचास लाख रुपए तक का हो सकेगा या दोनों से दंडनीय होगा।

22. अधिनियम में अंतर्विष्ट किसी बात के होते हुए भी प्राधिकरण, इस संबंध में कोई अनुरोध प्राप्त करने के पश्चात्, भारत में किसी अननुज्ञप्त विदेशी उपग्रह प्रसारण सेवा की ग्राह्यता के लिए अनुज्ञा मंजूर कर सकेगा, यदि ऐसी कोई सेवा–
   (i) मुक्त प्रसार के लिए प्रसारण सेवा है;
   (ii) (क) कोई विज्ञापन नहीं करती है; या
   (ख) ऐसी अवधि के लिए ऐसे विज्ञापन करती है जो प्राधिकरण द्वारा नियत की जाय और वह सेवा केवल क्रीड़ा या अंतरराष्ट्रीय समाचारों और सामयिक क्रियाकलापों को सपर्पित हो; और
   (iii) अनुज्ञात सेवा की बाबत कार्यक्रम मानक को पूरा करती हो :

   परंतु प्राधिकरण ऐसी अनुज्ञा को, यदि उसकी यह राय है कि उक्त सेवा ने ऊपर निर्दिष्ट किसी शर्त का उल्लंघन किया है, वापस ले सकेगी।

23.(1) कोई अनुज्ञप्तिधारी, कतिपय क्रीड़ात्मक या किसी अन्य राष्ट्रीय या अंतरराष्ट्रीय हित में भारत में हो रही घटना के, जो विनियमों द्वारा विहित की जाय, प्रसारण प्राधिकरण की सहमति के बिना सीधा प्रसारण

तब तक नहीं करेगा जब तक कि लोक सेवा प्रसारकों को भी उसके लिए प्रसारण अधिकार नहीं दे दिए जाते हैं।

(2) ऊपर उपधारा (1) में निर्दिष्ट किसी घटना के अनन्य प्रसारण अधिकार की प्राधिकरण की सहमति के बिना कोई संविदा शून्य और अप्रवर्तनीय होगी।

24.(1) प्राधिकरण, नैसर्गिक न्याय के सिद्धांतों द्वारा मार्गदर्शित होगा और इस अधिनियम तथा तद्धीन बनाए गए नियमों की शर्तों के अधीन रहते हुए, उसे अपनी प्रक्रिया को विनियमित करने की शक्ति होगी।

(2) प्राधिकरण को, इस अधिनियम के अधीन अपने कृत्यों के निर्वहन के प्रयोजनार्थ वही शक्तियाँ होंगी जो किसी सिविल न्यायालय में सिविल प्रक्रिया संहिता, 1908 के अधीन किसी वाद का विचारण करते समय निम्नलिखित विषयों की बाबत निहित हैं,–

(क) किसी व्यक्ति को समन करना और उसे हाजिर कराना तथा उसकी शपथ पर परीक्षा करना;

(ख) दस्तावेजों के प्रकटीकरण और पेश किए जाने की अपेक्षा करना;

(ग) शपथपत्रों पर साक्ष्य ग्रहण करना;

(घ) साक्षियों या दस्तावेजों की परीक्षा के लिए कमीशन निकालना;

(ङ) कोई अन्य विषय जो विहित किया जाय।

25.(1) युद्ध या राष्ट्रीय स्तर की किसी प्राकृतिक विपदा की दशा में, केंद्रीय सरकार, लोकहित में किसी प्रसारण सुविधा के नियंत्रण और प्रबंध का अधिग्रहण कर सकेगी, इसके प्रचालन को निलंबित कर सकेगी या सरकार द्वारा निदेशित रीति में इसके प्रबंध को लोक सेवा प्रसारक को सौंप सकेगी।

(2) यदि केंद्रीय सरकार को, लोकहित में ऐसा करना आवश्यक या समीचीन प्रतीत होता है तो प्राधिकरण से किसी भी समय किसी अनुज्ञप्तिधारी को–

(क) उनकी सेवाओं में ऐसी उद्घोषणा ऐसी रीति में जो आवश्यक समझी जाय प्रेषित करने का निदेश देने की अपेक्षा कर सकेगी;

(ख) किसी सेवा को बंद करने के निदेश देने की अपेक्षा कर सकेगी जो किसी विदेशी सरकार के साथ मैत्री संबंधों, लोक व्यवस्था, राज्य की सुरक्षा या सांप्रदायिक बंधुत्व आदि की सुरक्षा के विपरीत समझे जाएँ।

(3) केंद्रीय सरकार, प्राधिकरण को, समय-समय पर लोकहित में ऐसे अन्य निदेश जारी कर सकेगी जो आवश्यक समझे जाएँ।

26.(1) अनुज्ञप्तिधारी अपनी सेवा का प्रचालन ऐसी अवधि के भीतर प्रारंभ करेगा जो प्राधिकरण द्वारा विनिर्दिष्ट की जाय और अपने दस्तावेजी अभिलेख और प्रेषण अनुसूची रखेगा जो विनियमों द्वारा विनिर्दिष्ट किए जाएँ और सुविधाओं तथा अपने दस्तावेजी अभिलेखों और प्रेषण अनुसूची का प्राधिकरण द्वारा प्राधिकृत किसी व्यक्ति द्वारा निरीक्षण करने के लिए अनुज्ञात कर सकेगा।

(2) प्राधिकरण अनुज्ञप्तिधारी से कोई ऐसी जानकारी मँगा सकेगा जो पारदर्शिता और अनुज्ञप्तिधारी के सही स्वामित्व को अभिनिश्चित के लिए आवश्यक हो।

(3) प्राधिकरण, अनुज्ञप्तिधारियों को लोकहित में ऐसे निदेश भी जारी कर सकेगा जो आवश्यक समझे जाएँ।

(4) प्राधिकरण या प्राधिकरण द्वारा प्राधिकृत किसी अधिकारी को, जहाँ आवश्यक हो कार्यक्रम विनिर्माताओं, वितरकों और विज्ञापन अभिकर्ताओं आदि की जानकारी का निरीक्षण करने और अभिप्राप्त करने की शक्ति होगी।

(5) धारा 11 के अधीन यथाउपबंधित अनुज्ञप्ति धारण के निबंधनों के प्रभावी प्रवर्तन के लिए, प्राधिकरण या उस प्रयोजन के लिए प्राधिकरण द्वारा प्राधिकृत किसी अधिकारी को, कंपनी अधिनियम की धारा 209क के अधीन यथाउपबंधित किसी निरीक्षण अधिकारी की सभी शक्तियाँ होंगी।

(6) प्रत्येक अनुज्ञप्तिधारी का यह कर्तव्य होगा कि वह इस धारा के अधीन दिए गए प्राधिकरण के निदेशों को कार्यान्वित करेगा।

(7) यदि अनुज्ञप्तिधारी द्वारा उपधारा (6) के उपबंधों का अनुपालन करने में व्यतिक्रम किया जाता है तो प्राधिकरण संबंधित व्यक्ति की अनुज्ञप्ति, उसे सुनवाई का अवसर देने के पश्चात्, रद्द कर सकेगा।

27. प्राधिकरण का प्रत्येक सदस्य, प्रत्येक अधिकारी और अन्य कर्मचारी तथा उसकी समिति का प्रत्येक सदस्य भारतीय दंड संहिता की धारा 21 के अर्थ में लोक सेवक समझा जाएगा।

28. इस अधिनियम या इसके अधीन बनाए गए नियमों या विनियमों के अधीन सद्भावपूर्वक की गई या की जाने के लिए आशयित किसी बात के लिए कोई वाद, अभियोजन या अन्य विधिक कार्रवाई, प्राधिकरण, उसके अध्यक्ष या किसी सदस्य अथवा अधिकारी या अन्य कर्मचारी के विरुद्ध नहीं होगी।

29. प्राधिकरण, साधारण या विशेष आदेश द्वारा, प्राधिकरण के अध्यक्ष या किसी सदस्य या किसी अधिकारी को, ऐसी शर्तों और परिसीमाओं के,

यदि कोई हों, अधीन रहते हुए जो उसमें विनिर्दिष्ट की जाएँ, इस अधिनियम के अधीन अपनी ऐसी शक्तियों और कृत्यों का जो वह आवश्यक समझे, प्रत्यायोजन कर सकेगा।

30.(1) इस अधिनियम के उपबंध तत्समय प्रवृत्त किसी अन्य विधि के उपबंधों के अतिरिक्त होंगे, न कि उनके अल्पीकरण में।

(2) उपधारा (1) में किसी बात के होते हुए भी जहाँ कोई कार्य या लोप इस अधिनियम के अधीन और किसी अन्य अधिनियम के अधीन भी दंडनीय किसी अपराध इस अधिनियम के अधीन न कि अन्य अधिनियम के अधीन, दंडित किया जाएगा।

31.(1) केन्द्रीय संस्कार इस अधिनियम के प्रयोजनों को कार्यान्वित करने के लिए नियम अधिसूचना द्वारा बना सकेगी।

(2) विशिष्टतया और पूर्वगामी शक्ति की व्यापकता पर प्रतिकूल प्रभाव डाले बिना, ऐसे नियमों में निम्नलिखित सभी या किन्हीं विषयों के लिए उपबंध किया जा सकेगा, अर्थात्–

(क) धारा 2 के खंड (य) के उपखंड (iii) के अधीन संचार के लिए अन्य परिस्थितियों का उपबंध करना;

(ख) धारा 3 की उपधारा (10) के अधीन अध्यक्ष को संदेय वेतन और भत्ते और सेवा की अन्य शर्तें;

(ग) धारा 3 की उपधारा (11) के अधीन अंशकालिक सदस्यों को संदेय भत्ते;

(घ) धारा 7 की उपधारा (1) के खंड (xi) के अधीन प्राधिकरण द्वारा पालन किए जाने वाले अन्य कृत्य;

(ङ) धारा 9 की उपधारा (1) के खंड (छ) के अधीन अन्य सेवाएँ;

(च) सेवा के प्रवर्ग के लिए संख्या, जिससे अधिक अनुज्ञप्ति किसी व्यक्ति को धारा 12 की उपधारा (2) के अधीन नहीं दी जा सकती है;

(छ) धारा 14 की उपधारा (2) के अधीन प्राधिकरण द्वारा मंजूर की जाने के लिए अनुज्ञप्तियों की संख्या;

(ज) वह प्ररूप जिसमें और वह समय जब प्रत्येक वर्ष में प्राधिकरण धारा 19 की उपधारा (4) के अधीन बजट तैयार करेगा;

(झ) वह प्ररूप और रीति जिसमें लेखाओं का वार्षिक विवरण धारा 19 की उपधारा (5) के अधीन तैयार किया जाएगा;

(ञ) धारा 20 की उपधारा (1) के अधीन प्राधिकरण द्वारा प्रस्तुत की जानेवाली किसी रिपोर्ट में अंतर्विष्ट की जानेवाली प्राधिकरण की

कार्यवाहियाँ और नीति से संबंधित सूचना;

(ट) कोई अन्य विषय जिसकी बाबत प्राधिकरण धारा 24 की उपधारा (2) के खंड (ङ) के अधीन विल न्यायालय की शक्तियाँ रखेगा;

(ठ) कोई अन्य विषय जो विहित किया जाना अपेक्षित है या किया जा सकेगा।

32.(1) प्राधिकरण, अधिसूचना द्वारा इस अधिनियम के अधीन अपने कृत्यों का पातन करने में समर्थ होने के लिए ऐसे विनियम बना सकेगा जो इस अधिनियम और उसके अधीन बनाए गए नियमों से असंगत न हों।

(2) पूर्वगामी शक्ति की व्यापकता पर प्रतिकूल प्रभाव डाले बिना ऐसे विनियम निम्नलिखित सभी या किसी विषय के लिए उपबंध कर सकेंगे, अर्थात्–

(क) वह समय और स्थान जहाँ प्राधिकरण के अधिवेशन किए जा सकेंगे और अनुकरण की जानेवाले प्रक्रिया और धारा 5 की उपधारा (1) के अधीन प्राधिकरण के अधिवेशन में कारबार के संव्यवहार की बाबत प्रक्रिया;

(ख) धारा 6 की उपधारा (3) के अधीन प्राधिकरण के अधिकारियों और अन्य कर्मचारियों की नियुक्ति की रीति;

(ग) धारा 6 की उपधारा (4) के अधीन प्राधिकरण के अधिकारियों और अन्य कर्मचारियों को संदेय वेतन और भत्ते और सेवा की अन्य शर्तें;

(घ) धारा 7 की उपधारा (1) के खंड (vi) के अधीन अवधारित किए जानेवाले कार्यक्रम कोड और मानक;

(ङ) धारा 7 की उपधारा (1) के खंड (च) के अधीन ग्रहण की युक्तियुक्त क्वालिटी;

(च) वह रीति जिसमें धारा 10 की उपधारा (1) के खंड (viii) के अधीन अनुज्ञप्तिधारी द्वारा अनुज्ञप्ति फीस का संदाय किया जाएगा;

(छ) धारा 10 की उपधारा (1) के खंड (xi) के अधीन अन्य शर्तें, जिनके अधीन रहते हुए अनुज्ञप्ति मंजूर की जाएगी;

(ज) धारा 10 की उपधारा (2) के खंड (i) के उपखंड (क) के अधीन प्रत्येक अनुज्ञात सेवा के लिए न्यूनतम संख्या और स्थलीय प्रसारण सेवा का प्रकार;

(झ) धारा 10 की उपधारा (2) के खंड (i) के उपखंड (ख) के अधीन सार्वजनिक सेवा प्रसारणकर्ता की न्यूनतम संख्या और प्रसारण सेवाओं का प्रकार;

(ञ) धारा 10 की उपधारा (2) के खंड (iii) के अधीन अनुज्ञप्तिधारी द्वारा उपयोग किए जानेवाले चैनलों की संख्या;

(ट) धारा 11 की उपधारा (1) के अधीन प्रत्येक प्रवर्ग के लिए अनुज्ञप्ति की अवधि;

(ठ) वह प्ररूप जिसमें उपग्रह प्रसारण अनुज्ञप्ति अभिप्राप्त करने का इच्छुक कोई व्यक्ति धारा 13 की उपधारा (1) के अधीन प्राधिकरण को आवेदन करेगा;

(ड) धारा 13 की उपधारा (2) के अधीन उपग्रह प्रसारण सेवा के लिए आवेदक को अनुज्ञप्ति मंजूरी के लिए संदेय फीस;

(ढ) धारा 13 की उपधारा (2) के खंड (ग) के दूसरे परंतुक के अधीन आवेदन का प्ररूप और उसमें अंतर्विष्ट की जानेवाली विशिष्टियाँ;

(ण) वह मानदंड जिसके अधीन रहते हुए देश के बाहर से उपरि संपर्क धारा 15 की उपधारा (3) के खंड (iii) के पहले परंतुक के अधीन देश के बाहर होनेवाली जीवन घटनाओं को दर्शित करने के लिए इन सेवाओं के संबंध में अनुज्ञात किया जा सकेगा;

(त) धारा 16 की उपधारा (2) के अधीन संस्थाओं को अनुज्ञप्तियों की मंजूरी के लिए संदत्त की जानेवाली अनुज्ञप्ति फीस;

(थ) निर्बंधित क्षेत्र जिसके लिए धारा 16 की उपधारा (2) के दूसरे परंतुक के अधीन अनुज्ञप्ति मंजूर की जा सकेगी;

(द) कोई खेल संबंधी या राष्ट्रीय या अंतर्राष्ट्रीय रुचि की कोई अन्य घटना जिसका जीवन प्रसारण अनुज्ञप्तिधारी द्वारा धारा 23 की उपधारा (1) के अधीन प्राधिकरण की सहमति के बिना किया जाएगा;

(ध) धारा 26 की उपधारा (1) के अधीन अनुज्ञप्तिधारी द्वारा रखा जाने वाला दस्तावेजी अभिलेख और प्रेषण अनुसूची;

(न) धारा 35 की उपधारा (4) के अधीन मंजूर की जानेवाली अनुज्ञप्ति की शर्तें;

(प) कोई अन्य विषय जिसकी बाबत उपबंध प्राधिकरण की राय में इस अधिनियम के अधीन उसके कृत्यों का पालन करने के लिए आवश्यक है।

33. इस अधिनियम के अधीन बनाया गया प्रत्येक नियम और विनियम, बनाए जाने के पश्चात् यथाशीघ्र, संसद के प्रत्येक सदन के समक्ष, जब वह सत्र में हो, कुल तीस दिन की अवधि के लिए रखा जाएगा। यह अवधि एक सत्र में अथवा दो या अधिक आनुक्रमिक सत्रों में पूरी हो

सकेगी। यदि उस सत्र के या पूर्वोक्त आनुक्रमिक सत्रों के ठीक बाद के सत्र के अवसान के पूर्व दोनों सदन उस नियम या विनियम में परिवर्तन करने के लिए सहमत हो जाएँ तो तत्पश्चात् वह ऐसे परिवर्तित रूप में ही प्रभावी होगा। यदि उक्त अवसान के पूर्व दोनों सदन सहमत हो जाएँ कि वह नियम या विनियम नहीं बनाया जाना चाहिए तो तत्पश्चात् वह निष्प्रभाव हो जाएगा। किंतु नियम या विनियम के ऐसे परिवर्तित या निष्प्रभाव होने से उसके अधीन पहले की गई किसी बात की विधिमान्यता पर प्रतिकूल प्रभाव नहीं पड़ेगा।

34.(1) यदि इस अधिनियम के उपबंधों को प्रभावी करने में कोई कठिनाई उत्पन्न होती है तो केंद्रीय सरकार राजपत्र में प्रकाशित आदेश द्वारा, ऐसे उपबंध कर सकेगी जो इस अधिनियम के उपबंधों से असंगत न हों और जो उस कठिनाई को दूर करने के लिए आवश्यक प्रतीत हों :

परंतु ऐसा कोई आदेश नियत दिन से तीन वर्ष की अवधि की समाप्ति के पश्चात् नहीं किया जाएगा।

(2) इस धारा के अधीन किया गया प्रत्येक आदेश उसके बनाए जाने के पश्चात् यथाशीघ्र संसद के प्रत्येक सदन के समक्ष रखा जाएगा।

35.(1) केबल टेलीविजन नेटवर्क (विनियमन) अधिनियम, 1995 इसके द्वारा निरसित किया जाता है।

(2) ऐसे निरसन के होते हुए भी, उक्त अधिनियम के अधीन रजिस्ट्रीकृत कोई केबल नेटवर्क, केबल सेवाएँ यदि सेवा प्रदान करनेवाले केबल आपरेटर ने इस अधिनियम के प्रारंभ की तारीख से छह मास के भीतर इस धारा के अधीन अनुज्ञप्ति मंजूर करने के लिए प्राधिकरण को आवेदन कर दिया है या जहाँ उसने ऐसा कोई आवेदन किया है वहाँ जब तक ऐसे आवेदन का निराकरण नहीं हो जाता है, इसमें जो भी पश्चात्वर्ती हो, प्रदान करना चालू रख सकेगा।

(3) प्राधिकरण, उपधारा (2) के अधीन आवेदन प्राप्त होने पर, केबल सेवाएँ प्रदान करने के लिए अनुज्ञप्ति दे सकेगा या देने से इंकार कर सकेगा :

परंतु ऐसे किसी केबल टेलीविजन नेटवर्क को, जो पाँच हजार से अधिक गृहस्थियों को और एक से अधिक स्थलों से ऐसी सेवाएँ देता है, ऐसी कोई अनुज्ञप्ति नहीं दी जाएगी :

परंतु यह और कि इस उपधारा के अधीन कोई आवेदन तब तक नामंजूर नहीं किया जाएगा जब तक कि आवेदक को उसका मामला प्रस्तुत करने का युक्तियुक्त अवसर न दे दिया गया हो।

(4) इस धारा के अधीन दी गई कोई अनुज्ञप्ति ऐसी शर्तों के अधीन होगी,

जो विनियमों द्वारा अवधारित की जाय।

(5) इस धारा में जैसा उपबंधित है उसके सिवाय कोई व्यक्ति, इस अधिनियम के प्रारंभ के पश्चात् कोई केबल सेवाएँ प्रदान नहीं करेगा।

(6) प्राधिकरण, इस धारा के अधीन केबल नेटवर्क का विनियमन करने के लिए संबंधित जिला मजिस्ट्रेट या उपखंड मजिस्ट्रेट को लोक शिकायतें प्राप्त करने, आपरेटरों को सूचना देने, ऐसी जाँच करने और ऐसी साक्ष्य लेने के लिए, जो आवश्यक समझी जाय, प्राधिकृत करेगा और ऐसी रिपोर्ट के आधार पर, प्राधिकरण यह समझता है कि ऐसा करने के लिए पर्याप्त कारण हैं तो वह ऐसी कार्रवाई कर सकेगा, जो वह धारा 18 की उपधारा (1) के अधीन ठीक समझे।

अनुसूची

(धारा 12 देखिए)

अनुज्ञप्ति धारण पर प्रतिषेध

भाग 1

अनुज्ञप्ति धारण के लिए निरर्हता

प्राधिकरण द्वारा अनुदत्त अनुज्ञप्ति के संबंध में निम्नलिखित व्यक्ति निरर्हित हैं—

1. साधारण निरर्हता :

1.(क) व्यक्ति जो भारत का राष्ट्रिक नहीं है;

(ख) भागीदारी फर्म जिसके सभी भागीदार भारत के नागरिक नहीं हैं;

(ग) कंपनियाँ जो भारत में निगमित नहीं हैं;

(घ) कंपनियाँ जो भारत में निगमित हैं किंतु—

(i) किंतु स्थलीय प्रसारण निकायों की दशा में विदेशी पूँजी के साथ;

(ii) ऊपर (i) में उल्लिखित, अन्य सेवाओं की दशा में 49 प्रतिशत से अधिक विदेशी पूँजी के साथ और जिसका प्रबंध नियंत्रण भारतीय शेयर धारकों के पास नहीं है;

(ङ) सरकारें और स्थानीय प्राधिकरण;

(च) इस अधिनियम के अधीन किसी अपराध का दोषसिद्ध कोई व्यक्ति या लोक प्रतिनिधित्व, 1951 (1951 का 43) की धारा 8 में निर्दिष्ट अपराधों के दोषसिद्ध कोई व्यक्ति या दिवालिया घोषित कोई व्यक्ति;

(छ) निकाय जो किसी ऐसे व्यक्ति के नियंत्रणाधीन हैं जो उपर्युक्त खंड (क) से (ङ) में से किसी के अंतर्गत आते हैं;

(ज) कोई निगमित निकाय जिसका उपखंड (छ) में निर्दिष्ट कोई निकाय 5 प्रतिशत से अधिक हित के साथ भागीदार है।

स्पष्टीकरण—इस भाग के प्रयोजनों के लिए 'विदेशी साम्या' केंद्रीय सरकार द्वारा, समय-समय पर अधिसूचित की जाएगी।

2. धार्मिक निकायों की निरर्हता :

(क) निकाय जिसके उद्देश्य पूर्णतः या मुख्यतः धार्मिक प्रकृति के हैं;

(ख) निकाय जो खंड (क) में निर्दिष्ट किसी निकाय या ऐसे दो या अधिक निकायों द्वारा मिलकर नियंत्रित किया जाता हो;

(ग) निकाय जो खंड (क) में निर्दिष्ट किसी निकाय को नियंत्रित करता हो;

(घ) ऐसा निगमित निकाय जो खंड (क), खंड (ख) या (ग) में निर्दिष्ट किसी निगमित निकाय का सहयुक्त हो;

(ङ) ऐसा निगमित निकाय जिसमें खंड (क) से (घ) में से किसी के अंतर्गत आने वाला निकाय 5 प्रतिशत से अधिक हितवाला भागीदार है;

(च) व्यक्ति जो खंड (क) में निर्दिष्ट निकाय का अधिकारी है; और

(छ) निकाय जो खंड (च) में निर्दिष्ट किसी व्यक्ति द्वारा या ऐसे दो या अधिक व्यक्तियों द्वारा मिलकर नियंत्रित किया जाता है।

3. राजनैतिक निकायों की निरर्हता :

(क) निकाय जिसके उद्देश्य पूर्णतः या मुख्यतः राजनैतिक प्रकृति के हैं;

(ख) निकाय जो खंड (क) में निर्दिष्ट निकाय से सहबद्ध हैं;

(ग) व्यक्ति जो खंड (क) या खंड (ख) में निर्दिष्ट निकाय का अधिकारी है;

(घ) ऐसा निगमित निकाय जो खंड (क) या खंड (ख) में निर्दिष्ट किसी निगमित निकाय का सहयुक्त हो;

(ङ) ऐसा निगमित निकाय जिसमें खंड (क) और (ख) में से किसी में निर्दिष्ट निकाय 5 प्रतिशत से अधिक हितवाला भागीदार है;

(च) ऐसा निकाय जिसे खंड (क) और (घ) में निर्दिष्ट किसी व्यक्ति अथवा दो या अधिक व्यक्तियों द्वारा मिलकर नियंत्रित किया जाता है;

(छ) ऐसा निगमित निकाय जिसमें, खंड (ग) में निर्दिष्ट किसी व्यक्ति द्वारा नियंत्रित किए जा रहे निकाय से भिन्न, खंड (च) में निर्दिष्ट किसी निकाय या दो या अधिक ऐसे व्यक्तियों द्वारा मिलकर नियंत्रित किया जा रहा कोई निकाय, 5 प्रतिशत से अधिक हितवाला भागीदार है।

4. सार्वजनिक रूप से निधि पोषित निकायों की निरर्हता :

(क) निकाय (स्थानीय प्राधिकरण से भिन्न) जिसने अपने पिछले वित्तीय वर्ष में अपनी आय से अधिक आय सार्वजनिक निधियों से प्राप्त की है;

(ख) निकाय जो खंड (क) में निर्दिष्ट किसी निकाय या दो या अधिक ऐसे निकायों द्वारा मिलकर नियंत्रित किया जाता है; और

(ग) ऐसा निगमित निकाय जिसमें खंड (क) या खंड (ख) में निर्दिष्ट निकाय 5 प्रतिशत से अधिक हितवाला भागीदार है।

5. विज्ञापन अभिकरणों की निरर्हता :

(क) विज्ञापन अभिकरण;

(ख) किसी विज्ञापन अभिकरण का सहयुक्त;

(ग) ऐसा निकाय जो उक्त खंड (क) में निर्दिष्ट किसी व्यक्ति या दो या अधिक ऐसे व्यक्तियों द्वारा मिलकर नियंत्रित किया जाता है;

(घ) कोई निगमित निकाय जिसमें उपखंड (क) से उपखंड (घ) में से किसी में निर्दिष्ट कोई व्यक्ति 5 प्रतिशत से अधिक हितवाला भागीदार है।

भाग 2

अनुज्ञप्ति प्राप्त सेवाओं में हितों के संचयन के निवारण के लिए निर्बंधन

1. एक व्यक्ति को, सेवाओं के निम्नलिखित प्रवर्गों में से केवल एक की अनुज्ञप्ति धारण करने के लिए अनुज्ञात किया जाएगा–

(क) स्थलीय रेडियो प्रसारण;

(ख) स्थलीय दूरदर्शन प्रसारण;

(ग) उपग्रह दूरदर्शन या रेडियो प्रसारण;

(घ) घरों के लिए सीधा प्रसारण;

(ङ) स्थानीय प्रदाय सेवाएँ;

(च) किसी अन्य प्रवर्ग या प्रवर्गों की सेवा (सेवाएँ) जो इस प्रयोजन के लिए केंद्रीय सरकार द्वारा अधिसूचित की जाय/जाएँ।

2. किसी अनुज्ञप्तिधारक पर यथापूर्वोक्त अधिरोपित सहभागिता संबंधी कोई निर्बंधन उस पर इस प्रकार लागू होगा मानो वह और उससे सहबद्ध प्रत्येक व्यक्ति एक ही व्यक्ति थे।

भाग 3

समाचारपत्रों और अनुज्ञप्त सेवाओं, दोनों में, नियंत्रण रखनेवाले हित पर निर्बंधन

1.1 किसी समाचारपत्र का स्वत्वधारी किसी ऐसे निगमित निकाय में 20 प्रतिशत से अधिक हित का भागी नहीं होगा या उस पर नियंत्रण नहीं रखेगा, जो इस अधिनियम के अधीन अनुज्ञप्त सेवा प्रदान करने के लिए अनुज्ञप्ति का धारक है।

1.2 किसी समाचारपत्र का स्वत्वधारी, जो किसी निगमित निकाय में 5 प्रतिशत से अधिक किंतु 20 प्रतिशत से कम का भागी है और जिसका अनुज्ञप्ति धारित करनेवाले ऐसे निगमित निकाय पर नियंत्रण नहीं है, किसी अन्य ऐसे निगमित निकाय में 5 प्रतिशत से अधिक हित का भागी नहीं होगा।

1.3 कोई व्यक्ति, जो इस अधिनियम के अधीन अनुज्ञप्त सेवा प्रदान करने के लिए अनुज्ञप्तिधारक है, किसी ऐसे निगमित निकाय में जिसका समाचारपत्र पर नियंत्रण है 20 प्रतिशत से अधिक का भागी नहीं होगा या उस पर नियंत्रण नहीं रखेगा।

1.4 कोई व्यक्ति, जो किसी अनुज्ञप्ति का धारक है और किसी निगमित निकाय में 5 प्रतिशत से अधिक किंतु 20 प्रतिशत से कम का भागी है और जिसका ऐसी किसी निगमित निकाय में, जो राष्ट्रीय समाचारपत्र निकालती है, नियंत्रण नहीं है, किसी अन्य ऐसी निगमित निकाय में 5 प्रतिशत से अधिक का भागी नहीं होगा।

2. इस भाग के प्रयोजनों के लिए, कोई व्यक्ति समाचारपत्र नियंत्रण करता है, यदि—
   (क) वह ऐसे किसी समाचारपत्र का स्वत्वधारी है; या
   (ख) उसका किसी ऐसी निकाय पर नियंत्रण है, जो ऐसे समाचारपत्र की स्वत्वधारी है।

3. किसी समाचारपत्र के स्वत्वधारी या अनुज्ञप्तिधारक पर यथापूर्वोक्त अधिरोपित सहभागिता संबंधी निर्बंधन उस पर इस प्रकार लागू होगा मानो वह और उससे सहबद्ध प्रत्येक व्यक्ति, एक ही व्यक्ति थे।

भाग 4

1.(1) इस अनुसूची के प्रयोजनों के लिए—

'विज्ञापन अभिकरण' से ऐसे व्यष्टि या निगमित निकाय अभिप्रेत है, जो विज्ञापन अभिकर्ता (चाहे अकेले या भागीदारी में) के रूप में कारबार करता है या जिसका किसी ऐसे निगमित निकाय पर नियंत्रण है, जो विज्ञापन अभिकर्ता के रूप में कारबार करती है और किसी विज्ञापन अभिकरण के प्रति किसी निर्देश के अंतर्गत ऐसे व्यष्टि के प्रति निर्देश भी है जो–

(क) किसी ऐसे निगमित निकाय का निदेशक या अधिकारी है, जो उक्त कारबार करती है, या

(ख) किसी ऐसे व्यक्ति द्वारा नियोजित है जो उक्त कारबार करता है;

'सहयुक्त' से–

(क) किसी निगमित निकाय के संबंध में उस निगमित निकाय या उस निगमित निकाय से अंतःसंबद्ध किसी निगमित निकाय का निदेशक अभिप्रेत है;

(ख) किसी फर्म के भागीदार के संबंध में ऐसे भागीदार का कोई संबंधी अभिप्रेत है और इसके अंतर्गत ऐसी फर्म का कोई अन्य भागीदार भी है;

(ग) किसी न्यास के न्यासी के संबंध में, उस न्यास का कोई अन्य न्यासी अभिप्रेत है;

और

(घ) किसी व्यष्टि के संबंध में उपखंड (३) के अनुसार अर्थ लगाया जाएगा;

(ङ) जहाँ कोई व्यक्ति या निगमित निकाय किसी अन्य व्यक्ति या निगमित निकाय से सहयुक्त है, वहाँ पश्चातुवर्ती को पूर्ववर्ती का सहयुक्त भी समझा जाएगा।

'नियंत्रण' से–

(क) किसी निगमित निकाय के संबंध में, उपखंड (३) के अनुसार अर्थ लगाया जाएगा; और

(ख) निगमित निकाय से भिन्न किसी निकाय के संबंध में उस या किसी अन्य निकाय को विनियमित करनेवाले नियमों के द्वारा सुनिश्चित करने की व्यक्ति की शक्ति अभिप्रेत है, कि प्रथम उल्लिखित निकाय के कार्यों का संचालन उस व्यक्ति की इच्छाओं के अनुसार किया जाता है;

और इसके अंतर्गत न्यासों, करारों, व्यवस्थाओं, मेल-मिलाप और व्यवहारों के परिणामस्वरूप या उनके द्वारा नियंत्रण भी है, चाहे

उसमें विधिक या साम्यापूर्ण बल हो या नहीं और चाहे वह विधिक या साम्यापूर्ण अधिकारों पर आधारित हों या नहीं।

'समाचारपत्र' से प्रेस और पुस्तक रजिस्ट्रीकरण अधिनियम, 1867 में यथापरिभाषित अभिप्रेत है।

(2) ऐसे व्यक्तियों का अवधारण करने के प्रयोजन के लिए, जो इस अनुसूची के प्रयोजनों के लिए व्यष्टि के सहयुक्त हैं, निम्नलिखित व्यक्तियों को एक दूसरे का सहयुक्त माना जाएगा, अर्थात्–

(क) कोई व्यष्टि और उस व्यष्टि का पति या पत्नी और कोई संबंधी या उस व्यष्टि का या उस व्यष्टि के पति या पत्नी के किसी संबंधी का पति या पत्नी;

(ख) कोई व्यष्टि और ऐसी कोई निगमित निकाय, जिसका वह व्यष्टि निदेशक है;

(ग) किसी व्यवस्थापन के न्यासी के रूप में उसकी हैसियत में कोई व्यक्ति और व्यवस्थापनकर्ता या अनुदाता और व्यवस्थापनकर्ता या अनुदाता से सहयुक्त कोई व्यक्ति;

(घ) भागीदारी में कारबार करनेवाले व्यक्ति और उनमें से किसी का पति या पत्नी और संबंधी;

(ङ) कोई दो या अधिक ऐसे व्यक्ति, जो किसी निगमित निकाय या अन्य संगम का नियंत्रण सुनिश्चित या प्रयोग करने या किसी उद्यम या आस्तियों का नियंत्रण अभिप्राप्त करने के लिए एक साथ कार्य कर रहे हैं,

और इस उपखंड में 'संबंधी' से कंपनी अधिनियम, 1956 में यथापरिभाषित अभिप्रेत है।

(३) इस अनुसूची के प्रयोजनों के लिए किसी व्यक्ति का किसी निगमित निकाय पर नियंत्रण है, यदि–

(क) उसका निकाय में नियंत्रण संबंधी हित है; या

(ख) (हालाँकि निकाय में ऐसा कोई हित नहीं होते हुए भी) वह उस निकाय या किसी अन्य निगमित निकाय में या उसके संबंध में शेयरों के धारण करने या मतदान शक्ति होने के कारण यह सुनिश्चित करने में समर्थ है कि निकाय के कार्य उसकी इच्छाओं के अनुसार संचालित किए जाते हैं, या

(ग) उस निकाय या किसी अन्य निगमित निकाय को विनियमित करनेवाले संगम अनुच्छेदों या अन्य दस्तावेजों द्वारा प्रदत्त किन्हीं शक्तियों के कारण उसे यह सुनिश्चित करने की शक्ति है कि

निकाय के कार्य इस प्रकार संचालित किए जाएँ,

और इस प्रयोजन के लिए प्रतिकूल सबूतों के अभाव में, किसी व्यक्ति का किसी निगमित निकाय पर नियंत्रणकारी हित है यदि वह उस निकाय में साधारण अंश पूंजी का 20 प्रतिशत से अधिक धारित करता है या फायदा पाने का हक़दार है या उसमें 20 प्रतिशत से अधिक मतदान की शक्ति रखता है।

(4) इसके द्वारा यह घोषित किया जाता है कि कोई व्यक्ति उपखंड (3) के खंड (ख) के द्वारा इस बात के बावजूद भी किसी निगमित निकाय का नियंत्रण कर रहा माना जाएगा कि–

(क) उसका ऐसे किसी निगमित निकाय में, जो उस खंड़ में वर्णित है, नियंत्रणकारी हित नहीं है, या

(ख) ऐसी किसी अन्य निगमित निकाय का प्रश्नगत निकाय में नियंत्रणकारी हित नहीं है या

(ग) उसका और ऐसी अन्य निगमित निकाय का एक साथ उस निकाय में कोई नियंत्रणकारी हित नहीं है।

(5) इस अनुसूची के किसी उपबंध के, जो दो या अधिक व्यक्तियों या एक साथ मिलाए गए किसी वर्णन के निकायों द्वारा किसी निकाय के प्रति निर्देश करता है, प्रयोजनों के लिए प्रश्नगत व्यक्तियों या निकायों को उपखंड (3) के खंड (ख) द्वारा उस निकाय का नियंत्रण करनेवाला तब तक नहीं माना जाएगा जब तक कि वे संयुक्त रूप से एक साथ कार्य नहीं कर रहे हों।

(6) इस अनुसूची में किसी निगमित निकाय में, यथास्थिति, 5 प्रतिशत से अधिक या 20 प्रतिशत हित वाले भागी के प्रति कोई निर्देश किसी ऐसे व्यक्ति के प्रति निर्देश होगा, जो–

(क) जो उस निकाय में, यथास्थिति, 5 प्रतिशत से अधिक या 20 प्रतिशत शेयरों को धारित करता है या फायदा पाने का हकदार है; या

(ख) उस निकाय में, यथास्थिति, 5 प्रतिशत से अधिक या 20 प्रतिशत मतदान शक्ति रखता है,

और जहाँ किसी ऐसे संदर्भ का इस अनुसूची के अधीन किसी ऐसे आदेश द्वारा संशोधन किया गया है जो प्रश्नगत प्रतिशत को बदलता है वहाँ यह उपखंड आवश्यक उपांतरणों के अधीन रहते हुए, इसके संबंध में प्रभावी होगा।

2.(1) किसी ऐसे व्यक्ति के संबंध में उपरि खंड (1) में कोई निर्देश–

(क) जो किसी निगमित निकाय में शेयरों या शेयरों की किसी रकम या साधारण अंश पूँजी धारित करता है या उसके लिए हकदार है, या

(ख) जो किसी निगमित निकाय में मतदान शक्ति या मतदान शक्ति की कोई मात्रा रखता है,

उसके ऐसा करने या इस प्रकार हकदार होने, चाहे अकेले या एक या अन्य अधिक व्यक्तियों के साथ संयुक्त रूप से और चाहे प्रत्यक्ष या एक या अन्य नामनिर्देशितियों के माध्यम से, के प्रति निर्देश है।

(2) अंतःसंबद्ध उपक्रमों या निगमित निकायों का वही अर्थ होगा जो एकाधिकार तथा अवरोधक व्यापारिक व्यवहार अधिनियम, 1969 में यथापरिभाषित है।

3. इस अनुसूची के प्रयोजनों के लिए, किसी विशिष्ट अनुज्ञप्ति के संबंध में निम्नलिखित व्यक्ति एक-दूसरे से सहबद्ध हैं, अर्थात्—

(क) अनुज्ञप्तिधारक,

(ख) कोई व्यक्ति, जो अनुज्ञप्तिधारक को नियंत्रित करता है,

(ग) अनुज्ञप्तिधारक का या उपखंड (ख) के अंतर्गत आनेवाले व्यक्ति का कोई सहयुक्त, और

(घ) कोई निकाय, जो अनुज्ञप्तिधारक द्वारा या अनुज्ञप्तिधारक के किसी सहयुक्त द्वारा नियंत्रित की जाती है।

उद्देश्यों और कारणों का कथन

1. पिछले कुछ वर्षों में प्रसारण संबंधी दृश्य में, विशेष रूप से उपग्रह प्रसारण के क्षेत्र में, क्रांति हुई है। बहुत-सी उपग्रह टेलीविजन चैनलें भारतीय आकाश के माध्यम से हमारी जनता के लिए अपने कार्यक्रम प्रस्तुत कर रही हैं। इन सभी चैनलों का विदेशी अस्तित्व है और उनके कार्यक्रम हमारे देश के कानून के माध्यम से किसी विनियमन के बिना देश के बाहर से जुड़े हुए हैं जबकि भारतीय उद्योगपतियों और भारतीय कंपनियों को इस समय रेडियो या टेलीविजन केंद्रों का स्वामित्व रखने की अनुज्ञा नहीं है।

2. संसद और संसद के बाहर दोनों ही स्थानों पर इन अविनियमित टेलीविजन कार्यक्रमों की विवक्षाओं की और भारतीय अस्तित्व के लिए इस क्षेत्र में स्थान देने से इंकार के बारे में चिंता व्यक्त की गई है। एकमात्र विधिक उपकरण जो उपलब्ध है वह 1885 का भारतीय तार अधिनियम है जो कि आधुनिक प्रसारण मीडिया को शासित करने के लिए पूर्ण रूप से अनुपयुक्त समझा जाता है। सभी प्रमुख प्रजातंत्र

देशों ने प्रसारण मीडिया को विशेष रूप से विनियमित करनेवाली विधियाँ अधिनियमित की हैं। प्रसारण विधेयक का पुनःस्थापन इस दिशा में एक कदम है।

3. यह महसूस किया जाता है कि अकेले लोक सेवा प्रसारणकर्ता हमारे विशाल देश में समाज के विभिन्न वर्गों द्वारा भिन्न-भिन्न क्षेत्रों में अपेक्षित कार्यक्रमों की किस्मों और विविधता के निबंधनों के अनुसार जनता की आवश्यकताओं और इच्छाओं को पूरा करने में समर्थ नहीं होगा। हमारी महान् जनतांत्रिक परंपराओं को ध्यान में रखते हुए यह अनिवार्य है कि हमारे नागरिक पूरी तरह से सुपरिचित हों और सूचना, शिक्षा और मनोरंजन के विषयों में उन्हें व्यापक पसंद का अधिकार दिया जाय। इसकी व्यवस्था देश में प्राइवेट प्रसारण को सुकर बनाकर की जा सकती है।

4. यह विधेयक देश में प्रसारण सेवाओं को सुकर बनाने और विनियमित करने के प्रयोजनों के लिए एक स्वायत्त प्रसारण प्राधिकरण की स्थापना करने के लिए है जिससे वे सामाजिक परिवर्तन, भारतीय संस्कृति के मूल्यों के संवर्धन और आधुनिक दृष्टिकोण का निर्माण करने के लिए उत्प्रेरित बनने के साथ सेवा की क्वालिटी, सेवा की लागत और नई प्रौद्योगिकियों के प्रयोग में प्रतिस्पर्धात्मक हो सकें। यह इस संवेदी क्षेत्र में एकाधिकारवादी प्रवृत्ति को भी कम करेगा जिससे जनता को समाचारों और विचारों की एक व्यापक दिशा प्रदान की जा सकेगी।

यह विधेयक उक्त उद्देश्यों की पूर्ति के लिए है।

नई दिल्ली **एस. जयपाल रेड्डी**
12 मई, 1997

खंडों पर टिप्पण

खंड 2 विधेयक में आनेवाले विभिन्न पदों को परिभाषित करता है।

खंड 3 भारतीय प्रसारण प्राधिकरण की स्थापना के लिए उपबंध करता है।

खंड 4 यह उपबंध करता है कि राष्ट्रपति संविधान के अनुच्छेद 317 के अधीन उपबंधित आधारों पर अध्यक्ष और सदस्यों को हटा सकेंगे या निलंबित कर सकेंगे।

खंड 5 प्राधिकरण के अधिवेशनों के संचालन के संबंध में विस्तृत उपबंध करता है।

खंड 6 प्राधिकरण के महासचिव की नियुक्ति के लिए प्रक्रिया का उपबंध करता है और प्राधिकरण को अन्य अधिकारियों की नियुक्ति करने के लिए सशक्त करता है।

खंड 7 प्राधिकरण के कृत्यों का उपबंध करता है और प्राधिकरण को आवश्यक समझे गए विषयों के संबंध में सलाह देने के लिए विशेषज्ञ समितियों की नियुक्ति करने के लिए सशक्त करता है।

खंड 8 किसी व्यक्ति द्वारा अनुज्ञप्ति के बिना प्रसारण सेवा पर प्रतिषेध का उपबंध करता है।

खंड 9 ऐसी विभिन्न सेवाओं को विनिर्दिष्ट करता है जिनके लिए अनुज्ञप्तियाँ प्राधिकरण द्वारा दी जा सकेंगी।

खंड 10 प्रसारण सेवाओं के लिए अनुज्ञप्तियाँ देने की शर्तों को विनिर्दिष्ट करता है।

खंड 11 प्रसारण अनुज्ञप्ति की अवधि और अन्य शर्तों का उपबंध करता है।

खंड 12 प्राधिकरण द्वारा दी जानेवाली अनुज्ञप्तियों के लिए पात्रता और निर्बंधनों को विनिर्दिष्ट करता है।

खंड 13 उपग्रह प्रसारण सेवाओं के लिए अनुज्ञप्ति देने की प्रक्रिया उपबंधित करता है।

खंड 14 सीधे-गृह सेवाओं के लिए अनुज्ञप्ति देने की प्रक्रिया उपबंधित करता है।

खंड 15 उपग्रह प्रसारण और सीधे-गृह सेवाओं के लिए विशेष उपबंधों का उपबंध करता है।

खंड 16 स्थलीय प्रसारण सेवाओं के लिए अनुज्ञप्ति देने की प्रक्रिया उपबंधित करता है।

खंड 17 प्राधिकरण द्वारा स्थानीय परिदान सेवाओं के लिए अनुज्ञप्ति देने की प्रक्रिया उपबंधित करता है।

खंड 18 उन कार्रवाइयों के ब्यौरे देता है जो प्राधिकरण द्वारा अनुज्ञप्तियों के प्रवर्तन के लिए की जा सकती हैं।

खंड 19 यह उपबंध करता है कि अनुज्ञप्ति फीस भारत की संचित निधि में जमा की जाएगी और प्राधिकरण द्वारा लेखे, बजट रखने और भारत के नियंत्रक महालेखापरीक्षक द्वारा संपरीक्षा के लिए भी विनिर्दिष्ट करता है।

खंड 20 केंद्रीय सरकार को वार्षिक रिपोर्ट देने के लिए उपबंध करता है जो संसद के समक्ष रखी जाएगी।

खंड 21 अपराध और दंड को विहित करता है।

खंड 22 कतिपय विदेशी उपग्रह प्रसारण सेवाओं के लिए विशेष उपबंध उपबंधित करता है।

खंड 23 प्राधिकरण को राष्ट्रीय और अंतरराष्ट्रीय महत्त्व की कतिपय घटनाओं के जीवंत प्रसारण के लिए अनुज्ञप्ति नामंजूर करने के लिए सशक्त करता है।

खंड 24 प्राधिकरण की प्रक्रिया और शक्तियों को प्रगणित करता है।

खंड 25 युद्ध या प्राकृतिक विपदाओं की दशा में केंद्रीय सरकार की शक्तियों को विनिर्दिष्ट करता है।

खंड 26 अनुज्ञप्तियों के प्रचालन और विनियमन के लिए जानकारी माँगने, जाँच करने, साक्ष्य ग्रहण करने के लिए प्राधिकरण की शक्तियों को उपबंधित करता है और प्राधिकरण को अनुज्ञप्तिधारियों को निदेश देने के लिए सशक्त भी करता है।

खंड 27 यह उपबंध करता है कि प्राधिकरण के अध्यक्ष और सदस्य भारतीय दंड संहिता की धारा 21 के अर्थ में लोक सेवक समझे जाएँगे।

खंड 28 प्राधिकरण या प्राधिकरण के अध्यक्ष या सदस्यों या अधिकारियों और अन्य कर्मचारियों द्वारा सद्‌भावपूर्वक की गई कार्रवाई के संरक्षण से संबंधित प्रायिक उपबंध उपबंधित करता है।

खंड 29 प्राधिकरण की शक्तियों के अध्यक्ष या अन्य सदस्य या अन्य अधिकारियों को प्रत्यायोजन के लिए उपबंध करता है।

खंड 30 यह उपबंध करता है कि अन्य विधियों का लागू होना वर्जित नहीं है और इस अधिनियम के अधीन तथा किसी अन्य अधिनियम के अधीन भी किए गए किसी अपराध की दशा में अपराधी को इस अधिनियम के अधीन दंडित किया जाएगा।

खंड 31 केंद्रीय सरकार को विधेयक के उपबंधों को कार्यान्वित करने के लिए नियम बनाने की शक्तियाँ प्रदान करता है।

खंड 32 प्राधिकरण को इस विधेयक के उपबंधों और केंद्रीय सरकार द्वारा इसके अधीन बनाए गए नियमों से संगत विनियम बनाने की शक्तियाँ प्रदान करता है।

खंड 33 नियमों और विनियमों को संसद के समक्ष रखे जाने का उपबंध करता है।

खंड 34 केंद्रीय सरकार को उन कठिनाइयों को दूर करने के लिए सशक्त करता है जो विधेयक के उपबंधों को कार्यान्वित करने में उत्पन्न हों।

खंड 35 केबल टेलीविजन नेटवर्क (विनियमन) अधिनियम, 1995 के निरसन और इस अधिनियम के प्रारंभ की तारीख को उस अधिनियम के अधीन रजिस्ट्रीकृत केबल नेटवर्क के अनुज्ञापन और विनियमन का उपबंध करता है।

वित्तीय ज्ञापन

केंद्रीय सरकार विधेयक के खंड 3 के अधीन एक स्वतंत्र कानूनी प्रसारण प्राधिकरण की स्थापना करने का प्रस्ताव करती है। खंड 3 के उपखंड (10) और उपखंड (11) के अधीन प्राधिकरण के अध्यक्ष और अन्य सदस्यों के वेतन और भत्तों आदि में आवर्ती व्यय तीस लाख रुपए प्रतिवर्ष का होगा और खंड 6 के उपखंड (4) के अधीन प्राधिकरण के अधिकारियों और कर्मचारियों के वेतन और भत्तों में दो करोड़ रुपए प्रति वर्ष होगा। आवास सुविधा, फर्नीचर और फिक्सचर, कार्यालय उपस्कर, यान आदि के क्रय के रूप में अनावर्ती व्यय लगभग दस करोड़ रुपए होगा।

प्रत्यायोजित विधान के बारे में ज्ञापन

1. विधेयक का खंड 31 केंद्रीय सरकार को अन्य बातों के साथ-साथ प्राधिकरण के अध्यक्ष और अन्य सदस्यों को संदेय वेतन और भत्तों और उनकी सेवा की अन्य शर्तों, उन अतिरिक्त शक्तियों और कृत्यों जो प्राधिकरण द्वारा किए जा सकेंगे, प्राधिकरण द्वारा तैयार किए जानेवाले लेखाओं के वार्षिक विवरण के प्ररूप, उन प्ररूपों और रीतियों जिनमें केंद्रीय सरकार द्वारा विवरणियाँ और ब्यौरे तथा विशिष्टियाँ तैयार की जाएँगी और दी जाएँगी तथा किसी ऐसे अन्य विषय के लिए जो विहित किया जाय अथवा जिसके संबंध में नियमों द्वारा उपबंध किया जाएगा या किया जा सकेगा, उपबंध करने के लिए नियम बनाने हेतु शक्ति प्रदान करता है।

2. विधेयक का खंड 32 प्राधिकरण को अन्य बातों के साथ-साथ, प्राधिकरण के अधिवेशनों के समय और स्थानों और ऐसे अधिवेशनों में अपनाई जानेवाली प्रक्रिया जिसके अंतर्गत कारबार के संव्यहार के लिए आवश्यक गणपूर्ति भी है और प्राधिकरण के अधिकारियों और कर्मचारियों की सेवा के निबंधन और अन्य शर्तों का उपबंध करने के लिए विनियम बनाने हेतु शक्ति प्रदान करता है।

3. बनाए गए नियमों और विनियमों को, बनाए जाने के पश्चात् यथाशक्यशीघ्र संसद के प्रत्येक सदन के समक्ष रखा जाएगा।

4. विषय जिसके संबंध में नियम और विनियम बनाए जा सकेंगे, सामान्यतः प्रक्रिया और प्रशासनिक ब्यौरे के विषय हैं और इस विधेयक में उनके लिए उपबंध करना व्यवहार्य नहीं है। अतः विधायी शक्ति का प्रत्यायोजन सामान्य प्रकृति का है।

□□